CUENTOS ESPIRITISTAS

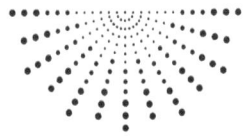

AMALIA DOMINGO SOLER

ALICIA EDITIONS

ÍNDICE

1. ¿POR QUÉ?	1
2. ¡SE FUERON!	5
3. ¡LO MÁS HORRIBLE!	8
4. ENRIQUETA Y MERCEDES	12
5. UTILIDAD DE LOS DESENGAÑOS	16
6. ESTRELLA...	20
7. ¡QUÉ SOLOS IBAN!	24
8. ¡UNA SANTA!	27
9. ¡DOS NIÑOS!	31
10. LAS DOS MONJAS	35
11. LA COMPASIÓN	41
12. PREFERENCIAS	45
13. LA VOZ DE UN ÁNGEL	49
14. ¡NO HAY TIEMPO!	53
15. El CIELO Y EL INFIERNO	57
16. ¡UNA FLOR SIN AROMA!	62
17. AÑO NUEVO, VIDA NUEVA	66
18. ¡MERCEDES!	71
19. ¡ESPÉRAME!	77
20. ¡QUIÉN SABE!	83
21. LOS PEQUEÑITOS	88
22. EL VESTIDO BLANCO	93
23. EL RAMO DE VIOLETAS	103
24. ¡MURIÓ DE FRÍO!	109
25. VENGAN A MÍ LOS NIÑOS	115
26. MISTERIOS DE LA VIDA	120
27. EL AMOR NO ES UN MITO	125
28. UN NUEVO AÑO	132
29. ¡QUIERO IR AL CIELO!	137
30. EL ESPIRITISMO DEBE ESTUDIARSE	143
31. ESTUDIOS SOBRE EL ESPIRITISMO	148
32. FLOR AZUL	153
33. EN CASA DEL MEMORIALISTA	158
34. EL TODO DE LA VIDA NO ESTÁ AQUÍ	163
35. EL CAMINITO DEL CIELO	167
36. ¡NO ME QUIERO IR!	172

37. TRAS LA TEMPESTAD, LA CALMA	177
38. ¡QUÉ ALMAS TAN BUENAS!	181
39. LOS JUGUETES	186
40. LA HISTORIA OFRECIDA	189
41. FLOR DE LIS	196
42. ¡EL FRÍO!	202
43. DOS MUJERES	208
44. ¡CONSUELO!	213
45. ¡SUSANA!	217
46. LA CASITA DE UNA JOVEN POBRE	222
47. ¡UNA FLOR SIN ABRIR!	228
48. LA MISIÓN DE UN NIÑO	232
49. EZEQUIEL	237
50. ¡QUIÉN SABE!	242
51. LAS CASITAS BLANCAS	248
52. MIS IDEALES	253
53. LAS LEYENDAS RELIGIOSAS	257
54. LA LUCHA DE LA VIDA	263
55. VALOR DEL TIEMPO	266
56. EL FANATISMO Y SUS CONSECUENCIAS	269
57. AMOR DEL ALMA	272
58. ¡UNA MADRE!	275
59. EL RECUERDO (PENSAMIENTO)	278
60. UNA FORTUNA BIEN ADMINISTRADA	279
61. LOS COLORES	284
62. LA MORTIFICACIÓN DE LA CARNE	288
63. LA CIVILIZACIÓN MODERNA	292
64. EL PADRE DE LAS ALMAS	296
De la misma autora	303

1
¿POR QUÉ?

He aquí el gran problema, el misterioso problema de la vida; dos palabras que serían la desesperación de todos los que sufren, si en el fondo de todo sufrimiento no germinara alguna consoladora semilla de esperanza.

Cierta noche, una amiga mía, Elena, entró en mi aposento envuelta con su largo manto de luto: dejóse caer en un sillón, cogió mi diestra entre sus pequeñas aristocráticas manos, y fijándose en mí su profunda y melancólica mirada, díjome con acento desfallecido:

—Amalia, ¿por qué seré tan profundamente desgraciada? Respóndeme, por piedad, ¿por qué?...

La miré y no supe qué contestar, pues hay preguntas de dificilísima contestación; me sonreí tristemente y le dije con amarga ironía:

—Sin duda ignoras el valor de la pregunta que me haces; si tú no sabes el *por qué* de tu infortunio, ¿cómo quieres que yo esté más informada de tus propios asuntos? ¿Ignoras que más sabe el loco en su casa, que el cuerdo en la ajena?

—Es que yo me vuelvo loca: hay momentos en que me falta la tierra bajo mis plantas y me asfixio: tan cargada de vapores mefíticos está la atmósfera que me rodea. Hoy me encuentro en una de esas crisis terribles, y vengo a ver si tú sabes dónde podré hallar consuelo.

—¿Dónde?... ¿Dónde, me dices? En ti misma; no hay más refugio que uno propio, porque en nosotros llevamos el germen de todos los dolores y la fuente inagotable de todas las compensaciones.

—Estás en un error, Amalia, y en un error gravísimo, te lo aseguro; yo llevo en mí el germen, como tú dices, de un verdadero infortunio, pero no la compensación a mi adversidad. Escúchame y juzga:

Tú ya sabes que mi juventud fué dulce y poética. Mis padres me amaban, mejor dicho, me adoraban; rodeáronme de cuanto bello y armonioso encierra el mundo. Muchos hombres me brindaron con su nombre y su amor; uno más especialmente insistió en su amorosa porfía, y yo, por compasión, creyendo, en mi inocencia, que Augusto sin mi cariño no podía vivir, le di mi mano y a medias, mi corazón.

A los seis meses de casados, comprendí, aunque tarde, que su pasión había sido un capricho, hombre de malísimas costumbres, perdió en el juego mi cuantiosa dote, y después de sufrir todos los azares de la miseria, como es el asedio de los acreedores, con las reconvenciones de los más prudentes y las amenazas seguidas de humillantes embargos e incautación de todo el mobiliario; después de vender todas mis joyas, aun las más queridas por ser memorias sagradas de mis mayores, estuve mucho tiempo sufriendo el hambre y el frío, hasta que faltándome el valor para sufrir más, llegué con mi pobre hijo a la casa de mis padres, pidiéndoles hospitalidad. Y mientras, mi esposo, entregado a los goces ilícitos amorosos, vive aún amancebado, y yo gimo en soledad espantosa. Porque mi padre ha muerto; mi madre se ha quedado, a fuerza de disgustos, que parece alelada, y mi hijo, desesperado, luchando con la adversidad, se ha visto precisado a ausentarse.

—Madre mía —me dijo—, déjame ir a recorrer el mundo; déjame ir donde nadie me conozca; allí trabajaré, si es necesario, aunque sea en las entrañas de la tierra. Aquí no puedo vivir; me tengo miedo a mí mismo, pues cuando pienso en mi padre y veo nuestra desgracia, la sangre hierve en mis venas, y creo que si le encontrara en mi camino, sería yo un segundo Caín, es decir, mucho peor. ¡Déjame que me vaya, madre mía!

Yo no le dije, vete; pero le estreché contra mi corazón, y se despidió diciéndome:

—¡No me olvides nunca en tu memoria, madre mía! No creí que se marchara en seguida, pero no volví a verle; dos días después, ¡horas de mortal ansiedad!, un amigo suyo vino a hacerme saber que mi hijo iba ya cruzando el mar.

¡Qué golpe tan terrible para una madre, perder a un hijo sin saber a dónde le conducía su destino! ¡Un hijo! ¡Tú no sabes, Amalia, lo que se quiere a un hijo!... Se necesita haber oído su llanto antes de haberle visto, para comprender lo que se ama a ese ser que es carne de nuestra carne y hueso de nuestros huesos; es preciso escuchar los primeros balbuceos, recibir sus primeros besos, sentir la dulce presión de sus brazos en nuestro cuello; seguir anhelante sus débiles pasos, enseñarle a hablar, a andar, a rezar, a cantar; vivir de su misma vida; ¡sólo así, Amalia, sólo así se puede apreciar el dolor que produce la pérdida de un hijo!

Tú ya sabes cómo yo vivo, sin poder salir de día, porque mis ropas están deterioradas y no me es posible presentarme en ninguna parte; siento muchas veces el horrible frío que produce el hambre, y no tengo a quien pedir auxilio; busco trabajo y no encuentro; mi madre es anciana; sus desgracias y las mías la han abatido tanto, que no parece ella: me mira, se sonríe tristemente y exclama con amargura: «¡Si tu padre nos viviera, se volvería a morir de espanto!...»

Tú dirás que te cuento lo que ya sabes de memoria; pero es el caso que esta noche he hecho comparación entre la felicidad de otra mujer y mi infortunio; y al comparar nuestros destinos, he dicho: «¿Por qué ella es tan venturosa? ¿Por qué soy yo tan desgraciada?...»

Para pedir un favor, he ido a ver a un abogado, y al entrar en su casa sentí un bienestar indefinible; subí una escalera alfombrada, y entré en un anchuroso recibidor, donde había siete niños jugando alegremente; una señora anciana, de rostro bondadoso, vestida con la mayor elegancia, se afanaba en quitar el sombrero a los unos y el abrigo a los otros, y todos a porfía la acariciaban reclamando cada cual el derecho de dormir en el cuarto de ella, por haber sido el más bueno durante el día.

Cuando me vio la señora, me hizo pasar a un salón lujosamente amueblado, viniendo a hacerme compañía una joven hermosísima, que llevaba una bata de cachemir blanco con vueltas de raso celeste. Nada más dulce que su límpida mirada; nada más afectuoso que su franca conversación. Más de hora y media tuve que aguardar a su marido, y en ese tiempo supe que mi bella interlocutora se había casado a los diecisiete años, con un hombre que la adoraba y a quien ella correspondía con todo su corazón; llevaba diez años de matrimonio, y ni un solo día había visto nublado el horizonte de su vida; entre su madre, su esposo y sus siete hijos, no sabía a quién acariciar primero, porque todos esperaban anhelantes sus mimos. Poseía cuantiosos bienes, que su esposo aumentaba considerablemente con su grande clientela y buena administración.

Sus hijos se criaban sanos y robustos; no sabía lo que era dolor, porque todo cuanto la rodeaba era risueño y apacible; su marido era un modelo de bondad; su madre le evitaba todas las molestias que ocasionan los niños, y éstos eran tan dóciles y tan buenos, que no le daban el menor disgusto.

Entró su esposo, y besándola en la frente, díjole que le esperase en su gabinete y que no dejase de ponerse el chal de cachemir, porque hacía frío; la acompañó hasta la puerta del salón y volvió a sentarse enfrente de mí.

—Le suplico —díjome— que me perdone si he saludado antes a mi esposa; pero es tal la costumbre que tengo de hacerlo así siempre que vuelvo de la Audiencia y de mis negocios, que si no la encuentro en casa, recibo una gran contrariedad; ahora me tiene usted a su disposición.

Mientras hablaba, yo pensaba en mi marido, en todas mis desgracias, y sin sentir envidia, viendo en la tierra un trasunto del paraíso como era aquella familia, me pregunté a mí misma: ¿Por qué para esta mujer adorable todas las felicidades y para mí todos los infortunios? Yo no he sido mala; mi padre me llamaba su pequeño ángel y mi madre siempre dice que iguala mi desventura a mi bondad; entonces... ¿por qué tan enorme diferencia entre aquella mujer y yo? ¿Por qué... por qué?... ¿No me respondes, Amalia? Tú que tanto escribes; tú que tanto estudias en la humanidad, ¿no puedes decirme cuál es la causa de esta desigualdad horrible?...

—La causa hay que buscarla lejos, muy lejos.

—¿Dónde?

—En el infinito de la vida; en esa vida cuyas vibraciones no se sabe cuándo comenzaron: en ese más allá que no tiene linderos, pues el ayer y el mañana son medidas trazadas por los hombres; así como en el espacio no hay *arriba* ni *abajo*, de igual manera el tiempo no tiene líneas divisorias; y en ese más allá desconocido de unos, presentido por otros, negado por rutina, desfigurado por los sofismas religiosos; en ese más allá, amiga mía, en ese oriente y occidente de la eterna existencia del espíritu, está el porqué de la dicha de algunos y de la desventura de los otros.

—Lo que tú dices no me satisface.

—Pues mira, lo único que yo puedo hacer en tu favor es publicar nuestro diálogo en un periódico espiritista, en cuyas columnas colaboran escritoras que pueden ilustrar mucho mejor que yo el asunto que es objeto de tus dudas. Tal vez alguna de ellas te diga con más convincentes razones por qué hay mujeres dichosas y desgraciadas, teniendo iguales virtudes las que sonríen y las que lloran.

—¡Cuánto me alegraría!, porque te aseguro que necesito ver claro, muy claro, para no volverme loca. ¿Por qué yo vivo muriendo, cuando no he sido capaz de arrancar una flor y he llorado al ver caer las hojas secas? Si estoy limpia de pecado, ¿por qué he sufrido tanto?

—Ten calma, amiga mía; espera algunos días más y haré lo que te he dicho; publicaré tu pregunta, y tal vez obtengas la deseada respuesta.

2
¡SE FUERON!

Entré una mañana en un aposento sencillamente amueblado, donde había una cuna con dos niños gemelos recién nacidos. Eran los primeros que yo veía de tan corta edad y los contemplaba con tristeza y con alegría a la vez. Con tristeza, porque siempre que llega un viajero del infinito a la tierra, me causa lástima, ¿y cómo no?, si es un condenado a trabajos forzados, un esclavo de sus propias pasiones, un mendigo, aunque tenga palacios; que rara vez el hombre llega a satisfacer la sed del cuerpo y la del alma, y suele muchas veces suceder el llevar cubierto el cuerpo con riquísimo manto de púrpura, en tanto que el espíritu tirita dominado por el intenso frío de la soledad íntima, frío para el cual no hay termómetro en la tierra; y si por el contrario el hombre halla en su hogar el calor de la vida, tiene en cambio a menudo que mendigar de puerta en puerta para alimentar a sus hijos.

¿Quién no compadece a los penados?

Mas, a la vez que tristeza, experimenté, contemplando a los niños gemelos, alternativas de alegría, porque dos espíritus que se deciden a encarnar juntos, a dormir a la vez en el mismo claustro materno, deben amarse mucho, y la idea del amor me hace sonreír; es la nota más dulce de la escala universal.

No me cansaba de mirarlos y de preguntarles con mi pensamiento: ¿De dónde venís? ¿Qué propósitos traéis? ¿Queréis ser los libertadores de nuestra patria blandiendo la espada y conquistando por ella derechos y libertades? ¿Pensáis ser severos magistrados que representen a Dios en la tierra, manejando la balanza de la Justicia?

¿Os proponéis ser grandes y verídicos historiadores que leguen a las generaciones futuras la historia de todos los siglos que se hundieron en el insondable abismo del pasado?

¿Queréis ser sucesores de Cristóbal Colón descubriendo nuevos mundos?

¿Escalaréis los cielos como Copérnico y Galileo y Newton?

¿A qué habéis venido?

Por más que reiteraba las preguntas, los pequeñuelos nada respondían, y hube de contentarme con besar su frente y esperar a que abrieran los ojos. Al fin los abrieron, pero los dos estaban soñolientos, y nada me dijeron sus miradas.

Durante un año seguí contemplándolos en su paulatino desarrollo, reiterándoles mis preguntas; y, como es lógico, no obtuve contestación: me miraban sin sonreír y sin llorar.

Un día diéronme la noticia de que uno de los gemelos había muerto y el otro estaba gravemente enfermo. Corrí a la casa; nunca he visto ángel más risueño en los altares de la iglesia, que aquel muerto; su rostro, pálido como el marfil, estaba animado por una especie de sonrisa indefinible. Nada más dulce que su semblante. Su boquita estaba cerrada; sus ojos también; imaginaba yo que aquella carita manifestaba los luminosos fulgores que envolvían a un alma cuya breve permanencia en la tierra, no la había hecho contraer nuevas responsabilidades.

¡Era un ángel que no había manchado sus alas en el barro de la tierra!

Dos o tres días después, murió el otro niño, atacado de la misma dolencia que el primero. En su enfermedad, cuando su madre lo llamaba, levantaba su diestra, y extendiendo el índice, señalaba al cielo, como si quisiera decir: ¡Allí me espera mi hermano!

También fui a contemplar su cadáver, en cuyo semblante parecían reflejarse las amarguras de todos los mártires: jamás he visto una boca tan dolorosamente contraída.

Dijérase que de sus ojos, medio cerrados, iban a brotar torrentes de lágrimas, y en su espaciosa frente algunas arrugas imperceptibles habían trazado el jeroglífico del dolor.

¡Qué diferencia del uno al otro! El primero risueño y dulce; el segundo, ceñudo y afligido, como dominado por el sufrimiento más acerbo.

Los dos tenían la misma edad; los dos habían sido objeto de los amorosos cuidados de su madre y de la tierna previsión de su padre; nunca se nombraba al uno con preferencia al otro, y los desvelos de los padres se dirigían a asegurar el porvenir de ambos, y los dos sucumbieron víctimas de la misma enfermedad. ¿Por qué el uno sonreía en su lecho mortuorio, y el otro lloraba con la mayor amargura? ¿Por qué si los dos vinieron juntos, se fueron con tan distinta impresión?

He aquí lo que yo preguntaba a los gemelos cubiertos con un velo blanco y rodeado de blandones.

Nada me dijeron al nacer, al llegar a la tierra; y nada me dijeron cuando abandonaron su frágil y quebradiza envoltura; pero yo leí toda una historia en la dulcísima sonrisa del uno y en la expresión dolorosísima del otro.

Ambos tenían un ayer; el uno de flores, el otro de espinas; el uno despertó en el espacio y encontró indudablemente brazos amantes que le recibieron amorosos; el otro... ¡ah! El otro se encontraría completamente solo, o tal vez rodeado de sombras amenazadoras. Se necesita temblar de espanto para dejar el cuerpo en la postrera sacudida, contraído por el dolor.

¿Por qué vinieron juntos? ¿Qué pacto hicieron un alma sencilla y risueña y un espíritu combatido por la contrariedad? ¿Se amaban? ¿Los unió la ley del progreso para que el más desdichado comenzara a sentir el suave calor de la vida? ¡Quién sabe! Lo cierto es que se fueron cuando apenas comenzaban a balbucear esas dos frases divinas que, por regla general, son las primeras y las últimas que se pronuncian en la tierra.

El niño entra en la vida llamando a su madre y a su padre; el hombre, sucumbiendo en los campos de batalla, también suele invocar aquellos nombres al llevarse las manos al corazón, donde quizá encuentra el escapulario bendito que su madre, en su sencilla y piadosa ignorancia, le puso al partir. Profunda impresión ha dejado en mi ánimo la partida de los niños gemelos; pensando en ellos murmuro con melancolía: Se fueron antes de escribir una página en el libro de su historia. Su breve existencia, ¿fue el saldo de una pequeña cuenta que aún tenía pendiente? Para el uno, tal vez; para el otro, no, porque se fué de este mundo, triste y abatido.

Para los fanáticos, los niños que se mueren aumentan las legiones de los ángeles; mas el que sabe leer en la frente de los niños que se van, comprende perfectamente que unos irán a gozar delicias inefables, mientras otros regresan al mundo de los espíritus para emprender de nuevo una lucha titánica y desesperada.

Mucho he leído en este mundo; pero ningún libro he hallado tan interesante y tan instructivo como el rostro de aquellos dos niños gemelos que antes de dar sus primeros pasos en la tierra... ¡se fueron!

3
¡LO MÁS HORRIBLE!

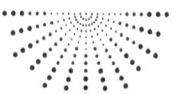

Yo, que no escribo más que cuando me emociono, necesito estampar en el papel las dolorosas impresiones que he recibido al visitar a mi amiga Luisa, atacada de un cáncer en el estómago. Al verla, al contemplar aquel cadáver que parece hasta imposible que pueda moverse y hablar y relacionarse aun con las cosas de la vida, decía para mí:

Si la historia de esta mujer no tuviera ni hubiera de tener otros capítulos que el de su existencia presente, ¡qué injusta sería la Providencia con ella!, ¡y qué cruel con su familia!

Condenar a un ser a vivir entre hedores insoportables y hacer partícipes de aquel inmenso sufrimiento a sus deudos más cercanos; estar todos condenados por más o menos tiempo a habitar en un cementerio, pues no otro lugar parece la casa donde hay un enfermo atacado de mal tan horrible; si esos acerbísimos sufrimientos no fueran el medio de pagar terribles deudas, Dios no sería justo, y habría derecho para negar su existencia y para atentar cada cual a la suya.

Al considerar que Luisa es una mujer completamente inofensiva, que ha dejado el hogar paterno para crearse honradamente una nueva familia; que no ha faltado a sus deberes; que ha procurado por el bien de los suyos y no se ha hecho sorda a los gemidos ajenos, ¿por qué, me pregunto, para terminar sus días, ha de sufrir una enfermedad espantosa que sea su desesperación y la de los que la rodean, en tanto que muchos miserables criminales gozan de una salud envidiable y mueren tranquilos y sin dolores? ¿Por qué para los buenos, tantos padecimientos, luchas horribles, y para los hombres sin corazón tantas satisfacciones y dulzuras? He aquí una injusticia aparente que echa por tierra todos los cálculos basados en la justicia de Dios; pues nada más injusto que hacer padecer a un inocente. Por eso mi amiga Luisa, que no cree absolutamente en la inmortalidad del alma ni en su progreso indefinido, ni tampoco en las farsas religiosas, me decía con desesperación:

—Nunca creí que la mujer fuese tan cobarde. ¿No te parece en mí falta de valor el no tomar una pistola y apoyarla en mi sien, sufriendo lo que sufro y sabiendo que mi mal es incurable?

—Antes al contrario; yo creo que es dar muestras de gran fortaleza el sobrellevar un sufrimiento como el tuyo: tú no duermes, ni comes, ni das un paso, que no te cueste un gemido. ¿Quieres más valor que esperar la muerte sin temerla ni buscarla, y mucho más tú que en nada crees?... Y a propósito, ¿no piensas alguna vez en el porvenir de tu alma? ¿No te preocupa la idea de si tu conciencia sobrevivirá a tu descompuesto organismo?

—Sí, no pocas veces reflexiono sobre el problema de la muerte, y me pierdo en un mar de conjeturas; esta duda es un tormento más, añadido a mi enfermedad; porque si bien me parece estar persuadida de que todo acaba en la sepultura, cuando veo que grandes sabios se ocupan en estudiar este problema y considero que ellos no suelen perder el tiempo en investigaciones inútiles, me ocurren estas preguntas: ¿qué sucederá después? Los seres que yo he amado y amo en la actualidad, ¿volveré a verlos? ¿Se reproducirán en otra vida continuación de ésta mis cruelísimos dolores? ¿Habrá un juez que me juzgue? ¿Por qué sufro tanto hoy?

¿Sabes que si Dios existe es un tirano de la humanidad? En cuanto a mí, poco bueno puedo contar de su divina clemencia, porque no he hecho daño a nadie, y sin embargo, me martiriza de un modo espantoso, haciéndome vivir en un ¡ay! continuo, y siendo causa de malestar y pesadumbre para cuantos me rodean. ¿Qué hubo ayer? ¿Qué historia se desarrolla hoy? ¿Qué epílogo tendré mañana? ¿Por qué tanto sufrir sin haber pecado? ¡Oh!, esto es horrible; más vale pensar que todo es mentira; que somos hijos de la casualidad; que ésta amontona los átomos y forma cuerpos y produce inteligencias; que no hay orden ni concierto en la Naturaleza; y sólo así se concibe que las personas más inofensivas sean castigadas por los rigores de la suerte, y las más malvadas se vean encumbradas y dichosas, disfrutando de las innumerables satisfacciones que dan la opulencia y la realización de todos los sueños y ambiciones. Pero esto tampoco me satisface, pues en medio de todo descubro en la Naturaleza la armonía; todas las especies, excepto la humana, viven cumpliendo su destino, cada individuo dentro de su esfera de acción; sólo el hombre es el que vive fuera de su centro, gozando el criminal y el ambicioso, y sufriendo el que no ha sido capaz de hacer a nadie el menor daño, como me ha sucedido a mí.

Tú conoces mi sencilla historia. Algunos me han atribuido grandes virtudes filiales, porque durante los muchos años que mi abuelo estuvo postrado en el lecho, nadie le cuidaba sino yo, prefiriendo pasar las noches a su lado leyéndole algunos libros, a ir a teatros, bailes y reuniones.

Mi familia estaba muy contenta de mí; mi marido y mis hijas también me han supuesto relevantes cualidades; ¿por qué, pues, el castigo de vivir muriendo, habiendo merecido dejar tranquilamente la tierra? ¿Quién tiene derecho a martirizarme? ¿Qué Dios es ese que distribuye ciegamente su justicia? ¡Y si Dios no se ocupa en esas cosas! ¡Maldito el hado que preside mi destino!

—¡Pobre Luisa! Comprendo tu inmenso sufrimiento, pues aun cuando no he tenido tu dolorosa enfermedad, he padecido de diversas dolencias; y, cuando vivía como tú vives, sin saber por qué había venido al mundo y era tan inmensamente desdichada, muchas veces, al contemplar a los demás, me creía la más desgraciada de todos, y exclamaba: ¿Será posible que yo sea el único ser desventurado entre tantos felices? ¿Y por qué? ¿Qué virtudes poseen esos potentados, superiores a mi sentimiento? ¿Qué misterio es éste que yo no me explico? Y derramaba lágrimas amarguísimas. Aquel completo desconocimiento de las causas que influían tan dolorosamente en mi existencia, era, como tú dices muy bien, lo más horrible, peor mil veces que la miseria del cuerpo y la soledad del alma.

—¡Oh!, sí, sí; ya tú ves lo que en mi cuerpo sufro; pues bien, más que el mal físico, me atormentan esas ideas; me creo víctima de la fatalidad, y maldigo el fatalismo que pesa sobre mí.

—¿Y por qué no tratas de estudiar algo las obras filosóficas que tanto te he recomendado y en las que yo encontré la clave del enigma de la vida y de la muerte? Si tú no quieres leerlas, no faltará quien te las lea.

—¡Ah!... Es que yo no quiero tampoco entrar en el terreno en que tú te hallas y acariciar tus convicciones y esperanzas. Saber que he vivido ayer, ¿querrás creer que me horroriza? Si, como te he oído decir muchas veces, *el presente responde al pasado*, el fin tan doloroso que se me prepara, me indica que no habré sido muy buena anteriormente; y me humilla y me subleva a la vez el pensar que he cruzado malos senderos, ¡y quién sabe si he cometido crímenes!... Tú dirás lo que quieras, pero encuentro preferible mi desesperación, creyéndome impecable y víctima de una injusticia incomprensible, a resignarme con la certidumbre de haber delinquido.

—Ahora sí que te compadezco más que nunca, mi querida Luisa; porque el orgullo te domina; porque el amor propio te ciega; porque pretendes ser superior a todos los seres creados. ¿Te acuerdas de lo que dijo Jesús a los que acusaron a la mujer adúltera? Que el que estuviese sin pecado arrojase la primera piedra; y nadie la apedreó. Jesús comprendía que la humanidad era frágil. ¿Por qué te empeñas en creerte superior a los demás, si esa creencia no te sirve de ningún modo como consuelo ni te explica el porqué de tu sufrimiento? Créeme, Luisa, es una insensatez privarse uno voluntariamente del preciosísimo don de la vista; y así obra el que prefiere el desconocimiento total del principio de la vida, a la explicación racional de las causas que originan sus padecimientos.

Nada me contestó Luisa; pero cerró los ojos, significándome con esto que prefería su ceguedad. Salí de aquella tumba tristemente impresionada, convencida de que es peor que las dolencias del cuerpo la ceguera del espíritu.

¡Ay de aquellos que prefieren las tinieblas de su orgullo a la espléndente luz de la verdad!

4
ENRIQUETA Y MERCEDES

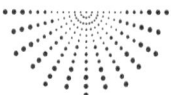

Si hay algo que sea verdad en este mundo, es la expresión del semblante del niño. Ellos me dicen lo que es real, lo que es positivo; en su mirada se lee la verdad sin velos ni eclipses.

Hace algún tiempo conocí a Enriqueta, simpática niña de diez años; no había visto nunca yo una mirada más triste, ni una sonrisa más melancólica: aquella niña, sin hablar, parece que exclama de continuo ¡Quiero irme!...Suspiro por mi patria...Allá está mi familia... ¡Allá mi religión!

¡Qué lástima me inspira Enriqueta con sus rubios cabellos, con sus pálidas mejillas, con su blanca frente, con sus manos delgadas y transparentes, con su dulce voz y sobre todo con su dolorosa sonrisa! No tiene madre; hace cinco años que la perdió; y su padre, atendiendo únicamente a satisfacer sus ilusiones amorosas, puesto que tenía familia que cuidara de su hija, ha contraído segundas nupcias, arrebatándole a su tierna primogénita la mayor parte del cariño que legítimamente le pertenecía.

¡Pobre Enriqueta! Su espíritu pensador presiente la soledad que va a rodearla, soledad que debe aterrarla hasta el punto que no creo tenga valor suficiente pata resistirla. ¡Y es tan cariñosa!... Basta dirigirle una amable mirada para que ella inmediatamente recline su cabecita sobre el hombro de la persona que la acaricia y estreche sus manos con efusión.

Es una sensitiva que entreabre sus ojos con el suave hálito del amor... ¡Pobre niña!.. ¡Y no tiene madre!... ¡Está sola en la tierra! Cuantas caricias recibe son hijas de la compasión que inspira su orfandad. Ella lo conoce; por eso está triste; por eso se quiere ir; sus ojos lo dicen; la expresión de su rostro lo manifiesta, y los niños no saben mentir.

¡Pobre Enriqueta! Sólo la he visto tres veces, mas está fotografiada en mi imaginación, y no me queda la menor duda de que es un espíritu que suspirará incesantemente por su patria todo el tiempo que permanezca en la tierra.

En cambio, casi al mismo tiempo que conocí a Enriqueta, vi por primera vez a Mercedes, niña de nueve años, en cuyo semblante resplandece la felicidad, y en todas sus acciones se revela la íntima persuasión de que es amada. No conoce el temor; tiene una madre cariñosa que hace consistir su dicha en la felicidad de su hija.

Contemplando un día la cabecita de Mercedes, deposité en ella un beso, persuadida de que besaba la página más bella de un poema de amor.

Mercedes tiene los cabellos rubios, sumamente finos, y se conoce que su madre se extasía contemplando la blonda cabellera de su hija, y estudia el modo de que la niña pueda jugar libremente en el campo, donde pasa los veranos, sin que sufra menoscabo aquella madeja de hilillos de oro que descansa sobre sus hombros; es de admirar cómo se la recoge en dos trenzas, una en la parte superior de la cabeza, abriéndole la raya en forma circular, sin que un cabello se cruce de un lado a otro; aquel círculo tan perfecto ¡cuánto me hizo pensar! En él leí dos palabras divinas, dos frases que valen más, mucho más, que todo cuanto se ha escrito en los libros sagrados de las diversas religiones que han ido educando y civilizando a la humanidad; esas dos palabras eran: *¡amor maternal!*... Sólo una madre amorosísima tiene esa delicada previsión, ese cálculo de colocar el cabello de manera que no moleste la cabeza de la niña, evitando que se le pueda enganchar en las zarzas y en las ramas de los árboles; otra trenza posterior, perfectamente anudada con una cinta de seda, termina aquel peinado, que pone el cabello de Mercedes a cubierto de todas las travesuras de su infancia, que corretea todo el día por los jardines de su casa y hace excursiones por la carretera y por los vergeles contiguos.

No es muy pródiga de caricias, pero cuando las hace, embelesa la dulzura de su mirada y la satisfacción que se estereotipa en su semblante. ¡Es tan feliz!, reposa con tan profunda confianza en el amor de toda su familia, que ella sabe perfectamente que todos sus deseos son la delicia de sus deudos, y nada más gracioso, más risueño ni conmovedor que su modo de comer. Su frágil organismo rechaza casi siempre el nutritivo alimento, y para conseguir que lo tome, se le deja que coma en una pequeña mesita, en la cual le hacen compañía gatos y conejos, y a cada plato que le sirven, se levanta y corre presurosa al comedor, donde está la familia, y como si necesitara su estómago la ambrosía del cariño, se acerca a su padre, que la estrecha contra su pecho; después acaricia a su madre, que le ofrece manjares y besos, y la niña, reanimada con aquellas demostraciones de ternura, se sienta de nuevo ante su mesita, donde la esperan sus convidados, con los cuales reparte su ración, entre gritos de júbilo, palabras animosas y arrullos de sin igual encanto. Después se va al jardín, a columpiarse y a correr en todas direcciones, hasta que llega la hora de mudarse el traje; entonces llama a su madre con ese cariñoso imperio de los niños mimados, y ésta acude presurosa para vestirla con la mayor sencillez, porque como quiere a su hija entrañablemente, no la molesta con lujosas galas que la impidan jugar y desarrollarse libremente.

A Mercedes no la acostumbran a ser esclava del lujo, por más que su fortuna le permite usar de lo superfluo: el buen sentido de sus padres la rodea únicamente de lo necesario para vivir con comodidad.

Al contemplar a Mercedes, involuntariamente recuerdo a Enriqueta; ¡cuánta sombra y cuánta luz!: allá la pobre huerfanita, proscrita dentro de su hogar, contemplando con tristeza los pequeñuelos que la rodean y sonríen dulcemente en los brazos de su madre, mientras ella recibe una caricia por compasión, y para recibirla, tiene que convertirse en criada de sus hermanos, y dejar sus juegos y sus muñecas para mecer la cuna de aquellos que le han arrebatado una gran parte del cariño que a ella sola pertenecía, arrojándola del corazón de su padre para colocarse ellos, llegando a ser la última en el hogar doméstico, después de haber sido la primera.

¡Qué prólogo tan diferente el de estas dos existencias! ¿Cuál será su epílogo? Yo creo que Enriqueta dejará en blanco la mayor parte de las hojas que habrían de formar el libro de su vida; yo creo que antes de llegar a la adolescencia, se doblegará, como los lirios marchitos, su esbelto talle, y sonriéndose con la suprema ternura con que sonríen los mártires, exhalará su último suspiro; por lo contrario, Mercedes, dichosa y sonriente, verá tal vez un día a su madre, temblando de emoción, acariciar sus rubios cabellos y dejar sobre su blanca frente una corona de azahar, murmurando a su oído; ¡Hija mía!... Ama a tu esposo como yo he amado a tu padre, y vela por tus hijos como yo he velado por tus hermanos y por ti...

¡Dios mío! Si no fuera eterna la vida del espíritu, si yo no supiera que Enriqueta encontrará un día a su madre, disfrutará del amor superior a todos los amores, negaría en absoluto la grandeza de Dios; mi espíritu se subleva ante el martirio de seres inocentes, que sufren sin haber pecado. ¡Oh!, sí, sí, hay un mañana. ¿Por qué Mercedes puede dormir tranquila en los brazos de su madre, y Enriqueta, que es tan buena y tan pura como ella, sufre el dolor inmenso de la orfandad?

¿Todo acaba aquí?

¿El alma no evoluciona más que en la tierra? ¿Las nobles aspiraciones del genio no tienen ante sí horizontes más dilatados? ¡Oh!, sí, y horizontes inmensos... Por esto Enriqueta, que hoy está triste, sonreirá y será dichosa mañana.

No hay tempestad que no termine en rayos de sol y auroras espléndidas; pero mientras arrecia el vendaval del infortunio, ¡ay de los náufragos que se pierden en el piélago del dolor!

Enriqueta navega en una barquilla que se va a fondo; Mercedes hoy recorre las playas de la felicidad. El destino de ambas niñas es ahora muy distinto; pero el porvenir de la niña que llora es tan esplendoroso como el de la niña que ríe, porque la vida es amor, justicia, armonía.

Si no suspiráramos por la luz, seríamos hijos de las tinieblas, y nadie procede de la sombra, porque todos hemos recibido el ósculo del amor eterno.

5
UTILIDAD DE LOS DESENGAÑOS

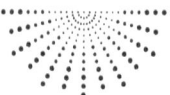

—¡Ay del que vive desengañado de todo! — me decía un amigo mío deshojando maquinalmente una bellísima rosa blanca; — en nada encuentra placer.

—Tienes razón, Ernesto; pero es necesario convenir en que los desengaños son los que nos impulsan al progreso.

—Tú deliras, Amalia; ¿cómo te atreves a decir semejante absurdo, si un hombre sin ilusiones es un ser inútil?... Cuando se confía, cuando se espera en algo, el ser más indolente se vuelve activo; en cambio, cuando todo se ve bajo el prisma de la más negra y desconsoladora realidad, el gigante se convierte en pigmeo. ¿Por qué fué grande el pintor cuyo pincel convertía en divinas las vírgenes humanas al trasladar sus imágenes al lienzo? Porque Rafael reposaba en el amor de la Fornarina. ¿Por qué el Dante y el Petrarca dejaron sus cantos inmortales? Porque confiaban el uno en su Beatriz, y el otro en su Laura. ¿Por qué Espronceda escribió su *Diablo Mundo*? Porque pensaba en su idolatrada Teresa.

—Es que yo no me refiero principalmente a los desengaños amorosos; éstos, cuando se ama de veras, suelen cortar el hilo de la existencia; y cuenta que el verdadero amor escasea mucho en la tierra, y son muchas las veces que después de un rompimiento se dice repitiendo la célebre frase de Campoamor: « *¡Pensar tanto por tan poco!* ».

—¿Pues a qué desengaños aludes entonces?

—A los que nos suelen dar los que creíamos verdaderos amigos, o aquellos a quienes admirábamos por sus excelentes cualidades y conceptuábamos limpios de todo pecado.

—Pues por más que reflexiono, no sé encontrar la utilidad de tales desengaños, y creo que, por lo contrario, debe herir profundamente el verse tratado con desdén por una persona recomendable por todos conceptos; debe quedarse uno completamente humillado.

—Ciertamente; pero hay humillaciones que enseñan más, mucho más que las satisfacciones más lisonjeras.

—No te comprendo.

—Me explicaré y tendrás que darme la razón. Cuando de una persona muy buena, que con todos es afable y cariñosa, se recibe una prueba de desvío y de indiferencia, queda uno profundamente herido, esto es indudable; pero, pasada la primera impresión, si no nos domina el amor propio, si no nos creemos impecables, si reconocemos en aquel que nos ha despreciado cualidades superiores a las nuestras, reflexionamos y decimos; ¿Por qué ha sucedido esto? Fulano es un modelo de caballerosidad, incapaz de faltar a los deberes sociales; compadece al débil, consuela al que llora, parte su pan con el hambriento; si nos ha herido con su desvío sin que nosotros le hayamos ofendido, es prueba inequívoca de que nuestros espíritus pertenecen a distintas latitudes; nosotros, gota de cieno, hemos querido mezclarnos con el agua pura, y ésta rechaza el limo que pudiera enturbiar su transparencia. Su desdén y alejamiento no obedecen al deseo o al propósito de herir susceptibilidades ni lastimar la delicadeza de nadie; es, sencillamente, que su espíritu no puede tener intimidad con aquellos que están por bajo de su esfera moral.

El hombre templado en sus apetitos, por mucho que compadezca a un beodo, ¿podrá intimar con él?

—Ciertamente que no.

—La mujer de morigeradas costumbres, por mucha compasión que le inspire una ramera, ¿cultivará su amistad? La visitará quizá en su lecho de muerte; le aconsejará si tiene ocasión, pero no la escogerá para que sea la confidente de sus secretos. Por mucho que nos lastime, Ernesto, hemos de reconocer que si hay espíritus muy inferiores a nosotros, en cambio los hay tan superiores y elevados, que necesitamos un telescopio para que nuestra vista los alcance.

—Bueno, bien, ¿y qué? Ya se sabe que en la escala del mal nunca se llega al último escalón; siempre hay quien ha bajado primero que nosotros; y nunca se consigue llegar a la cima del progreso, pues otros nos han tomado la delantera. Sin embargo, no veo todavía la utilidad de los desengaños.

—No la ves, porque te crees superior a lo que aparentas: el hombre que se contempla sin amor propio y se juzga con severa imparcialidad, te lo repito, al recibir un desengaño de quien no acostumbra darlos, medita y dice: «La culpa no es de él: para todos sus amigos es bueno; para todos los desamparados, compasivo; no estaré yo a su misma altura, pero puedo estarlo.» Y pone todo su afán en mejorar sus costumbres para hacerse digno de la amistad de aquel que involuntariamente le ha desdeñado.

—Si se mira por este lado, claro es que los desengaños pueden ser útiles; pero muchas veces se reciben ingratitudes de seres inferiores, muy inferiores a nosotros.

—¡Quién lo duda! Pero también es útil esta clase de desengaños, mostrándonos la gran distancia que existe entre aquellos seres y nosotros, y moviéndonos a buscar nuestros amigos en esfera más elevada, donde puedan comprendernos y apreciarnos en lo que valemos. Siempre son los desengaños los que nos impulsan a colocarnos en nuestro verdadero terreno, ya que por regla general nos gusta a veces intimar con los pequeños, porque entre ellos parecemos grandes, y nos agrada codearnos con los poderosos para que se nos crea personas de valer.

Entre los ignorantes, parecemos sabios; entre los sabios nos damos ínfulas de sabiduría; y unos y otros, con los desengaños que suelen darnos, nos enseñan a no desear lisonjas de los que saben menos, ni a mendigar condescendencias de los que valen más.

El estudio del hombre, amigo Ernesto, debe consistir principalmente en mantenerse cada uno dentro de su esfera, que es el único modo de evitarse disgustos; pues si bien los desengaños impulsan al progreso, no todos los espíritus tienen la calma suficiente para analizar y buscar el porqué de los desengaños que reciben.

—En efecto, es muy difícil resignarse y creerse más pequeño que los demás, si el desengaño se recibe de quien nos supera en posición y en virtudes; y exaspera si, por lo contrario, lo recibimos de quien debía sembrar de flores el camino de nuestra vida, a causa de los beneficios que le hemos hecho. Dificilísima me parece en la práctica tu teoría sobre la utilidad de los desengaños.

—No tanto como tú crees, Ernesto; lo sé por experiencia, y no soy ninguna notabilidad por mi sabiduría ni por mis virtudes; los desengaños bien comprendidos nos enseñan a vivir; impulsan al progreso, y son, puede decirse, los mejores consejeros del hombre, descubriéndole su candidez, su torpeza, su ineptitud, y poniéndole de manifiesto el amor propio que le domina. Todo estudio, en sus principios, es amargo; todo aprendizaje es penoso; y la ciencia de vivir es la más difícil de estudiar.

—Casi, casi me vas convenciendo, y creo que tienes razón, especialmente en creer que la ciencia de la vida es la más difícil de estudiar, pero no dejarás de convenir conmigo en que las lecciones que se reciben con los desengaños son como los cáusticos que se aplican a las heridas; curan, pero... queman.

—Tú lo has dicho, queman... pero curan. Y para las curaciones radicales se emplean los grandes remedios, por dolorosos que sean. No maldigamos, pues, los desengaños, si ellos nos impulsan al progreso

6
ESTRELLA...

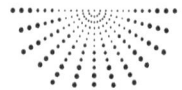

Fue una hermosa niña a quien hace tres años inscribieron en el registro civil con tan precioso nombre; sobre su blanca frente no cayó el agua del bautismo, y creo que sus miradas no se habrán fijado en ningún altar. ¿Para qué, teniendo los brazos de su tierna madre y las apasionadas caricias de un amantísimo padre?

Entre esos mismos fué creciendo llena de vida, rebosando salud y robustez.

¿A qué enseñar a la niña figuras de madera y decirle que son tal o cual santo o la misma madre de Dios, amante y protectora de los niños, si ella estaba rodeada de todo el amor que humanamente se encuentra sobre la tierra? No necesitaba que le contaran historias más o menos fabulosas, siendo ella la protagonista real de un poema de amor.

Tres años ha permanecido Estrella en este mundo, adorada de sus padres y de sus abuelos, mimada y querida de sus hermanos. Era la pequeña soberana de su humilde y tranquilo hogar, donde se celebró con la alegría del más fausto de los acontecimientos el de romper a andar por sí sola aquella preciosa criatura. ¡Qué carreras luego tan veloces, agitando los bracitos en señal de inexplicable contento! ¡Qué gritos tan agudos! ¡Qué exclamaciones de júbilo tan espontáneas, tan estrepitosas! Donde ella entraba iban la animación y la alegría y el ruido, y al mirarla había que exclamar: ¡Cuánta vida hay en ese organismo! ¡Qué exuberancia de salud! Era el reverso de la medalla de los demás hermanos, que se habían criado anémicos y enfermizos; parecía haberse propuesto gastar alegremente todo el caudal de salud que recibiera. Siempre sus mejillas estaban sonrosadas, sus ojos brillantes y sus manos dispuestas a jugar con sus hermanos y pegarles en caso necesario si sus infantiles mandatos no eran inmediatamente obedecidos.

Una enfermedad terrible, la viruela, atacó a su hermanito más pequeño; propagóse a los demás, y a ella la separaron de los contagiados guardando las mayores precauciones.

Pasaron algunos días y Estrella comenzó a palidecer; echaba de menos los amorosos brazos de su madre, las ardientes caricias del padre y los alegres juegos de sus hermanos. Siempre que veía al autor de sus días le abrazaba diciéndole: « ¡Llévame a casa! » Cayó por último enferma, y ya entonces su padre no supo ni pudo resistir a sus deseos y caricias. Volvióla al hogar, y allí una fiebre intensa se apoderó de la niña; la viruela, ese monstruo insaciable de bellezas, que nunca se harta de devorar pequeñuelos, hincó en Estrella sus garras destructoras, hundiéndolas implacable en los ojos de la niña, aquellos hermosos ojos que brillaban como luceros; y la que era una estrella de primera magnitud en el cielo de su casa, ¡quedó...ciega! Su padre, que no se separaba de ella ni un instante, observó con terror cómo sus ojos cerrados disminuían en volumen, y comprendió toda la horrible realidad; pero disimuló valerosamente su doloroso secreto, devorando en silencio la mayor de las amarguras que un buen padre puede sentir en la tierra.

Contemplaba a su hija y le daba miedo, un miedo desgarrador, la idea de su muerte, y le horrorizaba y producía vértigos la idea de que pudiera prolongarse aquella tristísima existencia.

¡Su Estrella! Aquel trasunto encantador del movimiento continuo, aquella criatura bulliciosa, de mirada tan expresiva como dulce, de cutis suave como la hoja de la azucena, de mejillas frescas y sonrosadas, quedar convertida en un monstruo, ¡y en un monstruo ciego!... ¡Oh! Esta prueba sería superior a sus fuerzas. Durante algunos días ni las torturas de todos los infiernos son comparables a las que sufrieron Estrella y sus infelices padres; apoderóse de la pequeña enferma tan rabioso frenesí, que aquéllos, poseídos de angustia inmensa, eran a veces impotentes para sujetar sus brazos, que forcejeaban desesperadamente por tener las manos libres; una convulsión incesante agitaba su cuerpecito, y sus dientes se rompieron del continuo choque. No hubo más remedio; fué necesario dejar que hiciera su voluntad, y entonces Estrella desgarró con rapidez asombrosa su rostro, hasta convertirlo en una úlcera. ¡Adiós la albura de su frente! ¡Adiós las rosas de sus mejillas y lo rojo de sus labios! ¡La cándida belleza de la niña fué remplazada por la deformidad más espantosa! Parecía mentira que aquella cabeza enorme contuviera un cerebro donde habían germinado las ideas más puras y más risueñas.

Afortunadamente, llegó la crisis final; las fuerzas de la enferma se extinguieron; en su inteligencia se apagó el último rayo de luz, y el espíritu abandonó su envoltura a los gusanos y alimañas de la tierra.

Yo vi el cadáver de Estrella en el cementerio de San Gervasio, pues quise acompañarla a su última morada, como la había acompañado cuando su inscripción en el registro civil. Son los dos únicos paseos que he dado en su compañía: ¡Qué diferencia tan grande entre el uno y el otro!

En el primero, íbamos en coche; ella vestida de blanco, durmiendo dulcemente, reclinada en los brazos de una señora, mientras su padre la contemplaba embebecido, celebrando su hermosura, y sus hermanitos palmoteaban alegres, hablando de los dulces que esperaban saborear a su regreso.

También íbamos en coche en el segundo paseo, ella en el fúnebre, reclinada en el seno de la muerte, y su padre y yo en otro carruaje, siguiéndola. La tarde estaba espléndida, el sol fulgurante, el cielo azul purísimo; los árboles ostentaban su abigarrado manto de hojas de diversos colores, hojas del otoño, que varían desde el verde sombrío hasta el matiz amarillento; las calladas brisas apenas tenían fuerza para agitar el follaje. En el exterior, todo luz y todo apacible calma, pero, ¡qué tormenta tan horrible rugía en el alma de mi pobre amigo, cuyos ojos no se apartaban del ataúd de su hija, con la espantable fijeza de los que miran por última vez aquello que más amaron en la tierra!

Llegamos al cementerio, verdaderamente poético, edificado en una altura, desde la cual se domina un extenso y variado panorama. Las tumbas, escalonadas, permiten distinguir mejor las cruces, las estatuas y demás alegorías artísticas de la muerte. Allí todo es blanco, limpio y risueño, y no oprime el pecho ese hedor especial que exhalan todas las necrópolis: el aire es puro y la respiración fácil; una dulcísima melancolía se apodera del espíritu.

Abrieron el ataúd de Estrella y me incliné para mirarla. ¡Ay! La hermosa niña no estaba allí, lo que allí había era un cuerpo rígido, desfigurado, cubierto con un traje blanco que Estrella había visto coser a su madre cuando ésta no podía imaginar que estaba confeccionando la mortaja, el sudario de su hija; más que un cuerpo humano, parecía, por la deformidad de la cabeza, un amasijo monstruoso de fealdad material. Su padre hubo de cerrar los ojos, no pudiendo resistir espectáculo tan horrible, tal vez pedía cuenta a Dios por aquella muerte y aquella deformación. Yo, en tanto, meditaba y decía:

—¡Estrella! ¿Es esta corta página de tu vida el único capítulo de tu historia? No, esto no es posible, porque no sería equitativo, no sería justo ni razonable. ¿Por qué, antes de abandonar la tierra, el ángel se trocó en monstruo? ¿Por qué, amándote tanto, tu padre tuvo que temblar ante la idea de la prolongación de tu existencia? ¿Qué otras páginas habrán precedido a esta página, casi en blanco, de tu vida? A pesar de tu inocencia de hoy, has sufrido de una manera cruel, aislamiento, dolores terribles, desesperación; las niñas, tus alegres amigas, huyendo del contagio, se escondían horrorizadas de tu lado; tú misma, con tus manos, has destruido tu belleza; sólo dos seres te han acompañado en tu entierro, y aun tu propio padre, que tantos miles de besos había estampado en tu rostro, ha vuelto el suyo, rehusando contemplarte una vez más al despedirse de tus restos. ¡Quién sabe! Tal vez esta última página que acabas de escribir es la terminación de un capítulo trágico de tu existencia perenne.

Todo tiene su causa. Los ojos del cuerpo no sirven para descubrir el pasado de la criatura; pero hay los ojos del alma, para los cuales no hacen falta ni telescopios, ni microscopios; ven o adivinan a largas distancias cuadros que oculta la polvareda de los siglos.

¡Cuántas historias encierra el pasado! Nunca podré olvidar los últimos momentos que contemplé el cadáver de Estrella.

Aquella cabeza deforme, aquel rostro horrible, son un enigma que el tiempo descifrará; porque al desaparecer la niña, ha quedado su alma; su envoltura se disgrega, volviendo a la tierra los elementos materiales que la constituyeron; mas su espíritu, ¡ah!... su espíritu vive y vivirá eternamente; porque se escriben los epílogos de las múltiples fases de la vida; pero nunca se escribirá el epílogo de la vida.

7
¡QUÉ SOLOS IBAN!

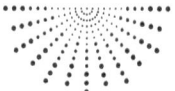

I

Yendo una mañana en el tranvía, éste quedó detenido largo rato, por hallar obstáculos en su camino, y todos los pasajeros se entretenían en mirar y averiguar qué era lo que pasaba entre cocheros, carreteros y descargadores, que interrumpían el tráfico público. Un joven obrero que iba sentado frente a mí, observé que miraba con suma fijeza en dirección opuesta a la que llevábamos; miré yo también y vi que avanzaba lentamente un coche fúnebre conduciendo un modestísimo ataúd, al que nadie seguía. Mi compañero de viaje siguió con la mirada puesta en el coche fúnebre, hasta que lo perdió de vista, y cuando volvió la cabeza, noté con asombro que se limpiaba disimuladamente los ojos con la manga de su vieja pero limpia blusa, y mirándome con tristeza murmuró con acento conmovido:

— ¡Qué solo va!... ¡Pobrecillo! ¡Nadie le sigue!... ¡Nadie le acompaña! ¿No es verdad que causa pena ver una cosa así? Ese muerto, o no tiene familia, o nadie le quiere; ¡Qué solo va!...

Las palabras del sensible hijo del pueblo no hallaron eco entre los demás pasajeros; los unos se encogieron de hombros, y los otros hicieron ademanes de impaciencia por el tiempo que perdían con la forzosa detención; sólo el conductor y yo le contestamos que tenía razón; que siempre era muy triste la soledad, pero que en el acto del entierro, causaba más dolorosa impresión.

Llegamos al término de nuestro viaje, y el joven obrero siguió por mi camino, andando lentamente, como todo aquel que está profundamente preocupado. A los pocos momentos tuvimos que pararnos para dejar el paso franco a una numerosa comitiva, compuesta de niñas, de niños y de ancianos de los asilos benéficos, llevando cada uno un cirio encendido; a éstos seguían gran número de sacerdotes, algunos de ellos con capa pluvial, acompañando a un cadáver que iba encerrado en un lujosísimo ataúd forrado de terciopelo negro con anchas franjas de galón de oro, del cual pendían ocho cintas negras de muaré, llevadas por graves caballeros vestidos de rigurosa etiqueta, e iba detrás cuanto de notable encierra la ciudad condal, presidiendo el duelo uno de esos tipos especiales que sirven admirablemente para esta clase de ceremonias teatrales; uno de esos parientes lejanos que no sirven a su familia sino para llenar huecos, lo mismo en una boda o bautizo, que en un entierro; visten con decencia; saben presentarse, saludar gravemente, son figuras decorativas de gran aparato hierático y... no hay que pedirles más.

El joven obrero estaba a mi lado contemplando atentamente el fúnebre cortejo: llamóme la atención lo expresivo de su escrutadora mirada, y le dije sonriéndome:

—¿Qué le parece, eh? ¡Qué diferencia entre aquel muerto y este muerto!...

—Pues mire usted, en eso estaba reflexionando, y sin saber por qué... quizá se ría usted de mí, pero, vaya, le diré lo que pensaba: que *éste* va tan solo como el *otro*.

—¿Quiere usted decir? —repliqué, aparentando sorpresa, para que diera rienda suelta a su pensamiento.

—Sí, señora, sí; he estado observando y no he visto una cara triste, ni en los que van porque los pagan, ni en los que acompañan por compromiso. He escuchado atentamente, por si oía alguna conversación sobre el difunto, y... ¡quia!... sólo he oído palabras sueltas sobre la bolsa, y empréstitos, y consolidados y deudas perpetuas y tesoro de Cuba, y... el que preside el duelo tiene trazas de no haber llorado en toda su vida.

—Entonces, según su opinión, podremos decir, recordando los dos entierros: ¡Qué solos iban!

—Sí, señora, sí: eso podremos decir sin temor de equivocarnos: ¡Qué solos iban! Me alegrara que usted hubiera presenciado el entierro de mi madre: no asistió ningún cura, porque mi padre no quiso, ni tampoco la enterraron en sagrado, pero todo el pueblo la acompañó; todos se disputaban llevarla sobre sus hombros. Aquello sí que era sentimiento de veras; pero esto que hemos visto no es más que una mojiganga de circo. Una fortuna repartida a los curas y a las casas de beneficencia por ostentación y vanidad y orgullo. Bien, señora, buenos días.

Y el obrero aceleró el paso, perdiéndose entre la multitud, machándose a su trabajo.

Yo le seguí con la vista cuanto pude, y al llegar a la casa de una amiga, le conté todo lo que acabo de narrar, concluyendo por decir:

—¡Aquel modesto trabajador es un profundo filósofo!

—Un filósofo de blusa —replicó mi amiga con cierto tonillo de desdén.

—Un filósofo de gran entendimiento y un admirable observador que sabe distinguir el oro del oropel; déjate de simplezas de si llevaba blusa o vestía toga; la cuestión es que ha dicho una gran verdad: que tan solo iba el infeliz al que nadie acompañaba, como el magnate seguido de centenares de individuos que iban, por el estipendio los unos, y los otros por ser vistos: igualmente solos el rico y el pobre: ningún afecto les seguía.

—Pues entre las dos soledades, prefiero la del rico.

—Yo no.

—¡Por qué!

—Porque odio la hipocresía, y prefiero la exclamación compasiva del obrero, a toda la pompa que rodeaba el féretro del rico.

—Reciba uno el agasajo, sea cual sea la procedencia.

—¡Ah!, no, no; la mentira siempre es mentira; y como yo creo que nada pasa inadvertido para el espíritu, ha de serle mucho más doloroso sorprender la falsedad de un afecto, que vivir aislado sin el halago de mentidas amistades.

II

Han pasado algunos meses, y sin embargo, recuerdo frecuentemente los dos entierros que tanto me impresionaron, y al recordarlos, murmuro con tristeza: ¡Qué solos iban! ¿Me habrá unido algún lazo de simpatía con ellos?... ¡Quién sabe!

¿Habremos peregrinado juntos en anteriores existencias?

Todo puede ser. Lo cierto es que dejaron en mi ánimo honda huella de tristeza, así la soledad del uno, como el Fausto del séquito que acompañaba al otro. Hay indudablemente simpatías misteriosas, y ésta es una de ellas; simpatía que se extiende al joven obrero que tan bien supo apreciar el valor de los afectos que seguían a aquellos dos seres al ser llevados a su último refugio igualitario de los cementerios.

¿Si se encontrarán tan solos en el espacio?

8
¡UNA SANTA!

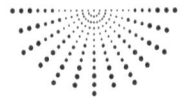

Iconoclasta por temperamento, jamás me han impresionado las imágenes de los santos, aunque hayan sido maravillas del arte pictórico o escultórico. Nunca un Cristo clavado en la cruz, ni una Virgen de la Soledad con las siete espadas clavadas en el pecho, han conseguido hacerme sentir lo que una pobre viuda rodeada de sus pequeños hijos pidiéndole un pedazo de pan, o un obrero postrado en el duro lecho de un hospital, expirando sin que nadie murmure una palabra de consuelo en sus oídos.

Ayer mismo visité a una mujer, y al mirar sus ojos hundidos por el dolor, al verla con las manos cruzadas sobre las rodillas y la cabeza inclinada, silenciosa, abstraída en dolorosos pensamientos; al verla con su traje de luto, sus cabellos recogidos en una trenza, sin artificio alguno, sentí una inmensa compasión y me decía mentalmente: ¡Cuánto vale esta mujer! ¡Cuántas santas se veneran en los altares, que no habrán tenido ni una mínima parte de las virtudes que atesora esta infeliz, que bien pudiera figurar, por su infortunio y por su sentimiento, en el catálogo de los santos y de los mártires!

Para hacerla salir de su meditación, la toqué suavemente, diciéndole:

—Vamos, María, cuéntame qué has hecho en el tiempo que no nos vemos.

—¿Qué he hecho? Apurar hasta las heces la copa de la amargura.

—Eso ya lo sé. Lo que quiero saber son detalles de tu sufrimiento. Cuando te vi la última vez, aún estaba tu esposo en tu compañía; te fuiste a cambiar de aires, y nada he vuelto a saber de ti.

—Los desgraciados nos asemejamos a las piedras que lanzadas desde la cumbre de una montaña, se pierden en el fondo de los precipicios: de igual manera, cuando desaparecen los que sufren, nadie se acuerda de ellos; son piedras que ruedan no se sabe dónde.

—Tu dolor te hace ser injusta, María, pues muchas veces he pensado en ti y he preguntado dónde te hallabas.

—Tienes razón, no la tengo en quejarme; aún conservo amigos, y a pesar de que me parezco al manzanillo, pues dondequiera que voy hace daño mi sombra y el trastorno y la desolación van conmigo, no me faltan seres cariñosos y compasivos que me han consolado en mi horrible desventura.

Salí de Barcelona con mi adorado enfermo Jaime, cuya presencia, en medio de su locura, era lo único que me quedaba de mi anterior felicidad. Yo le cuidaba, le vestía, peinaba sus hermosos cabellos, le preparaba su alimento, le velaba su intranquilo sueño; yo era, en fin, su providencia en la tierra. Para mí, él era, no mi esposo: mi hijo, mi hijo idolatrado.

Mas, ¡ay!, que todas mis precauciones, todos mis cuidados, mis afanes, no pudieron detener el desarrollo acelerado de su enfermedad. Por momentos se fué empeorando; mis brazos ya no bastaban para sujetarlo, ni tenía fuerzas para evitar que saliera de casa y promoviera escándalos en la calle. Llegó un día, ¡día horrible!, ¡día funesto!, que se lo que se lo llevaron a un manicomio. Al verme sin él, sentí frío, mucho frío en el corazón, mientras en mi cabeza se agolpaban tumultuosas ideas, dominando la del suicidio.

Los médicos me habían dicho que la locura de mi esposo era incurable: ¿a qué vivir? ¿Qué lazo me ligaba a la tierra? ¡Ninguno!... Si ya él no me conocía, si ya mi voz no vibraba en sus oídos; si mis caricias no le hacían feliz; si mis cuidados le eran inútiles, inútil era mi existencia. Pero amigos generosos velaron por su conservación, y la esperanza, esa compañera inseparable de los desgraciados, me cubrió con su manto de consuelo; recobré la fe que había perdido, pues la ciencia se engaña muchas veces: quizá mi esposo recobraría la razón, y entonces, si no me viera a su lado, el dolor volvería a trastornarle y extraviársela de nuevo, pues yo había sido su único amor en la tierra. ¡Ah!, no, aún no podía morir; lo que debía hacer era irme cerca de él, vivir junto al manicomio, velar por su pronta curación, hablar a los médicos, a las hermanas de la caridad que le cuidaban, a todos, para que todos le amasen e hiciesen más dulce su cautiverio. Me fui inmediatamente al pueblo donde radica el manicomio.

Allí viví algún tiempo, consiguiendo captarme las simpatías de cuantos me rodeaban.

Hablé nuevamente con el compañero de mi vida, que halló gran alivio en su enfermedad bajo la acertada dirección de sabios médicos. Soñé con volver a ser dichosa; pero la amarga realidad de la vida me hacía despertar de mis hermosos sueños. ¡La miseria! Esa hidra de todos los siglos, surgía en torno mío, con sus innumerables cabezas. En un pueblo pequeño no podía vivir del producto de mi trabajo; era necesario volver a la capital, para emplear mis conocimientos en las labores de mi sexo y con lo que ganara vivir. Regresé, pues, a Barcelona, y trabajé sin descanso, no sólo para subvenir a mis necesidades, sino para hacer economías y poder ir semanalmente a ver a mi pobre Jaime, que mejoraba por momentos, en términos que le dejaban salir a pasear conmigo por el campo, tranquilos y dichosos, como si nada hubiésemos sufrido anteriormente.

¡Con qué afán emprendía yo el viaje y llegaba al manicomio! Él me esperaba en la puerta, sonriendo alegremente; me apoyaba en su brazo, y solos, libres, sin pensar en el pasado ni en el porvenir, paseábamos largas horas, él diciéndome: « ¡Madre mía, qué buena eres! », y yo mirándole con la inmensa ternura con que las madres miran a sus hijos. Viéndole casi curado, dije al médico si le parecía llegada la ocasión de llevarme a mi enfermo. Contestóme que podía llevármelo, pero encargándome que fuese para él la madre amorosa, nunca la esposa apasionada. « Él cree, añadió, que sois su madre. Que vuestros actos no destruyan en él esa creencia. »

Feliz en medio de mi infortunio, arreglé mi casita lo mejor que pude para recibir dignamente al hombre que con su amor un día me hizo dichosa. Llegó mi esposo sonriendo como los niños mimados, y me consagré como siempre a hacerle gratos los días de su existencia. Al principio estaba tranquilo, pero de pronto se tornó irascible, comenzó a odiar a determinadas personas, convirtió la casa en una tumba, cerrando todas las puertas y dejándola en completa obscuridad, y concluyó por coger un cuchillo y amenazarme de muerte. Al decirle yo en mi angustia: « ¡Hijo mío! ¿Vas a matar a tu madre? », el infeliz me miró espantado, y retrocediendo como para dejarme pasar, me dijo con tono suplicante: « ¡Huye... huye de mí! ¡Conozco que una fuerza superior a mi voluntad me induce a destruir tu preciosa vida! Yo mismo me doy miedo... ¡Huye!... ¡Huye de mí!... »

Soltó mi brazo y yo hui sollozando, mientras él clavaba con furor en una mesa el cuchillo con que me había amenazado.

Aún esperé en una favorable reacción; pero ésta no llegó. Mi voz perdió toda influencia sobre él; la locura más espantosa le hizo romper muebles y puertas, y el manicomio volvió a arrebatarme a mi esposo, para no recobrarlo jamás.

Todo ha muerto para mí. No me dejan verle; sé que ya está tranquilo, que de continuo se acerca a la puerta de entrada y mira en todas direcciones buscándome con afán; mas también sé que luego se ríe con una convulsa carcajada... y que no hay remedio para él.

He vendido mis trajes, mis joyas, todo cuanto pudiera embellecerme, y he vestido mi cuerpo de luto, pálida sombra del luto de mi alma. No pongo fin a mis días, porque sé que los días de mi espíritu durarán tanto como la misericordia de Dios. Momentos hay en que unas jóvenes amigas mías me hacen sonreír con sus graciosos chistes, pero aquellas sonrisas no logran más que exacerbar mi pena, pues nunca como entonces se presenta tan vivo en mi imaginación el cuadro de mi desdicha.

Yo he de vivir consagrada al recuerdo de mi esposo. Aquí tengo su retrato: mírale.

Y me condujo a su alcoba, donde todo respiraba limpieza y pulcritud. ¡Qué bien me encontraba en aquel sencillo aposento! Todo hablaba a mi alma... Un lecho modesto, cubierto por una colcha de seda, modelo de paciencia y de primor, formada de escarapelas de diversos colores combinados con exquisito gusto, ocupaba la mayor parte de la alcoba. Una alfombra hacía juego con la colcha, y convenientemente colocado para poderle mirar María desde su lecho, estaba el retrato del pobre loco, cuyo semblante simpático revela sencillez y bondad.

He visitado suntuosas catedrales en las cuales hay capillas cuajadas de tesoros y preciosidades artísticas, pero en ninguna he sentido la dulce emoción que en la humilde alcoba de María. Junto a su lecho embellecido por la laboriosidad, sentí que mis ojos se humedecían, y rezó mi alma en aquel santuario de la virtud y del dolor, de la santidad y del martirio; sí, rezó mi alma inundada de fe y de sentimiento.

¡Cuán hermoso, cuán conmovedor es el amor del corazón! María es la encarnación del cariño, es el tipo de la mujer que hemos soñado, siempre amando, amando siempre hasta el sacrificio. Es la santa de nuestros ideales. La casa de María es el templo de una santa más santa que todas las de todos los altares, porque es una heroína consagrada al deber y a la virtud, purificada por todos los martirios humanos.

9
¡DOS NIÑOS!

I

Una tarde, y casi a la misma hora, mi tranquilo gabinete de trabajo fué invadido por dos familias, compuesta la primera de un matrimonio joven y dichoso, con un hijo que cuenta medio año: quizá no me hubiera fijado tanto en estudiar su dicha, si no hubiese visto junto a ellos a dos mujeres y un niño de cuatro meses, madre, hija y nieto, tres personas distintas y una sola calamidad verdadera, en cuyos semblantes aparecían las huellas de profundas amarguras. La alegría del matrimonio feliz y del hijo sonriente realzaba la desgracia del grupo infeliz. ¡Siempre el contraste entre la luz y las sombras, la felicidad y el dolor!

Hay tantos desheredados y tristes seres en el mundo, que los felices pueden considerarse como rayos de sol iluminando las densas brumas de la humanidad.

El marido dichoso, abogado de profesión, díjome con encantadora franqueza:

—Amiga mía: aquí tiene usted a la mujer de mis sueños, Antonieta, a quien, como usted sabe, he amado desde niño; por quien he suspirado en mi adolescencia y llorado en mi juventud. ¿Recuerda, Amalia, cuando yo venía a contarle mis inquietudes amorosas? Ya todas concluyeron; ya me he unido a la mujer adorada; y como si no fuera bastante el lazo de nuestro amor, este niño ha venido a echar un doble nudo en los lazos que nos unen, despertando al mismo tiempo mi afán por el trabajo. ¡Oh!, sí, ahora quiero trabajar mucho en mi profesión; me voy con mi esposa y mi hijo a Filipinas; no anhelo que seamos ricos, pero sí tener recursos para que mi heredero sea bien educado e instruido, para que sea útil a los demás y a sí mismo. Quiero que sea también un apóstol del librepensamiento, espiritista, y para lograrlo, cuento con un poderoso auxiliar, porque mi Antonieta es una espiritista convencida. Los dos pensamos de un mismo modo. Nuestros espíritus tienen idénticas aspiraciones. Somos dos almas gemelas, y confío que nuestro hijo tendrá nuestro mismo carácter y nuestras mismas opiniones. Mire usted sus ojos, se asemejan a los de Antonieta; es cariñoso y comunicativo como ella; y yo, con tal que en todo se parezca a la madre, me creeré el hombre más afortunado.

Yo le escuchaba embebecida, mirando alternativamente a él, a su esposa y al tierno infante, y jamás he visto seres más expansivos y risueños, especialmente el niño, que dirigía dulces sonrisas, no sólo a sus padres, sino a cuantos le rodeaban: a todos tendía los bracitos alegremente; a todos acariciaba con sus manitas regordetas; a veces miraba fijamente algunos retratos, extendía hacia ellos su diestra y balbuceaba palabras ininteligibles, como si se diera cuenta de aquello en que ponía sus ojos.

Por lo contrario, el otro niño, que estaba en brazos de su abuela, tenía la cabeza reclinada en el hombro de aquélla, y nada más triste que la expresión de su rostro. Sus ojos grandes y sombríos, desmesuradamente abiertos, no tenían brillo, y su boca, entreabierta, parecía que iba a exhalar un hondo gemido o alguna maldición. Mirábale el niño feliz y le hablaba en su lengua; acercáronlos más y le tendió sus infantiles brazos y le besó cariñosamente, pero no halló correspondencia: el desgraciado en miniatura ni levantó la cabeza, ni se sonrió, ni hizo el menor movimiento en señal de alegría; todo le era indiferente.

—Pero, hombre —le decía la abuela—, ¿qué tienes?, ¿por qué no correspondes a las caricias de ese hermoso niño?

—Siempre está triste mi hijo —añadió la madre con acento melancólico—, rara vez se ríe, y lo que me causa más pena es verle de continuo con la cabeza caída: parece un hombre abrumado por los pesares más hondos; tiene una mirada tan triste... tan profundamente triste... que al contemplarle se me llenan los ojos de lágrimas. ¡Pobre hijo mío!

El matrimonio feliz la miró compasivamente, acariciaron al niño, y luego se habló de lo que suele hablarse en sociedad cuando hay pequeñuelos de por medio, que todo se reduce a contar las madres lo que padecieron en el acto del alumbramiento, explicar las gracias de sus hijos y ponderar los afanes y los desvelos que cuestan. Mientras ellas hablaban, yo miraba a los dos niños y pensaba:

He aquí dos seres que aún no han pecado: ¿por qué uno sonríe satisfecho, escudriñándolo todo con la vista, y el otro reclina tristemente su cabecita en el hombro de su abuela, indiferente a todo cuanto le rodea? ¡En el uno, todo es vida y movimiento; en el otro, cansancio, hastío, languidez!...

El uno tiene un padre amoroso, que sólo piensa en trabajar para que su hijo viva feliz; el otro, ni aun lleva el apellido del autor de sus días, pues éste, rehuyendo todo compromiso social, se ha negado en absoluto a reconocer a su hijo, fruto ilícito. Este niño es hijo del misterio; no ha venido a alegrar una familia, no ha sido esperado con alborozo: su madre ha temblado de angustia al estrecharlo en sus brazos; su abuela le ha bautizado con su llanto, y el pobrecito, nacido entre abrojos, parece que se siente herido por las punzantes espinas; diríase que ya le abruma el peso de su infortunio y su deshonra.

II

El matrimonio feliz se fué primero, y el hijo enigmático reposó en mi lecho largo rato; como a mí el dolor me atrae, por ser profesora en esa especialidad infortunada, me senté junto al niño melancólico para contemplarlo y preguntarle: ¿Qué has hecho ayer, que tan poco has merecido hoy?

El niño me miró sonriéndose y balbuceó muchas palabras, muchas, accionando y gesticulando animadamente: su madre me aseguró que nunca le había visto tan risueño y expansivo.

Yo le hablaba como si el niño pudiera entenderme:

—Mira, si tu padre te ha negado su apellido, es necesario que tú te conquistes otro más ilustre que el nobilísimo de tu padre. Cuando nada se posee en la tierra, es cuando el espíritu ha de conquistarlo todo con su inteligencia y virtud.

Como si mis pensamientos llegaran a su alma, el niño me contestaba balbuceando palabras intraducibles. ¡Quién sabe lo que él me diría! Lo cierto es que su rostro se animaba y en sus labios se dibujaba dulcísima sonrisa. Y yo continuaba diciéndole:

—Sí, hijo mío; acaso tengas una larga historia: todos la tenemos, todos. Las primeras líneas del capítulo que has venido a escribir en esta existencia, son bien tristes; nada más amargo que no encontrar, al nacer, un hogar tranquilo y una familia honrada, no poder llevar el apellido de un padre y recibir por bautismo el llanto de una madre abandonada, arrepentida y desolada. Así has nacido tú, ¡pobre criatura!, víctima de la crueldad de un hombre y de la injusticia social, que hace pesar sobre las víctimas la infamia que debía recaer en el verdugo.

Eres amado; pero a nadie has alegrado con tu venida; has entrado en este mundo, huérfano; tú tienes que creártelo todo, nombre, familia y posición. A tu padre no le preocupa ni tu educación ni tu porvenir; tú has de procurártelo todo. Pero el progreso no cierra a nadie sus caminos; para él no hay desheredados, y son tanto más gloriosos los fines del hombre que se lo gana todo por sus virtudes y personal trabajo, cuanto más humildes y procelosos fueron sus principios. Quedarse en el polvo en que se ha nacido, no es vivir; salir del lodo y remontar el vuelo, es cumplir nuestra misión humana.

En su inteligencia y en su sentimiento tiene el hombre todos los elementos de su dicha: son las alas con que ha de remontarse a los cielos inmortales de la gloria; son las riquezas de que hablaba Jesús, *que ni el orín ni la polilla las consume, ni los ladrones las desentierran y hurtan.* ¡Sé bueno para ser justo; sé sabio para ser grande!

El niño me miraba, y a intervalos me interrumpía con su lenguaje en balbuceos, y yo continuaba con el mayor entusiasmo, como si el inocente niño pudiera comprenderme.

Este hijo del misterio es el primer niño que ha reposado en mi lecho. El ángel de hoy, ¡quién sabe lo que será mañana!... ¡Quizá un asesino!... ¡Tal vez un redentor!

10
LAS DOS MONJAS

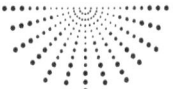

I

Una viejecita que durante su juventud había sido mandadera y criada muchos años de un convento de monjas, hízome, un día de campo, la siguiente confidencia, que da la sensación de los horribles secretos que esconden las tapias de los conventos.

He aquí la historia de dos monjas, tal como me la contó la viejecita:

« Una tarde del año... paró un carruaje ante la puerta del convento de... Una mujer elegantemente vestida, joven y hermosa, despidió al cochero y a los lacayos, y tras algunos aldabonazos, la puerta se abrió y entró en el convento. Era una mujer aristocrática, de expresiva fisonomía, mas en la palidez de su frente, en el círculo azul de sus ojos, en sus mejillas, en la sombría tristeza impresa en su semblante, en sus pasos trémulos, el ojo menos perspicaz hubiese conocido al instante que adolecía de una de aquellas enfermedades que juegan por algún tiempo con sus víctimas en la seguridad de devorarlas.

Al mes de este suceso, se detenía también otro coche ante las rejas del mismo monasterio, y bajaba otra mujer, también joven; pero ni su fisonomía ni sus rasgos se recomendaban por su regularidad ni por su nobleza; su frente carecía de elevación, su nariz afilada, sus labios delgados eran la expresión de aquel dicho viejo: « Como puñalada en puerta de cuero ». No era hermosa, ni fea, aunque su larga y fina cabellera tuviese el brillo del azabache y sus dientes rivalizasen en blancura con el marfil más puro. Vestía de luto riguroso, víctima, al parecer, de una de aquellas desesperaciones contra las que no hay más remedio que la tumba.

Una tras otra, las dos se consagraron a Dios y fueron místicas esposas de Cristo. La primera vez que se encontraron y se vieron aquellas dos mujeres, tan desconsoladas y tristes, experimentaron como una conmoción eléctrica, se miraron fijamente por espacio de un minuto, después de lo cual la una volvió la cabeza y se alejó disgustada y melancólica, y la otra, bajando sus largos párpados sobre sus ojos como un velo, desapareció por los arcos del claustro: ¿se habían conocido, o se habían adivinado? Ese encuentro fortuito fué luego comidilla del chismorreo monjil. Las otras monjas formaban juicios variados sobre aquellas compañeras que habían hecho a la comunidad dádivas considerables, deduciendo que eran ambas de dos de las más opulentas familias del reino, y sin embargo, no eran ya más que Sor Luisa y Sor Teresa.

II

Después de tres años de reclusión y de hacer penitencia Sor Luisa y Sor Teresa, las dos, silenciosas y tristes, ninguna de sus compañeras podía decir haberlas visto jamás reír o llorar. Estaban pálidas, flacas, acabadas, que parecían bajo sus largos hábitos dos espectros escapados del sepulcro.

Sor Luisa tuvo precisión de hacer cama al cabo de un mes que no había salido de su celda, cuando un día en que se ponía el sol, con la última sonrisa del otoño, pidió solícitamente la bajasen a los emparrados del jardín.

Se sentía morir.

A instancias suyas, acudió allí Sor Teresa, que más animada, o menos débil, se arrastraba aún por el suelo.

A instancias suyas también, las dejaron solas. Ambas se pusieron a temblar cuando se vieron cara a cara. Hubo un momento de silencio.

—Os doy gracias, hermana mía, por haber venido —murmuró al fin Luisa—: sólo me restan algunos momentos de vida, y al borde de este sepulcro tan frío, donde voy a dormir eternamente, necesito que una voz amiga me hable de la infinita misericordia de Dios, porque tengo miedo.

—Yo también, hermana mía, me siento morir, y como vos, experimento un gran espanto en el fondo de mi alma; pero, acercaos, hermana mía, vos que sois la virtud, la piedad misma...

— ¡Ah!, callad, callad —interrumpió vivamente Luisa—; hay en mi vida un secreto espantoso, tan horrible, que el oído de un sacerdote no podría escucharlo.

—Vuestra imaginación os extravía, hermana; os suplico que os calméis.

—No, dejadme hablar; este secreto me abrasa, me devora. Tened piedad de mi alma y escuchadme, hermana mía.

Pronunciadas estas palabras, se abrazaron ambas religiosas. Hubo un momento de silencio y habló Luisa al oído de Teresa, entre sollozos y suspiros profundos que conmovían intensamente el corazón de Teresa...

III

—Soy el último vástago de una familia ilustre —comenzó a decir Luisa con la voz solemne de los agonizantes—. Mi madre murió al darme a luz; a mi padre lo mataron en una batalla y a mi hermano en un duelo. Me recogió y educó un hermano de mi madre, el cual tenía una hija menor que yo, de dos años; él nos quería con igual ternura y nosotras nos amábamos como hermanas.

En casa de mi tío entraba con la mayor intimidad el hijo de uno de sus antiguos amigos, un joven, el vizconde de Belleuse. Yo le miré, y me pareció que él hacía lo mismo conmigo. Creí haberle causado viva impresión en su corazón, y aunque jamás me declaró su amor, fui muy dichosa con este pensamiento, porque era el esposo de mis sueños. Tenía yo entonces dieciséis años.

Mi prima crecía también; a los quince era la niña más hermosa del mundo, graciosa, alegre, inteligente, buena y linda como un ángel: ¡Era un conjunto de perfección!, y fui sacrificada. El vizconde me olvidó.

Como quería a mi prima, ella le amó. Fui yo su confidente, y ya comprenderéis cuánto debí sufrir en silencio. Había heredado de mi madre un carácter apasionado y un alma impasible.

Nadie me vio devorar mis lágrimas. Hacia este tiempo, un señor alto, hermoso, bien formado, que se llamaba el marqués de Santa Lucía, se hizo presentar en casa de mi tío: me había visto en un baile y estaba violentamente enamorado de mí... o de mi fortuna, porque él era un noble arruinado y yo era riquísima.

Me adoró o fingió adorarme, esperando yo encender con la llama de los celos los apagados sentimientos del vizconde.

Pero, ¡vana esperanza! Quedó muy alegre, y os lo diré: me felicitó por mi conquista. Mi prima y el vizconde se desposaron. ¡Cuán felices eran! Yo no podía serlo, y pasaba las noches en un mar de lágrimas.

Era martes, y el mismo día de la semana siguiente se había señalado para la celebración del matrimonio. Mi prima se mostraba alegre al contemplar los atavíos de la boda, y ensayaba en mi cabeza la corona que debía colocar en la suya.

¡Tanta felicidad en una parte y tantos sufrimientos en otra! Mi imaginación se acaloró, y mi razón quedó expuesta a mil desvaríos.

IV

El martes de que os hablo estábamos los cuatro en el jardín del palacio, ella con él, y yo con el marqués; ella alegre, y yo sonriendo también; pero ¡qué sonrisa! Nos paseábamos en una larga calle de árboles, y mientras mi prima volvía a bajar apoyada en el brazo del vizconde, yo subía apoyada en el del marqués. De repente detuve al marqués: estaba loca.

—¿Me amas? —le pregunté bruscamente.

Y me miró lleno de admiración. Yo no bajaba la vista.

—Te amo —me respondió—; ¿qué prueba quieres exigir de mi amor?

—Dos —añadí resueltamente—, una hoy, otra mañana.

—Habla —replicó el marqués y te juro por el alma de mi madre que serás obedecida.

—Quiero esta tarde —le dije—, un veneno.

El marqués retrocedió asustado. Pero yo continué en estos términos:

—No un veneno que mate como el rayo, porque es muy dulce morir así, sino un veneno que mate lentamente. ¡Mi venganza necesita al menos tres días de agonía para mi víctima! Aquellos venenos los conocen todos los nobles de Italia y de España, desde el tiempo de los Borgia

Continuó mirándome sin responder.

—¿Y te atreves a decir que me amas?... —le dije entonces con amarga sonrisa.

—Tendrás esta tarde — murmuró— el veneno que me pides.

—Pues bien –proseguí—, existe un hombre que debe morir mañana, y poco me importa que le mates tú mismo o que lo hagas matar, con tal que muera.

El marqués quedó pálido como un espectro.

—Vamos —añadí yo irónicamente—, veo que tienes miedo; no hablemos ya de eso; adiós, marqués.

Y me marchaba volviéndole la espalda, cuando se lanzó hacia mí.

—Mañana —dije entonces—, habrá baile en el palacio del duque de Abriones; yo asistiré, y no quiero que vaya ese hombre; os espero; pasaréis por delante de mí con una mano enguantada y la otra sin el guante: la mano desnuda será señal de estar yo vengada. ¡Ese hombre no existirá ya!

En aquel momento se juntaron con nosotros mi prima y su prometido esposo. Nos sonreímos; hablamos algunas palabras y se alejaron enteramente abstraídos y enamorados.

—¿Y Quién es el hombre que debe morir? —me preguntó el marqués.

—Ese que veis —repliqué, señalando con la mano al vizconde de Belleuse.

—¡El vizconde! ¡Jamás! —exclamó con horror.

—Entonces —respondí fríamente—, otro me vengará de ese hombre, y obtendrá mi amor, mi fortuna y mi mano.

Quedó pensativo. Luego, a media voz, me dijo:

— ¡Morirá! ¡Te lo juro!

Nos separamos al momento. Al día siguiente estaba yo en el baile con mi prima. El marqués pasó por delante de mí sin llevar el guante en una mano.

A las dos de la mañana, mi prima se sintió indispuesta; la llevaron a su casa, y la acompañé. El resto de la noche lo pasó en angustias, espasmos y dolores. Hallábame cerca de su cama. El primer día fué atacada de un horrible delirio. Al segundo, sus cabellos, blancos casi de repente, fueron cayéndose, sus ojos se hundieron, quedándose enteramente ciega, su lengua y todos sus miembros sufrieron una espantosa parálisis. Llegó el tercer día y yo la vestí de blanco como a una desposada, y la coloqué en su féretro, para que la llevaran con gran pompa fúnebre a la sepultura de su familia.

El marqués entendía mucho de venenos.

Ocho días después, mi pobre tío expiraba de dolor en mis brazos.

Permanecí un mes encerrada en su palacio, no queriendo ver a nadie, consumida por la desesperación y los remordimientos, y por último me marché una noche, dirigiéndome a este convento, donde voy a morir.

—¡Oh, Dios mío! ¡Dios mío!... —exclamó inclinando su frente. —¿Puedo esperar que vuestra misericordia sea mayor que mis crímenes?

—Levántate, hermana mía, y escúchame —dijo entonces Sor Teresa, poniéndose de rodillas—, porque yo también reservo en mi corazón un secreto espantoso que ningún sacerdote podría oír. ¡Y sin embargo, me estoy muriendo! Horrible y extraño destino el nuestro —continuó diciendo.— ¡Hermanas en el crimen y la expiación, y después la muerte! ¡El amor fué causa de vuestra perdición, y el amor y la ambición me perdieron a mí!

Al decir estas palabras, no pudo continuar; su semblante palideció, sus ojos se cerraron; ¡había muerto! Sor Luisa murmuró una oración, dirigió su vista moribunda hacia el cielo y exhaló su último suspiro. »

Luego dirán que las novelas y el teatro son lugares donde se muestran historias inverosímiles, cuando no copian más que una pequeñísima parte de la vida real.

Cuando acabó su relato la viejecita, quedéme sumida en reflexiones, y como otras tantas veces, comencé a divagar, preguntando al espacio el porqué de tantas anomalías que se ven en la tierra.

11

LA COMPASIÓN

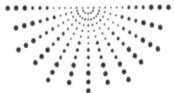

La compasión es el más santo de los amores.
Todos los afectos terrenales se parecen a los prestamistas usureros, que sacan a un pobre de un apuro para hundirlo luego en la miseria y en la ruina cobrándole el ciento por ciento de intereses en sus préstamos.

De igual manera el cariño puramente terrenal, en sus diversas gradaciones, exige la correspondencia a sus demostraciones y sacrificios. Tiene tan imperiosas exigencias el amor, que puede considerarse como un cambio de egoísmos, capaz de acabar con la paciencia hasta de aquellos que, tomando ejemplo de Job, sufren sin murmurar las desconfianzas irritantes de los celos, las reconvenciones intempestivas y violentas y toda esa cohorte de majaderías que empequeñecen y hacen insoportables ciertas afecciones humanas.

Sólo la compasión es la que ama al hombre, sin exigirle recompensa alguna. Ella besa la frente del niño expósito, hijo quizá de una ramera y de un asesino; estrecha la mano del anciano mendigo, sin preguntarle qué hizo ayer; aconseja al delincuente, da hospitalidad al peregrino, viste al desnudo y separa a los combatientes; ella hace el bien por el bien mismo, y a veces el hombre compasivo favorece a los suyos ignorando que su humanitario proceder redunda en beneficio de personas íntimamente unidas a él con lazos de parentesco o de cariño. En prueba de mi aserto, copiaré el suelto de un periódico de estos días:

«En el primer paso a nivel de la línea férrea de Córdoba a Bélmez, ocurrió ayer una horrible desgracia. La locomotora de un tren mixto arrolló un carruaje que conducía a don Tomás Conde, a dos señoritas y a un niño, los tres hermanos y pertenecientes a una familia residente en Madrid, arrastrando al vehículo durante algún tiempo. El señor Conde quedó muerto en el acto. Una de las jóvenes, de diecinueve años de edad, quedó con una pierna rota y varias heridas y contusiones, en gravísimo estado. Su hermana salió ilesa, pero el niño de nueve años, resultó con la fractura de un muslo, rotas las dos clavículas, y varias lesiones.

»Apercibido de la catástrofe el maquinista, dio contravapor y detuvo el tren, acudiendo en auxilio de aquellos desgraciados la guardia civil y muchos viajeros.

»Un detalle espantoso:

»En los momentos mismos de ocurrir este suceso triste, y cuando el cuerpo exánime del señor Conde permanecía aún sobre la vía, pasó por su lado, en carruaje, su anciano padre, el señor don Juan Conde, que al notar que había ocurrido algo extraordinario, ordenó a su cochero que se informase de lo que ocurría. Éste conoció al infortunado hijo de su amo, al que contestó que, en efecto, la máquina había atropellado a un sujeto, pero que le era desconocido. El desdichado padre envió una manta que llevaba consigo, para tapar los restos inertes de su malogrado hijo. »

El compasivo anciano ignoraba en aquellos momentos que enviaba su manta de viaje para cubrir el cadáver del ser que quizá amaba más en este mundo. ¡Bendita seas, compasión! ¡Bien hacen en proclamarte el más puro, el más santo de todos los amores!

Nunca olvidaré un episodio que me contó un viejo labrador. Recorriendo cierta tarde su hacienda, observé que hacía poner algunos panes muy grandes a la entrada de algunos senderos, sobre tres palos clavados en el suelo formando triángulo.

Me llamó la atención lo que hacía y le pregunté:

—¿Para quién son esos panes?

—Para los que roban por hambre.

—¿Y cree usted que se contentarán los ladrones con ese pan? Mucho temo que esa precaución sea inútil.

—Con uno que se contente, me doy por satisfecho. ¿Usted sabe lo que vale un hombre? Un hombre es una mina de oro, y no hay ingeniero que pueda contar con exactitud matemática los filones que encierra. Yo lo sé por mí mismo. Aquí donde usted me ve, que soy el más rico hacendado de esta comarca, cuando muchacho estaba en la mayor miseria. Murieron mis padres; mis hermanos tiraron cada uno por su lado, y yo me quedé sin oficio ni beneficio. Sin saber qué hacer de mi persona, me dediqué a trabajar. Pronto las angustias del hambre me empujaron a toda clase de vicios. Comencé por hurtar aves de corral, frutas, leña, grano, y como en la pendiente del mal, dado el primer paso se desciende rápidamente hasta llegar al fondo del abismo, me reuní con otros muchachos de mal vivir, y concertamos un asalto en toda regla a un cortijo, cuyos dueños tenían fama de muy ricos. Por la tarde fui a reconocer el terreno, y vi que el amo, ayudado de algunos mozos de labranza, colocaba panes y jarras de vino en distintos sitios; pregunté lo mismo que usted ahora, y me dijo el amo: « Si alguien merece compasión en este mundo, son los malhechores: no todos son perversos ni malos de remate; los primeros pasos en la senda del crimen, se dan a veces a impulsos del hambre, y si entre los muchos bandoleros que rondan mi morada, hay algún infeliz que se siente acosado por esa fiera sanguinaria que se llama *necesidad*, y puede acallar las exigencias del hambre, quién sabe si en los instantes que se detiene a saciar su apetito, un buen propósito de enmienda le separará del camino que conduce al patíbulo. ¡Me inspiran tanta compasión los criminales!... Trabajan más, mucho más que los hombres honrados, y obtienen por galardón grilletes para sus tobillos o una muerte afrentosa. Yo me guardo de los malhechores, no sólo por el mal que puedan hacerme, sino por la compasión que me inspiran, pues siempre ellos saldrán más perjudicados que yo. Mi muerte sería profundamente sentida, y la suya celebrada con público regocijo. »

Las palabras de aquel hombre me impresionaron de tal modo, que sin poderme contener le dije: « Quisiera hablar a solas con usted ».

Hizo una seña a los trabajadores, y éstos se alejaron sin pernos de vista. Entonces le confesé todos mis pecados, y concluí por decirle:

—La compasión que siente usted por los criminales, ¿la quiere ejercer conmigo?

Desde aquella tarde formé parte de su numerosa familia, pues aquel hombre trataba a todos sus trabajadores como si fueran deudos o allegados.

A él debí el entrar en la buena senda, y su compasión por los débiles apartó a muchos desdichados del camino del crimen. Él me hizo hombre, me instruyó; una de sus hijas fué más tarde mi esposa y la madre de mis hijos. Poco antes de morir, mi protector me llamó para decirme:

« Que no te olvides nunca de imitarme; compadece a los que roban por hambre: acuérdate de que la compasión es el amor superior a todos los amores. »

Las palabras del anciano labrador se grabaron en mi mente con caracteres indelebles, y desde entonces, estudiando la naturaleza de ese sentimiento que se llama compasión, he podido convencerme de que compadecer es amar, amar con el amor más desinteresado.

¡Compasión! ¡Tú eres la Providencia de los débiles!

¡Tú eres la religión de las almas buenas!

Tú, como el sol, difundes benéficos rayos, y con tu calor bendito recobran aliento los caídos.

Tú eres la Virgen inmaculada, superior a todas las vírgenes santificadas por los cultos.

¡Bendita! ¡Bendita seas, compasión! Yo te rindo culto con toda la efusión de mi alma, y compadeciendo a todos los que sufren, creo que elevo al cielo mis más fervorosas plegarias.

12
PREFERENCIAS

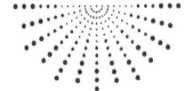

I

Nada hay para mí más repulsivo que las preferencias inmerecidas: éstas me han separado desde mi niñez de la religión católica.

Los *llamados* y los *elegidos* me hicieron dudar un día hasta de la existencia de Dios, pues mi espíritu se sublevaba ante los niños pordioseros que gemían y pasaban hambre y frío sin haber pecado.

Recuerdo a una pobre niña de nueve años, pálida y enfermiza, con una camisita de un blanco ceniciento y un refajillo de bayeta, amén de algún pañuelo desteñido, que completaba su mísero atavío. Sin medias ni zapatos, llevaba los pies sucios y ensangrentados, y la infeliz se los contemplaba a menudo, sin duda porque se hallaba rodeada de muchísimas niñas lujosamente vestidas: una de éstas era yo.

No recuerdo qué título de Castilla había costeado una función religiosa, habiendo invitado a las directoras de los mejores colegios de Sevilla, que fueron con todas sus educandas. Llenóse el templo de niñas vestidas de sedas y encajes, con zapatitos de raso y sombreros bellísimos, adornados unos con plumas y otros con flores; y entre aquel enjambre de muñecas vivientes tan vistosamente ataviadas, veíase a la pequeña pordiosera, de la cual todas las chicuelas huían con visible repugnancia, como temiendo contagiarse con su pobreza. La inocente mendiga, viendo que huían de ella, se acercaba con más insistencia a todas, y mirándolas con cierto asombro, les iba diciendo:

—¡Dame una limosnita, por amor de Dios!

Cuando se acercó a mí, instintivamente hice el mismo movimiento de repulsión que las demás. Notólo mi madre y me dijo en tono de reconvención:

—¿Por qué huyes de esa pobre criatura? ¡Harta desgracia tiene con haber nacido en la miseria!

—¿Y por qué ha nacido pobre?

—Porque Dios lo habrá querido así.

—¡Dios!... ¿Dios quiere que algunos de sus hijos estén de más en todas partes? Pues es un padre muy malo. ¡Pobrecilla! Tienes razón, madre mía: esta niña es muy digna de compasión. ¡No sabía yo que Dios tenía preferidos!

Y desde aquel día —contaría yo a la sazón unos once años— abjuró mi alma la religión católica, pues no podía admitir un Dios que hiciera nacer niños pobres, que fuesen despreciados por los niños ricos.

Las preferencias divinas de los *llamados*, de los *elegidos*, de los *predestinados*, de los *ángeles* y de todos los seres que nada más *porque sí* eran superiores a los demás, las rechazó mi espíritu con toda la energía de su voluntad. Y si las preferencias de Dios eran inadmisibles en mi amor inmenso a la justicia, las de los míseros mortales no lo han sido menos; y he sufrido y sufro cuando veo uno de esos cuadros de familia en que aparecen varios hijos, uno de ellos adorado y mimado hasta la exageración, y tratados los otros como si estorbasen en su propio hogar, con glacial indiferencia por los autores de sus días.

¡Cuántas desgracias nacen de esas preferencias odiosas! ¡Cuántas niñas mueren moralmente asesinadas por la misma mujer que las llevó en su seno! Conozco una familia, un matrimonio con dos hijos, un niño y una niña, siendo ésta una de esas almas que vienen a la tierra para suspirar por el infinito. Etelvina siente la nostalgia del cielo: en sus ojos hay acumuladas todas las tristezas y amarguras de la vida. Nada más sombrío que el fondo de aquellos grandes ojos: no son los de una niña, no; hay en ellos todo el desencanto del escepticismo, y sus miradas cuentan una historia de dolores: ¡pobre Etelvina!

No hace muchos días que hablé con ella, y preguntándole qué edad tenía, contestóme con amargo acento:

—¡Doce años! ¡Doce años de continuas contrariedades!

—¿Tú con contrariedades? ¿Teniendo tus padres, tu hermanito y lo bastante para vivir desahogadamente?

—Yo no tengo a nadie. Bien sabe usted que mi padre, como es marino, siempre está viajando, y apenas le vemos una vez al año. En cuanto a mi madre, no me quiere. Prefiere a mi hermano en todo y para todo: para él quiere vivir muchos años; para él ambiciona ser muy rica; para él sueña con la conquista de un mundo, y para mí... ni la ropa más precisa cree que me hace falta. Me envía al colegio sin libros, y ni siquiera me compra tijeras para bordar. ¡Yo no sé para qué habré nacido en este mundo! Todos cuantos niños miro, son más felices que yo; hasta los pordioseros si tienen madre, porque yo... ¡yo no la tengo! ¡Si Dios quisiera acabar conmigo!... En fin, ¡quién sabe! Por de pronto ya comienzo a echar sangre por la boca.

Y efectivamente, el blanco pañuelo de Etelvina se cubrió de manchitas rojas cuando se limpió los labios, y la pobrecilla ahogó un gemido.

En aquellos instantes, ¡cuánto era mi dolor! En el rostro de Etelvina no había la expresión de la niña candorosa, sino el amargo desencanto de la mujer desengañada. Su mirada vaga era tan triste, tan triste... que dejaba adivinar un torrente de lágrimas, las cuales, torciendo su curso natural, en vez de resbalar por las pálidas mejillas, caían gota a gota, como plomo derretido, sobre el corazón.

II

¡Cuánta responsabilidad para la madre de Etelvina en ésta su existencia!

Ella será la causa de todas las desgracias de su hija. Si ésta vive, si la fuerza de la juventud domina los síntomas fatales de su enfermedad, abandonará su ingrato hogar en cuanto un hombre murmure en su oído una palabra de amor; y sin preguntarse a sí misma si le ama, sin consultar con su familia si aquel hombre por sus costumbres le conviene, Etelvina le dará su mano por huir del infierno de su casa. ¡Y quién sabe los resultados! ¡Porque los casamientos que se hacen por huir de la casa paterna, conducen muchas veces a la mujer al abismo insondable de un lupanar!...

La mujer que teniendo familia crece sola sin el amor bendito de sus padres, sin ese calor que sólo se encuentra en el hogar, crece en el hastío, no tiene en estima su propia dignidad, puesto que ha vivido sumergida en la humillación, y está expuesta a descender por la pendiente del vicio sin saber dónde y cuándo se detendrá. ¡Pobre Etelvina, cuántas niñas como tú viven sin vivir!

Si por el contrario, antes que vista las galas de la mujer, su palidez aumenta, la tos desgarra su pecho, se doblega su talle como los lirios marchitos y exhala su último suspiro sin recibir en su frente los apasionados besos de su madre; muriendo de frío en la primavera de la vida, ¡qué triste!... ¡Qué triste debe ser! ¡Qué impresión tan dolorosa se llevará el espíritu de la tierra! ¡Pobre Etelvina! He aquí una víctima de esas preferencias odiosas que tanto han influido en la existencia de muchos seres, y para las cuales no tiene marcado el Código ningún castigo, aunque son la causa de grandes infortunios.

Muchos criminales, muchas prostitutas han declarado, al hacer su última confesión, que en su hogar no habían recibido sino frialdades y humillaciones de los que les dieron el ser. Crecer sin el calor familiar, porque la muerte o causas poderosas dejen al niño en la orfandad o separado de sus deudos, es menos triste, menos doloroso que tener familia y vivir proscrito en ella.

¡Ay de los niños que deseen huir del hogar! Son las víctimas de esas preferencias odiosas que tanto perjudican a la armonía social.

Siempre he dividido a las mujeres en dos clases, compuestas la una de *hembras* fecundas, que sirven para la multiplicación de la especie humana, nada más que para la multiplicación, inferiores en sentimiento maternal a las hembras irracionales que quieren, cuidan y atienden de un modo admirable a sus hijuelos. La otra clase se compone de mujeres *madres*, que lo son por su delicado sentimiento, aunque su organismo sea estéril, y que, si llegan a tener hijos, no prefieren ni a éste, ni a aquél, sino que procuran despertar en ellos el mutuo afecto y la tolerancia recíproca, la paciencia en los mayores para sobrellevar las exigencias de los pequeñitos hacia aquellos que les enseñan a dar los primeros pasos.

¡Cuán hermosa es la misión de la madre que sabe cumplir con su deber!

13
LA VOZ DE UN ÁNGEL

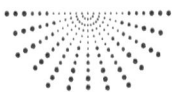

I

En un artículo dije que conocía a una pareja joven unida en matrimonio hacía algunos meses, que suspiraban por tener un hijo. Dije también que Elisa, al comprender que un nuevo ser se agitaba en sus entrañas, fué completamente dichosa, y que su dicha se veía aumentada con la delirante alegría de su esposo. Efectivamente, la alegría de Antonio era inmensa; compraba juguetes y chucherías para recibir con regalos al primogénito esperado con tanta ansia.

Llegó el feliz momento, y Elisa dio a luz a un niño, al que pusieron por nombre Adolfo. Creció el niño entre las caricias de sus padres, que muchas veces le formaban una cuna con sus brazos, y en ella le mecían, cubriéndole de besos. Adolfo correspondía a tan amorosas demostraciones con sus infantiles caricias, y a los diez meses andaba ya solo y salía a recibir a su padre cuando éste volvía de la oficina: era la verdadera alegría de la casa.

—¿Querrás creer, Amalia —me decía algunas veces Antonio—, que cuando el niño duerme me parece mi hogar completamente vacío? Mucho quiero a mi esposa, porque me comprende y endulza con su ternura y discreción las amarguras de mi vida; pero mi hijo... mi hijo es mi sol, ¡mi todo! ¡Parece mentira que un ser tan pequeño llene tanto! ¡Tú no sabes, Amalia, lo que se quiere a los hijos!

Yo le escuchaba con el mayor placer: como desgraciadamente escasea tanto el verdadero amor, cuando éste se manifiesta con tanta sencillez y tanta verdad, conmueve profundamente. Me extasía el cuadro de una familia dichosa por el amor, más hermoso que todos los cuadros de la *Sacra Familia* que se veneran en los altares de las iglesias romanas.

Pero la felicidad se asemeja a una nube de humo, que se disipa apenas se forma. Antonio y Elisa comenzaron a sufrir los embates del infortunio. Él se quedó sin empleo, y como en las casas de los pobres los ahorros son tan escasos, pronto se agotaron los recursos que guarda la mujer económica para sufragar los gastos de una enfermedad, de un alumbramiento o de una necesidad imprevista, y comenzó para el matrimonio la interminable *calle de la Amargura* de los que carecen de lo más necesario para vivir.

Antonio es de un carácter vehementísimo, amante del trabajo hasta sacrificar la salud por exceso de actividad; y al ver que todos sus esfuerzos eran inútiles para encontrar una colocación decorosa, la desesperación se apoderó de su alma. Miraba a su hijo y murmuraba con inexplicable sentimiento: «¡Pobre hijo mío! ¡Cuán pronto comienzan para ti los sufrimientos! ¡La miseria te rodea y el hambre agita sus siniestras alas en torno de tu cuna!»

Una mañana salió Elisa en busca de labor; Antonio se quedó en casa con su madre y su hijo, este último entretenido sacando ropa de un cesto, mientras su padre y su abuela entablaban un desagradable altercado: tan cierto es que «donde no hay harina todo es mohína». Antonio se sentía contrariado en grado máximo, y como la madre, aunque muy buena mujer, no comprende cuándo habla a tiempo o fuera de tiempo, acabó por exasperarle con sus lamentaciones y reconvenciones.

Abrumado por tanta pesadumbre, por la miseria y en el colmo de la desesperación, fuese a su despacho, y según él mismo me refirió, dirigióse al balcón con el ánimo de estrellarse contra el pavimento de la calle.

—¡Qué diablos! —Se decía—, ¿a qué apurarse tanto, cuando tengo aquí el remedio? No estoy solo en la tierra, es cierto, me rodea una familia buena y cariñosa, pero mi madre me acrimina, ¡pobre mujer!, porque no tengo acierto en mis pretensiones. Elisa, ¡infeliz!, la he unido a mi destino para hacerla inmensamente desgraciada; si yo me mato, queda libre; es buena, muy buena, virtuosa, sufrida, tolerante, puede hacer a un hombre feliz y encontrará quien la haga más dichosa que yo; mi hijo... mi hijo es tan pequeño, que no me recordará, y como le quedan su madre y su abuela, ellas le amarán tanto, que no necesitará de mi cariño. Si me tiro por el balcón, todos ganaremos. He agotado todos los recursos, he llamado a todas las puertas, y nadie me ha contestado. ¡Ah!, a todas, no: aún me resta llamar a las puertas del cielo; aún me resta pedirle a Dios consejo..., si es que Dios existe y oye la voz de los míseros mortales: ¡Señor! ¿Qué me dices? ¿Qué debo hacer? Contéstame, que bien necesita contestación el hombre que ya no sabe qué hacer más que morir.

Cuando Antonio me contó este episodio de su vida, sus ojos brillaban con vívidos resplandores y su voz, profundamente conmovida, me hizo sentir lo que nunca había sentido. Guardó silencio algunos momentos, como si necesitara recobrar fuerzas, y luego continuó su relato en estos términos:

—Cuando llamé a las puertas del cielo y pedí a Dios consejo, me crucé de brazos y esperé. ¿Convencido de que alguien me contestaría? No, no esperaba nada milagroso; tú conoces mis ideas; llamé a Dios porque sí, acaso por una instintiva resistencia que opone la Naturaleza humana a la pérdida de la vida.

En aquel instante sentí como rumor de alas rozando el suelo y acercándose. Volví la cabeza y vi a mi hijo que corría hacia mí, exclamando:

—¡Papá!... ¿Qué haces?...

Se abrazó a mis rodillas mirándome con una de esas miradas que iluminan todas las sombras del infortunio y penetran en lo más íntimo del alma. Me bajé, le cogí en mis brazos, y le estreché contra mi pecho. Dios me había respondido por la boca de un ángel: estaba salvado. ¡Si mi hijo hubiera podido comprender que pensaba dejarle huérfano!...

Reniego de mi desesperación y de mi cobardía. A mi hijo debía la vida. Volví a estrecharle contra mi corazón, y poniendo después mi diestra sobre su rubia cabellera, juré seguir luchando con la suerte sin desmayos y sin desesperaciones.

Catorce meses contaba entonces mi Adolfo. Cuando llegue a ser hombre y comprenda lo que son las amarguras de la vida, le diré: « Hijo mío, los ángeles existen; yo escuché la voz de uno en un momento supremo: te he debido la vida. ¡Bendito sea Dios, y bendito seas tú! »

¡Ay, Amalia! Parece increíble que aquel muñeco, una criatura tan débil, haya podido cambiar de tal manera el rumbo de mi existencia. Ayer quería morir: hoy quiero luchar, luchar sin tregua; y cuando el cansancio me rinde, cuando la fatiga me agobia, cuando las decepciones y las ingratitudes me abruman, siento repercutir en mis oídos y en mi corazón la voz de mi hijo, preguntándome: « ¡Papá! ¿Qué haces? », y olvido instantáneamente mis tribulaciones, y le llamo anhelante para depositar besos en su frente, en los cuales va envuelto mi juramento renovado de vivir y trabajar.

¡Qué bien tan grande le he debido a mi hijo! ¡Él ha sido para mí el mensajero de Dios!

II

Se fué Antonio, y su interesante relato quedó grabado en mi memoria con caracteres indelebles.

¡Qué presentimientos tiene a veces el espíritu! Antonio, más que otros hombres, había sentido fervientes anhelos de tener un hijo. ¡Quién sabe si, sin darse cuenta, reclamaba a Dios la tabla salvadora a la cual había de asirse en el momento más terrible del naufragio!

Siempre que miro al inocente Adolfo, tan pequeñito, con su carita triste y sus rubios cabellos, le estrecho entre mis brazos y reflexiono sobre la misión que le ha traído a la tierra. ¡Aún no cuenta dos años y su dulcísima voz ha servido para salvar la vida de un hombre, de un hombre que le esperaba, que le veía en sus sueños, que le preparaba juguetes, que le amaba, antes de conocerle, con todo su corazón!

¿Qué historia será la vuestra? ¿Qué relación habrá entre vuestros espíritus? ¡Quién sabe! Desde luego, ambos os habéis dado mutuamente la vida. El padre llamó al hijo como por presentimiento; el hijo llamó al padre, y su voz le salvó del suicidio.

¡Bendita sea la voz de los ángeles de la tierra, mensajeros de la misericordia divina!

14
¡NO HAY TIEMPO!

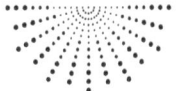

I

Aunque por esta vez no he podido crearme un hogar propio, mi misma soledad me ha obligado a formar parte sucesivamente de varias familias desheredadas, y sé cómo viven los esclavos de la desventura humana.

He visto a una niña, hija de una pobre viuda, guardar cuidadosamente unas botitas que le regalaron, y no ponérselas más que los domingos, y cuando llegaba el día festivo, Lola se lavaba todo su cuerpecito con la más inocente alegría; se ponía unas medias muy finas y sus botitas de piel sin teñir, y era curioso ver cómo la niña se miraba los pies con la más profunda atención, andando muy despacio, y si alguien le preguntaba por qué no andaba más de prisa, contestaba sonriéndose que era por temor de romperse las botas y no poder ir con su mamá *a la capilla*.

Esto, como es fácil comprender, revela una gran miseria. Lola tenía razón en conservar su calzado nuevo, por cuanto la pobrecilla se pasaba meses y meses sin poder salir a la calle por falta de zapatos a de sombrero; mas, en medio de su pobreza, era relativamente feliz, porque en su cautiverio no estaba sola; tenía la mejor compañera que pueden tener los niños, ¡su abuela!, su abuela materna, anciana bondadosa que siempre tenía para su nieta una caricia.

Pobre fué la infancia de Lola, pero la niña siempre sonreía dulcemente. Bien veía salir a sus vecinitas con el mayor lujo; ella, sentadita en el suelo sobre el vestido de su abuelita, las miraba con inocente curiosidad y sin entristecerse; pedía a su abuelita que le contara cuentos, y prestaba toda su atención a las historias y consejos que relataba la anciana.

Yo veía aquel cuadro, y en medio de sus sombras, las sombras de la miseria más dolorosa, que es la que no se exhibe por calles y plazas, veía un foco resplandeciente, el amor místico de una familia que aun careciendo hasta de lo más necesario, los unía el cariño, y los unos a los otros se prodigaban el cariño íntimo del alma, que vale más, mucho más, que todos los tesoros del universo.

II

Recuerdo también a una joven planchadora, que vivía con su madre, y una hermana pequeña en una buhardilla inhabitable en todo tiempo, porque en invierno era una nevera, y en verano, un horno, cuyo combustible nunca se agotaba. En aquella habitación por todo extremo insalubre, vivía una hija del pueblo, con su constancia admirable de mantener a su madre y a su hermana trabajando día y noche.

Para ella no había fiestas, las diversiones no existían; vestía tan pobremente, que se reía de su misma pobreza, y no exhalaba ni una queja ni aun cuando el fruto de su trabajo se deshacía en manos de un hermano suyo, que era el Judas de aquella pobre y honrada familia.

Para aquella joven, en los años que la traté, nunca lució un rayo de sol; jamás disfrutó de un día de solaz. Muchas noches no se acostaba: contentábase con sentarse junto a su mesa de trabajo, reclinaba en ella su cabeza, y así dormía hasta que en las primeras horas de la mañana las tintas de la aurora la bañaban con su tenue claridad; entonces se ponía en pie y comenzaba su tarea cantando dulcemente. Era la suya una existencia penosísima, sin un segundo de descanso; su hermano la explotaba miserablemente, y ni la más leve ilusión la hacía sonreír. Una mártir del trabajo, cuyo recuerdo no se borrará nunca de mi memoria.

III

De la interminable lista de víctimas de la miseria que he conocido, recuerdo asimismo a Anita, niña de rostro melancólico. Nada más triste y dulce que sus ojos; nada más doloroso que su sonrisa. ¡Pobre niña! Algunos artículos he escrito recordando su lánguida figura. Tenía el íntimo convencimiento de que sufría mucho, aunque no tanto como ella me reveló la última vez que hablamos. Nada de particular me refirió, ni yo tengo que interrogar a los niños sobre interioridades de su casa; no obstante, en una frase suya leí todo un poema doloroso.

Anita tiene el cabello rubio, y es tan fino, que cae sobre sus hombros y su frente como una cascada de oro, aumentando la tristeza de su rostro, de suyo pálido y enfermizo, grandes ojeras azuladas. En aquella cabeza, aunque limpia, se nota la falta del cuidado maternal; pues una madre que ama a su hija y que tiene el instinto de la belleza, se complace en recoger cuidadosamente los cabellos de su ángel, para evitar que se le enreden, y cuando ha de salir a la calle, se los riza y arregla artísticamente, con el afán de hermosearla. Anita, aunque huérfana, va limpia, pero no bonita; en su rubia cabeza no se descubren las huellas de la ternura maternal. Contemplándola, le pregunté, ensortijando al mismo tiempo su linda cabellera entre mis dedos:

—Dime, Anita, ¿nunca te rizan el cabello?

Miróme la niña sonriendo amargamente y murmuró con ironía:

—¡No hay tiempo!

Ni la excomunión católica, creyendo en la eficacia de sus anatemas, me hubiera hecho sentir tanto frío en el alma como las breves palabras de Anita.

Los más duros reproches, las quejas más amargas, los gemidos de la desesperación, los ayes del mayor abandono y de la más profunda soledad, todas las demostraciones del dolor estaban concentradas en las frases de Anita. Tan impresionada me dejaron, que no acerté a pronunciar ninguna de esas palabras que cambian el giro de una conversación enojosa. Maquinalmente dejé de jugar con sus cabellos, y la estuve contemplando, sin saber qué decirle; me sucedió entonces lo que me acontece cuando hablo con una persona que acaba de experimentar la pérdida del privilegiado objeto de sus amores: en vano busco frases de consuelo para aquella inmensa pena que sólo el tiempo puede suavizar. ¡Ay!, la de Anita es de aquellas para las cuales no tiene remedio el tiempo; al contrario, cada día que pase aumentará la profundidad del abismo en el cual vive sumergida la pobre niña, puesto que nuevos seres le pedirán a su padre tiernas caricias y solícitos cuidados a su segunda esposa.

Anita va cruzando la calle de *Amargura*, y sería para ella una dicha llegar pronto a la cumbre del Calvario.

¡Cuántos dolores se encierran en este mundo! ¡Cuántos gemidos, y en qué variedad de formas, exhalan las almas atribuladas! ¡Con qué tristeza había pronunciado Anita aquella frase!: *¡No hay tiempo!*

Eso significa que en su casa nadie se ocupa de ella; que nadie la ama; que ocupa un lugar muy secundario entre los suyos, que su hogar no es su *hogar*, que no tiene familia; que con perder a su madre, lo perdió todo en la tierra.

¡Y da tanta pena ver padecer a los niños! En esa edad en que todo se ve de color de rosa, una frase que revela desencanto, impresiona más, mucho más que las imprecaciones de un hombre desesperado. En la de Anita hallé el resumen de una de esas historias dolorosísimas, cuyos capítulos se escriben con lágrimas y cuyo epílogo es casi siempre una muerte prematura...

Si algún día llego a saber la muerte de Anita, diré con melancólica tristeza: ¡Ya acabó de morir! Porque, indudablemente vivió muriendo la que en once letras encerró todo un drama de pasión.

Creo que mientras viva resonará en mis oídos el « *¡No hay tiempo!* » de la desventurada huérfana.

15
EL CIELO Y EL INFIERNO

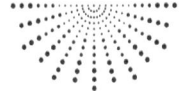

I

Nunca me ha ilusionado el *cielo* de las religiones con el trono esplendente de Dios, donde éste está sentado entre coros angélicos, castas vírgenes y bienaventuradas por su mansedumbre evangélica.

De igual manera, tampoco el *infierno* bíblico con su fuego eterno y Lucifer presidiendo aquel antro de condenados ha podido hacerme recelar que mi alma pudiera un día habitarlo.

¿Qué es el fuego infernal de las religiones comparado con el fuego inextinguible del remordimiento?

La vida en la tierra, en su desenvolvimiento y desarrollo, tiene *cielos*, *purgatorios* e *infiernos*, reales, positivos, innegables. Siempre he tenido este íntimo convencimiento, y si no lo hubiera tenido, hace pocos días que semejante convicción se hubiera apoderado de mi ánimo, porque ante la realidad de los hechos, hay que reconocer la evidencia moral y racional que se impone por la observación concienzuda y apasionada.

II

Entramos en el *cielo*. Es un gabinete sin alcoba; una salita a la inglesa, donde se ven los muebles siguientes; una cómoda barnizada de negro con adornos de relieve negro mate y tapa de mármol blanco, un tocador de caoba de forma antigua, con incrustaciones de nácar y maderas finas, un costurero, dos o tres sillas y una camita de hierro o de Viena. No se sabe de qué era la cama, puesto que estaba cubierta con camisas, chambras y enaguas adornadas de bordados y encajes artísticamente colocados, destacando sobre visos azul pálido y rosa seca.

En un maniquí de mimbres había un sencillo vestido de lana, de un medio color, y echado en una silla se veía un rico traje de cachemir negro, adornado de blondas. Sobre la cómoda, había cajas de todos tamaños, que contenían pañuelos, abanicos, pulseras, etc., etc., todo en el desorden más encantador, porque unas cuantas jóvenes curioseaban alegremente todo cuanto allí se hallaba expuesto. ¿Y cómo no hacerlo así si la dueña de aquel pequeño nido, si la simpática María se casaba al día siguiente y había convocado a sus amigas para que vieran cuánto había trabajado, pues obra suya eran los primores de su canastilla de boda?

La protagonista de la fiesta, la joven María, con la sonrisa en los labios, con la mirada radiante de satisfacción, decía con cierto orgullito puramente femenino:

—Aún me queda mucha ropa que hacer; pero, vamos, lo más preciso ya está, lo demás lo haré después. ¡Tengo una casita muy mona!, ya la verán ustedes, parece un juguete; pero para los dos ya tendremos bastante. Todo es pobre, como ven, pero arregladito y primoroso, eso sí. ¡He trabajado más!... A las cinco de la mañana me ponía a coser, mas al fin he conseguido mi objeto, que era gastar poco y que todo estuviera bien y bonito.

Y María señalaba los bordados que más trabajo le habían costado, y enseñaba los regalos que había recibido, con esa íntima alegría, con esa juvenil satisfacción que experimenta la mujer cuando arregla el ajuar de su nueva casa.

María se casaba enamorada. Su prometido le había dado pruebas inequívocas de un verdadero y profundo cariño. Miraba su pasado puro y sereno. Su presente era un sueño delicioso; su porvenir... ¡Ah! Su porvenir encerraba para ella la hermosa realidad de la vida.

La unión con el ser amado, la digna representación de la mujer casada, y más lejos la apoteosis de la mujer, ¡la maternidad!, la glorificación de sus amores, el ángel sin alas buscando en su seno la savia de la vida, el pequeñito de rubias guedejas y cuerpo de nieve balbuceando un nombre que conmovía dulcemente su alma: ¡*Mamá*!...

Todo esto veía María en lontananza: lo decía su significativa sonrisa; lo indicaban sus ademanes apasionados. La niña había dejado su blanca vestidura, y la mujer esperaba anhelante que la bendición nupcial le diera derechos para entrar en la senda de la vida a cumplir los sagrados deberes de esposa y madre.

En aquel pequeño aposento estaba el prólogo de una nueva historia, y el alma se encontraba satisfecha contemplando aquellas galas sencillas, modestas, pero impregnadas de algo puro, encantador, sublime.

Allí estaba la suma de las más dulces y risueñas ilusiones; allí el *cielo* de la vida humana, cubierto de celajes de azul, oro y zafir.

Cada onda, cada florecilla, cada pliegue de aquellos adornos, representaba un mundo de ensueños y esperanzas que felizmente María iba a ver realizados. ¡Qué más cielo que unirse a un ser amado con esos vínculos que la sociedad bendice, que sancionan las leyes y que la Naturaleza se encarga de consagrar por medio de los hijos!

No tienen los ángeles, no manifiestan las vírgenes ni los santos el júbilo excelso que siente una mujer enamorada, la víspera de su casamiento.

Cuando salí de casa de María y me encontré en la calle, sentí frío en el alma; en el *cielo* había una temperatura agradabilísima, y en la *tierra* no era posible disfrutarla.

III

María vivía cerca de una plaza donde hay jardines, y cuando yo los cruzaba pensando en lo que acababa de ver, una pobre que es el rigor de las desdichas, y que ha ocupado una alta posición social, me detuvo, diciéndome con voz trémula:

—¡Ay, Amalia! Usted no sabe lo que me pasa; si ahora no me quito la vida, no me la quitaré nunca.

Yo, que iba sonriendo interiormente dando gracias al cielo de que María iba a ser una sonrisa de la vida, al verme con Ángela y contemplar su tristeza, descendí tan rápidamente de un cielo sin nubes a un abismo sin fondo, que mirando a mi interlocutora con dolorosa sorpresa, le dije:

—Sentémonos: no tengo fuerzas para escuchar de pie lo que usted sin duda querrá contarme.

Ángela me miró con agradecimiento; la contemplé de nuevo, y no he visto condenado en los retablos de ánimas que revelara en su rostro mayor sufrimiento que el que en el semblante de aquella mujer se revelaba.

Todas sus facciones estaban contraídas por la ira y el dolor; sus ojos hundidos tenían un círculo rojizo, mal peinada, peor vestida, todo en ella acusaba la miseria y el abandono.

—¿Se acuerda usted de mi hija? —me preguntó con voz angustiada.

—¿De Sara? Ya lo creo, y aunque hace mucho tiempo que no la he visto, recuerdo perfectamente que era una niña preciosa y que ahora indudablemente será una joven encantadora.

—¡Ay! Si usted la viera no la conocería; no parece ni su sombra; se hundió en el fango, y en él morirá. Satanás, el mismo Satanás en figura de hombre me la robó. Un miserable, un ser degradado, envilecido, encenagado en todos los vicios, siendo el más dominante la embriaguez, logró enloquecerla, y huyó con él, y... ¡viajan a pie!... como los mendigos y los criminales que van de tránsito, y si ella tiene momentos de remordimiento, y quiere romper la cadena del vicio, y pedir misericordia en algún asilo benéfico, él no lo consiente, la maltrata cruelmente y le dice:

« No, tú has de seguir conmigo; conmigo has de sufrir el hambre y la sed, el cansancio y el desfallecimiento. Yo no quiero estar solo, necesito alguien que escuche mis maldiciones; sólo la muerte te librará de mí. »

Y van de un punto a otro mendigando su sustento, durmiendo en las covachas, donde pueden. De aquella niña de cutis de raso y mejillas aterciopeladas, ¡nada queda!... parece una momia, y la lepra la consume. Vino anoche a refugiarse en mi casa, y a la madrugada ya él había venido completamente borracho, y revólver en mano la obligó a seguirle; no sé dónde se encontrará ahora.

—Pero, señora, ¿no hay justicia en la tierra?, ¿cómo no da usted parte al gobernador?

—Ya lo hice; pero no sé en qué consiste que nunca los encuentran. ¡Usted no sabe lo que es ese hombre! Parece mentira que pertenezca a una gran familia, porque, crea usted, ¡es noble!, ¿verdad que parece increíble? ¡Le digo a usted que estoy loca pensando siempre en mi hija, que si grande fué su culpa, bien horrible es su castigo!...

Mientras Ángela hablaba, pensaba yo en María, en la niña rodeada de atavíos de novia, y decía mentalmente: ¡Allí está el cielo, allí la virtud, allí la joven casta y pura esperando el feliz momento de comenzar a hacer la felicidad de una nueva familia, mientras que el cuadro que me pinta esta infeliz, es el infierno de la prostitución, la condenación de la mujer perdida, el vicio encanallado, el infierno de la vida, positivo, real, innegable...!

¡Qué transición tan brusca! ¡Qué cambio de impresiones tan violentas para mi espíritu!... De la luz esplendente al abismo de las tinieblas; de lo que hay más risueño y más puro en la tierra, a lo más bajuno, abyecto y repugnante. Miré a aquella mujer, sintiendo por ella compasión y repulsión a la vez. Creíme dichosa cuando la vi alejarse, y reflexioné que nada había de común entre las dos.

Entre los horrores del vicio, entre las escorias de los que viven fuera de las leyes morales, y la melancólica y serena monotonía de mi existencia, hay mil mundos de por medio; no vivo en un cielo como viviría indudablemente María; pero estoy lejos, muy lejos de los tormentos del infierno, en el cual se han hundido Ángela y su hija, la infeliz Sara.

¡Pobre joven! Cuando yo la conocí era una niña, con la mirada límpida, las mejillas sonrosadas y la sonrisa de la inocencia entreabriendo sus labios rojos como la flor del granado; hoy, hoy está enferma, en el último grado de la miseria y de la degradación, cruzando la tierra como el criminal más miserable. ¡Qué destino fatal el suyo! ¡Ah! Leyes desconocidas, pero leyes justas, deberían regular las horas de estas dos existencias diametralmente opuestas. ¡Siempre habrá cielos para las almas virtuosas! ¡Siempre habrá infiernos para los espíritus corrompidos!

¿Cuál será el epílogo de ambas mujeres? Casi se adivina.

El cielo de María se poblará de pequeños ángeles.

El infierno de Sara será la soledad y el remordimiento. Su condenación terminará probablemente en el lecho de un hospital.

16
¡UNA FLOR SIN AROMA!

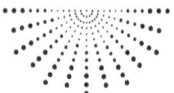

Yo creo que el pudor en las mujeres es como el perfume en las flores: es el alma de la belleza. Por hermosa, por encantadora que sea una flor, si al contemplarla no nos embriaga con su embalsamada esencia, pierde mucha parte de su belleza, pierde mucha parte de su encanto; y de igual modo la mujer, aunque sea más bella que la Venus de Nilo, si no rodea su frente la aureola de la pureza y del candor, si no hay en ella aromas de honestidad, si sus aterciopeladas mejillas no se colorean con el rojo matiz del rubor cuando en sus oídos resuenan palabras atrevidas o ve acciones indecorosas, aquella mujer queda convertida en una hermosa estatua de carne, para la cual no habrá un segundo Pigmalión que la anime con su espíritu.

Para mí, una mujer sin pudor es una rosa sin fragancia, ¡y es tan triste una flor inodora! Si yo creyera en los absurdos cuentos de las religiones; si yo me figurara que en Dios podían tener cabida las malas pasiones de los hombres, creería que las flores sin esencia eran las víctimas de las iras de Dios, las hijas desobedientes arrojadas del hogar paterno, las desheredadas de los siglos, para las cuales no había redención.

Como las flores sin aroma me parecen las pobres mudas del reino vegetal, las mujeres sin pudor me parecen más desgraciadas que las castas degeneradas de la India y del Peloponeso, los *parias* y los *ilotas*. Los primeros, según la ley de Brahma, descienden de una casta de individuos expulsados de las otras, por haber violado las leyes religiosas o civiles, considerada como impía, réproba y maldita por los brahmanes, siendo su existencia miserabilísima, merced a tan absurdas tradiciones: andan errantes por los bosques y desiertos, sin patria ni hogar, y no se mira como crimen el asesinato en sus anatematizadas personas.

Los segundos, reducidos a la esclavitud por Agís I, rey de Lacedemonia, fueron tratados indignamente por sus vencedores. Se les sometió a los más repugnantes oficios, y ni siquiera se les permitía dormir en Esparta... En épocas fijas del año, se les azotaba implacablemente, para recordarles que eran esclavos, y a veces se salía a caza de ellos, como si hubieran sido fieras, o se ejercitaban con ellos tirando al blanco...

Pues bien, tan infeliz como el paria errante y tan humillado como el vencido ilota, me pareció una hermosa niña que hace pocos días vi una noche en un café vendiendo billetes de lotería.

Representaba doce o trece años: era blanca y sonrosada; su abundante cabellera negra coronaba con graciosos rizos su espaciosa frente, y descansaba, con estudiado abandono, sobre sus hombros. La más provocativa y picaresca sonrisa entreabría sus labios, y su mirada se fijaba con descarada insistencia en las mesas donde había hombres solos que se reían con la mayor algazara.

Llevaba un traje de percal rosa pálido, y agitaba entre sus blancas manos unos cuantos billetes de lotería, que ofrecía a los jóvenes apoyándose familiarmente en sus hombros, jugando con el bastón de alguno de ellos o quitándole al otro un rojo clavel que lucía en el ojal de la levita, para colocarlo ella en su risueña boquita con la mayor gracia y descaro; hecho todo esto con tanta soltura y naturalidad, que se conocía perfectamente que estaba acostumbrada a aquel triste género de vida.

Al pasar por delante de la mesa donde yo me encontraba, apenas se detuvo, haciéndolo en la inmediata, donde había cinco muchachos de buen humor, dispuestos a reírse hasta de su sombra. Allí se paró la niña, y entonces, aprovechando la ocasión, le hice seña que se acercara para verla mejor, y le pregunté:

—¿Cuánto tiempo hace que recorres por la noche los cafés vendiendo billetes?

La muchacha me miró con cierta sorpresa, que tenía mucho de desagradable, y me contestó con sequedad:

—Más de cinco años.

—¿Cuántos tienes, hermosa niña?

—Pues, más de doce.

—¿Cómo te llamas?

—Yo me llamo Rafaelita.

Y haciendo una mueca graciosísima y dando media vuelta con el mayor desdén, se dirigió a otra mesa, tarareando alegremente una canción popular.

En el poco tiempo que me dejó mirarla, no vi en su semblante el menor rastro de inocencia, patrimonio exclusivo de la niñez. Su mirada era provocativa; su sonrisa desdeñosa y burlona; sus movimientos demostraban la más completa desenvoltura, y su voz, algo bronca, revelaba el abuso de bebidas alcohólicas. ¡Cuánta compasión me inspiró la bella criatura! ¡Era tan linda! A pesar de su desgaire, de su descoco, aún la infancia pugnaba por envolverla con su manto de color de rosa.

Su rostro era lozano, como la rosa primeriza del lluvioso abril; su frente tersa como el mármol de Italia; sus ojos brillantes y negros; la flor aún estaba en capullo, sin embargo de que la pobre niña pugnaba por arrancar violentamente sus nacientes hojas.

La seguí con la mirada largo rato, y la vi, semejante a una mariposa, correr de una mesa a otra, hablando, riendo, jugando con sus conocidos; después desapareció... más no de mi mente su recuerdo, ni su graciosa silueta. Su imagen se fotografió en mi imaginación, de donde no se esfumará fácilmente.

¡Pobre Rafaelita! He aquí una flor que ha perdido su aroma antes de abrir sus pétalos a la luz del sol. Conocerá en teoría todas las miserias de la vida humana; en sus oídos habrán musitado todas las palabras obscenas; sabrá las historias más escandalosas; en cinco años rodando por los cafés, habrá aprendido todo lo malo, todo lo inútil, todo lo perjudicial para la mujer impúber y honrada; sabrá todos los atropellos de la prostitución, todas las concupiscencias indecibles, sin sentir espanto ante sus dolores.

A los siete años la pusieron en el camino más escabroso; la niña ha jugado con las espinas, y si bien los niños, al lastimarse, lloran de pronto, pasados unos instantes, olvidan el daño recibido y vuelven a juguetear alegres y confiados. De igual manera, Rafaelita habrá perdido esos hábitos pudorosos y honestos de la niña recatada. Lo sabe todo antes de haber crecido lo suficiente para codearse con las mujeres de mal vivir; para ella nada hay oculto; tiene la experiencia de la prostituta, sin haber salido de la niñez: ¡Pobre avecilla del primer vuelo! ¡Bella flor sin aroma! ¡Ay de la niña que crece entre la atmósfera viciada de los cafés públicos!... ¡Su fin es casi siempre el duro lecho de un hospital!...

Recuerdo a aquella niña con inexpresable tristeza; y, si no tuviera la certidumbre de que su actual existencia es sólo un capítulo de su eterna historia, preguntaría con amargura al Gran Desconocido:

—¡Oh, tú, quienquiera que seas!... Dime: ¿Por qué creas niñas hermosas para que arrastren por el lodo sus encantos? ¿Por qué las das un cuerpo luminoso, si lo han de cubrir de fango antes de su completo desarrollo físico? ¿Por qué nacen para la degradación? ¿Por qué hay mujeres que llegan a la ancianidad, ceñidos de aureola virginal sus pensamientos y su alma, mientras otras, como Rafaelita, dan un salto mortal desde la cuna al lupanar?

No, esto no sucede porque sí; tiene su causa justificada, aunque no por todos comprendida. Es necesario vulgarizar los conocimientos y hacer agradable el estudio de la continuidad de la existencia.

Yo, si no creyera que Rafaelita vivió ayer y vivirá mañana para recobrar el perfume del pudor, renegaría de Aquel que la hizo hermosa para aumentar su desventura; porque la belleza convertida en mercancía ambulante, es para la mujer carga tan pesada, que la rinde y mata sin haber vivido antes de llegar a la primavera de la vida.

¿Qué podrá recordar Rafaelita si llega a la edad madura? Una infancia sin reposo, una juventud sin ilusiones, la prosa de la vida en su realismo más crudo, más repugnante, más odioso.

¡Desdichado el espíritu que viene a la tierra condenado a no gozar de la inocencia de la niñez, de la castidad y de la juventud! ¡Podrá tener la hermosura del Apolo del Belvedere o la belleza de la Venus de Médicis; pero siempre será una flor sin aroma!

17
AÑO NUEVO, VIDA NUEVA

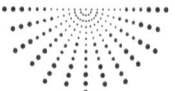

Cuando conocí el Espiritismo, al llegar el primer día del año 73, quise emplear bien sus horas, y me dirigí a un hospital a visitar enfermos, acompañada de una joven amiga, parienta cercana de la superiora de aquel triste asilo.

Después de recorrer algunas salas, entramos a ver a la madre Rosario, que nos recibió cariñosamente, llamándome mucho la atención su porte verdaderamente señoril y majestuoso, pues a pesar de su hábito, se veía en ella a la mujer elegante, aristocrática, y bajo su blanca toca brillaban unos ojos grandes, negros, magnéticos y soñadores. Sus manos blancas y delgadas estrecharon las mías con verdadera efusión, y sonriéndose tristemente me dijo, afectuosa y atrayente:

—Ya sé por mi sobrina quién es usted; por eso no extraño que me mire con cierta curiosidad: los que escriben van buscando historias por todas partes, y yo tendré un placer en contarle a grandes rasgos la mía. Antes iremos a ver a mis pequeños enfermos, y luego hablaremos. Justamente hoy es un día muy triste para mí: amargos recuerdos me atormentan, y les agradeceré que me hagan un buen rato compañía.

Salió la monja; la seguimos y entramos en un saloncito, en donde había seis camas, ocupadas por otros tantos niños: Rosario los besó a todos, y acarició especialmente a uno que tendría tres años, y a quien en tan corta edad ya le habían amputado el pie derecho.

El niño recibió con marcada alegría los cariños de la superiora, y ésta me dijo:

—No puede usted figurarse cuánto quiero a este pequeñuelo y cuánto me intereso por él; me recuerda a otro niño a quien yo quise con toda mi alma, y si los muertos resucitaran, diría que éste es aquél.

—¿Hace mucho que murió el que usted recuerda?

—Seis años.

—¡Quién sabe si es el mismo! Todo pudiera ser; aunque lo más cierto es que si usted lo lleva fotografiado en su mente, justo y natural me parece que en todas partes lo vea reproducido: que los muertos siempre viven en la memoria de aquellos que los supieron querer.

Rosario me miró fijamente, dio algunas órdenes a dos monjas, y volvimos a su aposento: nos sentamos, y ella, acercándose a mi lado y aproximando su boca a mi oído, me dijo en voz apenas perceptible:

—¿Usted cree que los muertos viven? —Sí, señora.

—¿De veras lo cree usted?

—Sí, señora, que lo creo, y usted que tiene cara de ser muy entendida, me parece que lo cree también.

Rosario me miró, y sus ojos me dijeron que sí creía; pero sus labios dieron paso a estas palabras de rutina:

—No, yo no creo que los muertos resuciten hasta que llegue el día del juicio final.

—Bueno, bueno; dejemos a los muertos y hablemos de los vivos. Usted me ha prometido contarnos algo de su vida y milagros, y espero su interesante narración.

—Breve es mi historia —dijo sor Rosario—. Hija del conde de Valdecañas, viví hasta los veinte años en un paraíso: amaba y era amada; y cuando tenía preparado mi traje nupcial, cuando mi madre me decía con santo regocijo: «*¡Hija mía! Desde año nuevo vida nueva*», porque debía casarme con mi primo Felipe el día primero del año 50, cuando mis amigas se complacían en trenzar mis cabellos con hilos de perlas y colocaban en mi blanco vestido lindísimos ramos de azahar, llegó mi primo Felipe, pálido como un difunto, diciéndome: «¡Ay! Rosario, ¡yo me encuentro muy mal!»; y tan malo se puso, que aquella misma noche murió, y yo me quedé en el mundo para repetir con amargura: ¡Año nuevo, vida nueva! Tan distinta vida hice, que abandoné los salones del gran mundo por los sombríos dormitorios de los hospitales; dejé mis galas, y vistiendo el hábito de las hermanas de la caridad, entréguteme con tanto ardor a velar por los enfermos, que estuve a punto de perder la vida.

Para la convalecencia me mandaron a un asilo de niños, donde logré distraerme cuidando a los pequeñuelos.

Llegó el primer día del año 60, y me tocó estar de guardia en el torno: éste dio la vuelta y recogí a un niño hermosísimo, muy bien vestidito, y entre la faja traía un papel escrito y un pedazo de cinta de la Virgen de la Regla.

—¿Y qué decía el papel?

—Que le pusieran al niño por nombre Felipe, y que se guardase toda la ropa que traía puesta y el pedazo de cinta, hasta que los padres de aquel hijo del misterio pudieran presentar la otra mitad para recoger en sus brazos el fruto de un amor desventurado.

Yo no puedo explicarle lo que sentí al ver a aquel niño; pero lo estreché contra mi pecho, y desde aquel día fui casi feliz. El pequeño Felipe llenó de santa alegría las horas de mi vida, y durante siete años no viví más que para él.

No puede imaginarse usted qué inteligencia tan desarrollada tenía, A los cinco años leía admirablemente, y a los seis escribía con rara perfección. Tenía una conversación tan amena, que a todos los de la casa nos tenía encantados. No era yo sola la que le quería, no; ¡era tan simpático!... ¡Tan entendido!... Que al oírle, nadie hubiera dicho que quien hablaba era un niño. El día que cumplió seis años, que era el día primero de enero, me decía él:

—Madre Rosario: ¿por qué dicen las otras madres « año nuevo, vida nueva », si hoy hacemos lo mismo que ayer?

—Para ti será vida nueva —le decía yo— si este año eres mejor que el pasado: esa es la vida nueva.

—¿No hay más vida que ésta? —me preguntaba Felipe

—Sí, la del cielo, la del infierno, la del purgatorio.

—No digo esas —replicaba el niño—, otra tierra, otro mundo, otro; planeta, digo yo.

No sabía qué contestación darle. Y pasó otro año, en el cual, demasiado egoísta en mi cariño, pedí a Dios constantemente que no parecieran los padres de Felipe. Quería yo tanto a aquel niño, que estaba decidida a hacerle feliz, y sabía que mi familia haría por él todo cuanto yo quisiera. Ya le veía con su título de marqués ocupando los primeros puestos del Estado.

A mediados del 67, mi protegido comenzó a palidecer y a tener sueños extraordinarios, porque me decía muchas mañanas:

—Madre Rosario: hay otra tierra, yo la he visto esta noche. Hay otros hombres con unos vestidos que brillan como los rayos del sol, y me han dicho que me iré con ellos, que para año nuevo, vida nueva.

Yo me estremecía al oír aquellas relaciones, y conseguí llevarme a Felipe a una casa de campo; porque decían los médicos que viviendo al pie de la sierra, el aire puro de las montañas le sería muy beneficioso. Otra hermana y yo nos fuimos con Felipe a una quinta; pero el nido se fué enflaqueciendo, teniendo casi todas las noches sueños verdaderamente proféticos, diciéndonos de continuo:

—¡Ay, madre Rosario, que triste es esta tierra!... ¡Si viera usted qué hermosa es la que veo de noche!... ¡Hay tantas flores!... ¡El cielo tiene todos los colores del iris!... ¡Qué ganas tengo que llegue el día de año nuevo, para empezar mi vida nueva! ¡Me han dicho que me iré pronto, muy pronto!...

Al oírle se me desgarraba el corazón, y sin saber por qué tenía un miedo que llegase el día de año nuevo, que no se lo puede usted imaginar. Al fin llegó la fecha fatal. Felipe hacía diez días que no se levantaba de la cama, y aquel día me daba tal horror de verle acostado, que le dije:

—Mira, te voy a vestir.

—Sí, sí —dijo el niño sonriéndose—, vístame, madre Rosario, que año nuevo, vida nueva.

Le vestí, le senté en una sillita baja, y yo detrás de él, en una alta. Comencé a peinarlo, que tenía un cabello hermosísimo; se me enredó un poco el peine y le dije:

—¿Te he hecho daño, Felipe?

—¡No! —contestó con voz muy rara.

Yo sentí un estremecimiento. Encontré en la voz del niño un timbre tan especial, que me incliné más para mirarlo. ¡Nunca he visto un semblante más hermoso! Estaba completamente transfigurado. No tenía su rostro la expresión habitual: era un ángel resplandeciente de luz; su mirada, fija en una ventana por la cual entraban los rayos del sol, parecía extasiarse en los horizontes del infinito; tan encantado estaba, tan abstraído le vi, tan desprendido de los lazos materiales.

—¡Felipe! —le grité aterrada, porque vi junto a él una sombra diáfana—. ¡Felipe! ¡No me dejes!...

El niño, al oír mi voz, que era un grito del alma, se estremeció, y su espíritu volvió a la tierra (digámoslo así), me miró y me dijo con voz queda, muy apagada:

—¡No llores porque me cumplen la promesa! ¿No oyes lo que dicen?... Qué año nuevo, vida nueva...

Y volvió a quedarse en éxtasis, murmurando de vez en cuando:

—¡Vida nueva!... ¡Vida nueva!

Y se fué con los ángeles el ángel de mi vida; y tuve entonces más sentimiento, muchísimo más, que con la muerte de mi primo Felipe.

Yo no tenía consuelo, no podía vivir, y creí volverme loca. ¡Cuánto sufrí!, y sufro todavía al recordar aquellos inolvidables momentos.

En todos los niños veo a Felipe: me hago la ilusión que lo he de ver otra vez...

—¿Y por qué me preguntaba usted si yo creía que los muertos viven?

—Porque me parece que por la noche oigo la voz de Felipe, y como ya sé por mi sobrina que es usted espiritista, no sé por qué he creído que por medio de usted sabría si realmente Felipe está cerca de mí.

—Descuide usted, Rosario: a la primera ocasión que tengamos, preguntaremos por Felipe, y le daremos cuenta de lo que hayamos obtenido.

Y así fue. Un mes después, en un grupo familiar, preguntamos por aquel niño, y se obtuvo la siguiente comunicación de los espíritus, dirigida a Rosario:

« ¡Amor de mi alma! ¡Amor de toda mi vida! ¡Bendita seas tú, que velas el sueño de los enfermos y acoges a los niños huérfanos! ¡Para ti también llegará el año nuevo, y comenzarás la vida nueva! »

Un año más tarde, la madre Rosario había profesado el ideal espiritista, y vivía en Méjico, cumpliendo divinamente su misión de madre verdadera de familia.

18
¡MERCEDES!

En reunión de dos familias amigas y algunos conocidos, en los jardines de Recoletos, en Madrid, vinieron a aumentar el núcleo el conde de C. y su hija Cecilia, preciosa joven de veinte años. Espíritu alegre, revoltoso, infantil, era el reverso de la medalla del carácter de su padre, hombre grave, severo, taciturno, cuya mirada sinuosa y triste parecía horadar las sombras de su pasado o taladrar las brumas de su porvenir.

A la llegada del conde estábamos hablando de Espiritismo, ya en pro unos, ya otros en contra. Cecilia dio rienda suelta a su buen humor, riéndose del tema alrededor de las *mesas danzantes*. Pero nos sorprendió a todos de una manera indecible cuando confesó diciéndonos que ella había asistido a varios experimentos, habiendo observado que en cuanto apoyaba la punta de los dedos en una mesa, por grande que ésta fuera, en seguida adquiría movimiento.

Creímos que se burlaba de todos nosotros, y para demostrar la certeza de su aserto, hizo acercar una mesita redonda con pie de hierro, apoyó en el pequeño velador su diestra mano y, efectivamente, la mesa comenzó a dar vueltas vertiginosamente de modo pasmoso.

Esto, como era natural, produjo risa general, y algunos formularon preguntas triviales, contestando la mesa con acompasados movimientos, lo que aumentó la broma y la hilaridad de los reunidos.

A mí, que ya conocía algo el Espiritismo, no me gustaba mucho aquella escena cómica, pero me guardé muy bien de decir nada. La mayoría de los circunstantes eran alegres muchachas y jóvenes de buen humor, y aprovecharon aquel entretenimiento para hacer preguntas caprichosas alusivas a los amores de unos y otras, como si quisieran, burla burlando, saber el porvenir. La mesita parecía tomar parte en el regocijo de todos, siguiéndoles la alegre tarea de solaz y recreo.

Yo, que había pasado ya de la edad juvenil, traté de permanecer alejada de aquel juego simple, y traté de reunirme con el grupo de los que miraban indiferentes el hecho, por haber entrado en el otoño de las ilusiones de la vida.

Cecilia y otras amigas acabaron por sentarse en torno de la mesita, y esto atrajo la atención de todos, agrupándonos cerca de las jóvenes. Estando Adela conmigo, algo separadas del mayor número, vino el conde de C. a sentarse junto a nosotras, diciendo disgustado:

—Si Cecilia supiera lo que me molestan esas bromas, no daría lugar a ellas.

—Tampoco me hacen feliz a mí —dijo Adela—; pero, mirándolo bien, no hacen daño a nadie.

—Sí que hacen —contestó el conde—; ellos mismos se hacen a sí propios. ¿Cree usted que no están rodeados de espíritus ligeros? Descuide usted, que ya le diré a mi hija lo que viene al caso, cuando estemos solos.

Miré al conde fijamente, porque me sorprendió su modo de hablar; él comprendió mi extrañeza, y sonriendo ligeramente, me dijo con acento suave:

—No se asombre usted, Amalia, ni usted, Adela; la semilla espiritista germina, solamente que no todos difundimos la luz. Hace ya algunos años que conozco el Espiritismo, pero mi familia lo ignora. Mi esposa y mis hijas son muy católicas. Cecilia es la única que tiene vagas nociones del Espiritismo, y sería una buena médium vidente y de efectos tiptológicos, si se desarrollasen sus facultades especiales, pues muchas veces ve junto a mí a Mercedes.

—¿A Mercedes?

—Sí, a Mercedes.

—¿Alguna hija de usted que murió acaso?

—No, no era mi hija; pero Cecilia la ha visto con frecuencia, en particular cuando estoy enfermo, que ella se constituye en mi enfermera, porque a pesar de su frivolidad, es un espíritu muy bueno y tiene por mí grandes simpatías. Más de una vez la he visto temblar y abrazarse a mí diciendo:

—¡Ay, papá! ¿Qué es esto? ¿No ves?

—¿Qué? —le he dicho yo.

—Que aquí hay una niña que te acaricia. ¡Es tan bonita!

Y yo le he preguntado las señas de aquella niña, y me ha descrito exactamente la figura de Mercedes.

—¿Esa Mercedes era hija de algunos amigos de usted?

—No, no sé a qué familia pertenecía; lo que sé es que por ella entré en reflexión, y por ella me hice pensador, y por ella me he resignado; pues ya sabe usted muy bien que soy lo que se llama un noble arruinado. A Mercedes, y sólo a ella, debo mi regeneración.

—Despierta usted nuestra curiosidad, y ya deseamos saber quién es esa Mercedes.

—Algún pecadillo de su juventud —dijo Adela riéndose.

—No, no —dijo el conde vivamente—. Mercedes fué un ángel que pasó por la tierra sin que el hálito del hombre empañara el brillo de su frente purísima.

—Cada vez despierta usted más nuestro interés.

—Es un episodio de mi historia que no he contado a nadie.

—¡Ah! ¡Si es un secreto...!

—Lo es, y no lo es; para mí tiene una gran significación; para otros no tendría nada de particular. Hoy no sé por qué he pronunciado su nombre delante de ustedes...

—Esto es, sin duda, porque debe haber llegado la ocasión propicia de que usted cuente algo de su vida.

—Todo puede ser. Usted, Amalia, que del vuelo de un pájaro forma una historia, es la más apta para mis confidencias, pues estoy seguro que aprovechará mi relación sin perder el más leve detalle.

—Si usted me autoriza para ello...

—Sí que la autorizo. Se trata de un caso verídico, que puede dar alguna enseñanza sobre las simpatías o la atracción de los espíritus en sucesivas existencias. Comienzo:

Me casé muy joven. Mi padre me arregló la novia, pero... no encontré en mi esposa ese algo inexplicable, ese misterioso *no sé qué* que hace feliz a un hombre. Ella creo que tampoco lo halló en mí. Nunca hemos tenido el más leve disgusto, pero jamás hemos sentido alegría al vernos, ni dolor al separarnos. Dos hijas débiles y enfermizas vinieron a desunirnos más aún, porque su estado delicado hacía necesario que pasaran casi todo el año en el campo. Mi esposa las acompañaba, y yo iba a verlas de tarde en tarde.

Un verano, que me encontraba solo en Madrid con dos criados, me reunía con algunos amigos en el café Oriental, y una noche vino un joven poeta muy entusiasmado, diciéndonos:

—He oído cantar a una niña ciega, que es una verdadera notabilidad. ¡Qué voz! ¡Qué sentimiento!, y sobre todo ¡qué modo de improvisar?... Ya veréis; les he dicho que a las once vinieran a la calle de Preciados. Os digo que es digna de oírse aquella pobre cieguecita.

Seguimos hablando, cuando de pronto se levanta el poeta y exclama:

—Ya me parece que la oigo.

Y salió, volviendo a los pocos momentos acompañado de un chico corcovado, que tocaba una mala guitarra, de una muchacha de unos catorce años, tipo andaluz, y una niña que todo lo más contaría doce abriles. Esta última, en cuanto la vi, me llamó vivamente la atención, y no solamente a mí, sino a todos mis amigos. Era blanca como la nieve, pero con la palidez de una estatua, con el cabello rubio, tan rubio, que parecía albina; rizado naturalmente, lo llevaba recogido en dos hermosas trenzas. Sus facciones eran delicadas, y sobre todo sus ojos; tenía puesta una venda color de rosa, que daba vuelta a su cabeza; llevaba un vestido gris, y nada en ella revelaba a la mendiga de oficio: al contrario, revelaba maneras aristocráticas y su porte era distinguido.

—Aquí tenéis a Pepa —dijo el poeta presentándonosla, y añadiendo—: canta la *soledad* de un modo admirable; a este chicuelo, que se llama Antonio, buen muchacho, que toca la guitarra, y a Mercedes, que improvisa y canta maravillosamente. ¡Ya veréis! ¡Vais a oír!

Efectivamente, Pepa cantó algunas coplas bastante bien, y luego Mercedes, comenzó su canto de un modo tan dulce, tan exquisito, que hizo apresurar los latidos de mi corazón. Su voz me llegaba al alma y llenábame de encanto celestial.

Todos aplaudimos; todos dijeron:

—Esta criatura es una notabilidad; ¡es un crimen que cante por la calle!

Sólo yo enmudecí y no dije nana: sentía demasiado; el poeta me dijo:

—Conde: ¿No dices nada? ¿No te gusta?

—¡Me gusta! —contesté.

Mercedes, al oír mi voz, se acercó a mí, y las dos horas que estuvo en el café, no se apartó de mi lado. La hice sentar, tomó lo que quiso; improvisó de nuevo, y tanto nos entusiasmó a todos, que la citamos para la tarde siguiente, en casa de un escritor. Allí fué Mercedes con Pepa y Antonio, y varios poetas hicieron improvisar a la niña sobre varios temas y en diferentes metros, dejándolos absortos. Yo cada vez estaba más encantado de Mercedes, y ella prefería mi compañía a todos. Al oír mi voz, decíame con dulce acento:

—Quiero estar donde estás tú.

Quisimos saber quién fuese aquella niña. Pepa nos contó lo siguiente:

—Mercedes no sabemos de quién es hija. Se la llevaron a mi madre para que la criara. Durante algún tiempo, cada seis meses, una señora venía, hablaba con mi madre y le daba mucho dinero, recomendando el cuidado de Mercedes. Hace cuatro años que la misteriosa señora no va a ver a mi madre. Los recursos se agotaron y mi madre nos hace salir a cantar por la calle. Mercedes, además de ser ciega de nacimiento, según dicen, padece de dolores en los ojos, por cuyo motivo siempre lleva una venda, pues preservados del frío, le duelen menos.

Todos miramos a Mercedes con doble interés.

Este relato aumentó nuestra simpatía por la niña ciega. Al día siguiente fui a hablar con la madre de Pepa, y me dijo que Antonio había dicho la verdad.

Prometí protegerles y le prohibí que salieran a cantar por la calle.

Mercedes se alegró mucho, y más contenta se puso aún cuando con Pepa y Antonio la hice ir a mi casa a pasear por el jardín.

Nunca olvidaré aquella época de mi vida. Todas las tardes, durante tres meses, esperé con afán que sonaran las cuatro de la tarde, en que llegaba Mercedes con Antonio.

¡Qué tardes en el jardín! Nos sentábamos a orillas de un estanque los tres y hablábamos. Mercedes contaba sus penas y su tristeza por no hallar a su madre. De pronto se sonreía y me decía con voz acariciadora:

—¡Escucha!...

Y comenzaba a improvisar y a cantar Antonio se sentaba a sus pies, y así pasábamos las horas felices.

Se iban, y al separarme de Mercedes sentía yo siempre infinita tristeza. ¿Por qué? No me lo explicaba.

Por último, una mañana recibí carta de mi esposa diciéndome que inmediatamente volara a su lado, que estaba muriendo mi hija Clotilde.

Volvía la vida real. Sentí un dolor desconocido luchando con diversas emociones; sin saber por qué, nunca le había dicho nada de mi estado a Mercedes: la dejaba cantar como los pájaros, y yo enmudecía; pero aquella tarde, cuando llegó, le dije con voz balbuciente:

—Tengo que marchar esta misma noche.

—¿Por qué? —dijo Mercedes angustiada.

—Porque me ha escrito mi esposa diciéndome que una de mis hijas se está muriendo.

Decir yo estas palabras y caer Mercedes muerta, todo fué uno... Renuncio a pintar la confusión, la turbación que se apoderó de mí, desgarrándoseme el pecho al ver la violenta desesperación del pobre Antonio, que me decía:

—¡Tú la has muerto, tú!...

Vinieron médicos, se le hizo la autopsia, y declararon que había muerto de una hipertrofia en el corazón. La hice enterrar en mi panteón, y cuando entonces no me volví loco, no me volveré nunca.

Son emociones éstas más para sentirlas que para explicarlas.

Antonio —¡el pobre murió luego, de pena!— y a Pepa y a su madre no las vimos.

Yo me entregué al estudio del Espiritismo en un viaje que hice a Francia, y desde entonces me explico lo que sentí por Mercedes, cuyo espíritu se comunica conmigo de vez en cuando.

Ella es la que me inspira sabios sentimientos. Dice que hace siglos ella y yo venimos pagando grandes deudas.

—¿Y Antonio se ha comunicado con usted?

—Mercedes me habla a veces de él: por ella he sabido que murió de pena. ¡Pobrecillo! ¡Es un espíritu muy agradecido!

—¡Quién había de pensar que era usted tan entendido espiritista!

—Sí, Amalia, sí; al Espiritismo le debo la vida, porque le debo el darme cuenta de mis sensaciones: ¡por él me comunico con Mercedes!

Cecilia en aquel momento se acercó a nosotros, y el conde se levantó diciendo:

—Adiós, Amalia; mañana le traeré a usted unas notas.

Al día siguiente me entregó el conde una colección de comunicaciones de Mercedes, en las cuales se sentía palpitar un mundo de sentimientos, de poesía y de amor.

¡Noble espíritu!, te saludamos y te rogarnos que nos cuentes tu historia. ¡Habla, Mercedes!

19
¡ESPÉRAME!

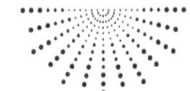

En busca de luz para mis cansados ojos, fui un verano a Deva, a tomar los baños de su agitado mar, y entre los bañistas conocí a un matrimonio, y simpatizamos desde los primeros momentos que nos vimos. Ella era una mujer de cuarenta y cinco años, de distinguidos modales, y él un joven de veinticinco años, de arrogante figura y porte aristocrático.

Siempre iban juntos, y se les oía reír y charlar alegremente.

Una tarde, varios bañistas decidieron ir a pasear. Invitado Rafael, éste miró a Anita, como pidiéndole permiso.

—Sí, sí, ve —dijo ella—, mientras tanto daré un paseo con Amalia.

Cuando estuvimos solas paseando, dije a mi compañera, que era simpatiquísima:

—¡Cuán feliz se conoce que es usted con su esposo!

—¡Ah, sí! —contestó Anita—. Nos queremos tanto... No puede usted figurarse el cariño nuestro lo verdadero que es: tiene su historia, una historia muy original.

—¿Sí?

—Sí, Amalia, sí; historia que yo misma no me explico bien; cuando volvamos a Madrid quiero estudiar el Espiritismo para comprender sus misterios.

—¿El Espiritismo? ¿Y qué es eso?

(Entonces yo no conocía la escuela filosófica, en la cual, más tarde, encontré la vida.)

—El Espiritismo, según me han dicho, explica el modo cómo las almas vuelven a la tierra repetidas veces.

—¿Las almas?

—Sí; nuestro espíritu: así me lo ha dicho un espiritista. Dice que venimos a la tierra cuantas veces nos es necesario, para progresar y perfeccionarnos. ¡Oh! ¡Debe ser un estudio muy interesante!

—¿Y eso podrá ser cierto?

—Sí, Amalia; lo que es por mí, casi puedo jurar que los espíritus vuelven a la tierra. Mi matrimonio, mi felicidad, la debo a la vuelta de Rafael.

—¿A la vuelta de su marido?

—Sí, a su vuelta. Sentémonos y ya le contaré la historia de mi casamiento.

—Buena idea. Precisamente me preocupaban ustedes, por encontrar un *no sé qué* en sus costumbres viéndolos tan dichosos en un mundo de desesperados.

—Tiene usted razón, Amalia. Lo que es aquí, al que no piensa matarse, le falta poco. Yo creo que en este planeta, ser feliz es un egoísmo. No se puede ser dichoso viendo a tantos desgraciados. ¡Por eso no soy completamente feliz!

—¡Dichosa usted!

—¡Oh, muy dichosa! Mis días pasan serenos y tranquilos, si bien antes también he tenido mis sufrimientos.

—¿También?

—Ya lo creo; ¿quería usted que me eximiera de la ley natural? No; lo que hay es que yo he tenido la ventaja de padecer cuando menos se fija uno en ello, en la infancia.

Al nacer, perdí a mi madre. Mi padre contrajo segundas nupcias antes de cumplir yo dos años; y como mi madrastra era una mujer vulgar, sin sentimiento, sin corazón, me trató, como era lógico, con desvío, golpeándome cuando le parecía. Así viví hasta la edad de siete años.

Mi padre vivía en una magnífica quinta de un opulento banquero, cuyos intereses administraba. Un verano, llegó a la quinta la esposa del banquero, con su hijo Rafael, niño que contaría doce años, el cual venía muy enfermo, y para distraerle, la señora suplicó a mi padre que me dejase vivir con ellos. Mi padre accedió. Yo saltaba de alegría cuando me vi separada de mi madrastra y me encontré en brazos de doña Magdalena, la madre de Rafael, que me besó repetidas veces, al mismo tiempo que decía a mi padre:

—¡Dichoso usted que tiene una niña!

Para abreviar, le diré que al principio pasaba todo el día al lado de Rafael, y doña Magdalena se encariñó tanto conmigo, que me hacía tener en su compañía por las noches. Desde entonces no he salido de su casa hasta este verano, que hemos tenido que venir aquí por Rafael.

El enfermito y yo nos habíamos hecho grandes amigos, y su madre estaba loca de alegría al ver que su hijo se ponía mejor. Pero al verano siguiente recayó el pobrecito, y ya no pudo dejar el lecho. Su madre, su padre y yo no le dejábamos ni un momento. El era un niño muy formal, y yo, no teniendo más que nueve años, parecía una mujercita: de suerte que hablábamos como dos personas entradas en años. Una tarde, pocos días antes de morir, le dijo Rafael a su madre:

—Mira, mamá, si yo hubiera vivido, ya lo sabes, me hubiera casado con Anita; pero ahora me voy, y te ruego que no la desampares nunca, porque no quiero que padezca privaciones ni molestias de ningún género. Y tú —me dijo a mí—, espérame, que ya volveré a buscarte.

Sus padres lloraban, y yo también, porque Rafael lo era todo para ellos y para mí. Los diez días que vivió después de lo dicho, me repetía con frecuencia:

—Mira que no te cases, que me esperes, que yo vendré por ti; júrame que no te casarás.

Yo se lo juré cuantas veces quiso. El pobre murió por fin, repitiéndome:

—¡Espérame!... ¡Espérame!...

Yo entonces no daba valor a aquellas palabras, mayormente oyendo a su madre, que decía:

—¡Pobrecito! ¡Ha muerto delirando!

Doña Magdalena y su esposo quedaron inconsolables, porque era el único hijo que tenían, y se les había ido al otro mundo: yo fui la que les di alguna conformidad a aquellos dos seres desconsolados. En memoria de su hijo, me acariciaban, me complacían en todo, y yo con mi cariño les hacía la vida más llevadera. Al fin, como en la tierra todo se olvida, aquella familia volvió a entrar en la vida normal, y yo vivía feliz, muy feliz, porque mis protectores me adoraban.

Cuando cumplí quince años, principié a tener galanteadores. Doña Magdalena me decía siempre, que quería casarme a su gusto, con uno que fuera tan bueno como hubiera sido su hijo; pero yo, de vez en cuando, soñaba con Rafael, y oía claramente que éste me decía: «¡Espérame, espérame!»

A la mañana siguiente contaba mi sueño a doña Magdalena, y le añadía:

—No, no, yo no quiero casarme. ¿Y si Rafael vuelve?

—¡Criatura! ¡No seas loca! ¿Qué ha de volver? —decía ella—. ¡Ojalá! ¡Hijo de mi alma! Desde que te vi, te deseé para él; pero como él se fue, yo no he de ser egoísta, y es justo que te cases y hagas a un hombre feliz; pero quisiera que esto fuese sin separarte de mí.

Lo mismo despierta que soñando, siempre me parecía oír la voz de Rafael, recordándome mi promesa de esperarle.

En aquel tiempo llegó de Cuba un hermano de mi protectora, casado, y su esposa venía muy enferma y en estado interesante. Se hospedaron en casa, y antes de tiempo, según opinaron los médicos, la joven dio a luz a un niño, muriendo la madre dos horas después.

No sé por qué, cuando vi a aquel niño tan pequeñito, lo estreché entre mis brazos, lo cubrí de besos e hice locuras con él. Doña Magdalena lloraba y decía:

—¡Ay! ¡Cómo me recuerda este niño a mi Rafael! Así nació: tan chiquitito, que parecía un juguete...

—Se criará en casa —replicaba yo.

—Así nos parecerá que ha vuelto Rafael; que le pongan el mismo nombre.

Y como aquella familia no hacía más que lo que yo deseaba, pusiéronle al niño el nombre que yo había elegido. Vino una buena nodriza y yo me convertí en niñera.

El niño fué la alegría de la casa. Doña Magdalena no cabía en sí de gozo con el pequeñuelo; su esposo igualmente; su padre no digo nada; pero la preferida de Rafael era yo. Cuando comenzó a hablar, mi nombre fué el primero que pronunció. En fin, los años pasaron, y Rafael y yo nos seguimos amando con loco frenesí.

Tuve varias proporciones para casarme ventajosamente; pero todo mi cariño era para Rafael. El día que cumplió veinte años, pidió Rafael mi mano con toda seriedad. En vano le hice presente la diferencia de edades, pues yo contaba dieciocho años más que él. No hubo objeción alguna que no fuera desechada... Como ambos nos queríamos y la familia ansiaba nuestra felicidad, nos casamos, y hace seis años que vivimos todos como en un paraíso.

—¿Y ha tenido usted hijos?

—Una niña preciosa, que se quedó con doña Magdalena, es decir, su abuela, pues ha sido como la madre de Rafael.

—¿Y por qué cree usted que Rafael ha vuelto a la tierra?

—Ahora le contaré. Mi marido, de niño, era sonámbulo, y bastantes sustos que me hizo pasar. A lo mejor se levantaba de la cama, se venía a mi cuarto, y principiaba a gritar:

—¡Anita!.. ¡Anita!... ¡Ya estoy aquí!...

Yo me despertaba y veía a Rafael con los ojos cerrados, pálido como un muerto.

—Muchacho —le gritaba yo—, ¿a qué vienes aquí?

Y entonces despertaba y se echaba a llorar, porque era muy llorón, y ponía en revolución toda la casa. Poco a poco fué perdiendo aquella inquietante costumbre.

A los quince años volvió a las andadas del sonambulismo, para hacer y decir lo mismo. Por fin, nos casamos. Al principio todo iba bien, cuando una noche, mientras yo dormía tranquilamente, sentí que me tocaban en el hombro. Me volví y vi a Rafael con los ojos cerrados, medio incorporado y extremadamente pálido. Comprendí que estaba sonambulizado, y le dije:

—¡Rafael! ¡Rafael! ¡Despierta!

Pero él, sin hacerme caso, comenzó a decir lo de siempre:

—¡Anita! ¡Anita! Ya estoy aquí.

Sin saber por qué, me acordé en aquel momento del pequeño Rafael cuando me suplicaba que le esperase prometiendo volver, y maquinalmente le dije en voz muy baja:

—¿Eres tú, Rafael?

—Sí, he vuelto por ti, para hacerte dichosa con mi amor. ¡Mi amor!... Que es más profundo que los mares y más inmenso que los cielos. ¡Te quiero tanto! ¡Tanto!... ¡Si tú lo supieras!... ¡Hace ya muchos siglos que te quiero!... Pero hasta ahora no he sido digno de vivir junto a ti... ¿Ves cómo he vuelto?... ¿Ves cómo has hecho bien en esperarme? ¡Cuánto te quiero, Anita!, ¡cuánto te quiero!... ¡Eres tan buena!..

Yo estaba embelesada; no sabía lo que me pasaba. Rafael enmudeció, se sonrió dulcemente, y abriendo los ojos me preguntó:

—¿Qué tienes? ¿Estás enferma?

—No —le contesté—. ¿Y tú, cómo te encuentras?

—Parece que tengo dolorida la cabeza.

Yo entonces le conté lo ocurrido, y decidimos no decir nada a la familia, para no exponernos a que nos juzgaran locos.

El hecho se ha repetido de tarde en tarde, con iguales palabras cariñosas: «¿Ves cómo he vuelto?» Y así estamos. Yo, para mí, creo que es el mismo espíritu, porque de niño tenía los mismos juegos que el otro, las mismas exigencias, tanto, que todos los de casa decían:

—¡Señor, parece que ha venido Rafael en cuerpo y alma!

Volvió Rafael de su excursión de pesca, y delante de todos abrazó a Anita, como un niño a su madre.

Cuando dejaron Deva, me dieron su dirección de Madrid, y allí nos volvimos a ver.

En Madrid se dedicaron los esposos a la lectura de las obras de Allan

Kardec, y ellos fueron los que despertaron en mí deseos de conocer tan hermosa doctrina.

Bienaventurado el espíritu que dice « ¡*Espérame!* », si el eco lejano de una voz querida le contesta: « ¡Te esperaré! »

20
¡QUIÉN SABE!

Entre las personas que me han sido más simpáticas en este mundo figura una mujer llamada Margarita, casada, madre de cuatro niñas y un varoncito. Este es el niño mimado por su madre, y él la adora, es el inseparable.

Viéndolos tan amartelados, madre e hijo, un día le dije a Margarita:

—Se conoce que su hijo la quiere con delirio.

—¡Oh!, sí, sí, con locura, y yo del mismo modo. Soy feliz desde que él nació; antes vivía sin vivir.

—Si no es indiscreción, ¿se puede saber la causa de ese afecto?

—A usted se la diré, porque me comprenderá; a mi marido nunca la he dicho. Se hubiera reído; mi hermana lo sabe, y nadie más. Usted será la primera y quizá la última, a quien yo hable de este asunto.

Yo, de niña, era alegre y revoltosa. Mis padres me idolatraban, mis hermanos se miraban en mis ojos, y mi familia poseía cuantiosa fortuna para vivir con todo género de comodidades; de suerte que en mi infancia pude vivir como los pájaros, cantando de rama en rama.

Mi padre nunca quiso encerrarnos en colegios, para que disfrutáramos de la libertad infantil; y nos llevaba todas las tardes al Retiro o al Prado, donde jugábamos y éramos la pesadilla de los vendedores ambulantes, porque en nuestras carreras derribábamos los cestos de las avellanas y rosquillas, desperfectos y averías que luego pagaba mi padre generosamente.

Una tarde —tendría yo como trece años—, uno de mis hermanos, corriendo tras de un aro, se llevó tras de sí un canasto de naranjas, que rodaron por el suelo, con gran algazara de los chiquillos y pesadumbre de su dueño, que era un niño de mi edad. Me acerqué a él para decirle que cuánto valían las naranjas, y sin saber por qué, yo, tan habladora, al mirarle enmudecí. Los ojos del niño estaban llenos de lágrimas, y respeté su dolor. Al fin, con el mayor cariño, le puse la mano en el hombro y le dije:

—No tengas cuidado; mi padre te pagará las naranjas.

Al oír mi voz, el niño se estremeció, fijó en mí sus ojos, y la expresión de su rostro cambió por completo. Yo no puedo explicarle lo que irradió en aquel semblante; no he visto ninguna cara que se asemeje a aquélla: los dos nos miramos... y ahora comprendo lo mucho que nos dijimos. En aquel momento dejé de ser niña y comencé a ser mujer.

¡Me sentí tan dichosa! Pero con un placer desconocido para mí. No sé cuánto tiempo estuvimos mirándonos; sólo sé que mi padre vino riéndose bondadosamente, porque era su alma muy buena, y le dijo al niño:

—¡Eh, rapaz! ¿Tienes a mi hija en rehenes hasta que te pague las naranjas? Vamos, toma.

Y le puso en la mano cuarenta reales: Al contacto de las monedas, el niño se estremeció, y exclamó con tono balbuciente:

—Señor, aquí sobra dinero, y yo no tengo para devolverlo.

—Es que te pago las naranjas y el susto que te ha hecho pasar mi hijo. ¿Y tú qué haces aquí? —Añadió mi padre—; pareces un pajarito atontado. ¿También te asustaste?

—No sé; no me encuentro bien —contesté maquinalmente.

—Anda a jugar, tonta. Vamos, vamos.

Y mi padre echó a andar, y yo le seguí, mirando antes al niño, sintiendo en el alma separarme de él.

Desde aquel día, fui otra. Todas las tardes procuraba que mi padre nos llevara donde estaba el niño de las naranjas, siendo nosotros los más asiduos compradores, haciéndonos buenos amigos.

Supe que se llamaba Pepe, que era huérfano de padre y que su madre le quería mucho... Y ¿qué le diré? Yo no vivía más que pensando en aquel niño, y no estaba contenta sino en los momentos que hablaba con él en el paseo. Si alguna tarde, por mal tiempo, no íbamos allí, me parecía que me faltaba aire para respirar. Al volvernos a ver, ¡cuánto me decía el niño con sus ojos!

Tres meses estuvimos viéndonos casi todos los días. Una tarde, hoy hace veintiséis años, perdí, corriendo por el Prado, una pulsera de perlas, cuya busca encargó mi padre a Pepe, prometiéndole una buena recompensa.

Mi padre, ¡fatal casualidad!, que siempre prefería ir a pie, había dado orden al cochero que viniera aquella tarde a buscarnos con el coche. El auriga fué puntual, y cuando nos sentábamos en la carretela para dirigirnos a casa, vi venir a Pepe corriendo, y dando voces al cochero. Había hallado la pulsera y nos la traía. Llegó jadeante junto al estribo del coche, pero con tan mala suerte, que cayó de bruces en el mismo momento en que los caballos partían a escape, excitados por el cochero, que no se apercibió de las voces del infortunado niño. ¡Pobrecito! El coche le arrolló, pasando una de las ruedas traseras por encima de su cuerpo. Un angustioso grito de «*¡Ay, Margarita!*», llegó a mis oídos, partiéndome el corazón... Bajamos precipitadamente del coche. Mi padre fué el primero en levantar al niño casi exánime; llevósele a una casa inmediata, donde se le prestaron todos los auxilios, pero en vano, pues a las dos horas dejó de existir.

Yo, con una energía impropia de mi edad, me senté junto al herido, diciéndole a mi padre:

—Yo tengo la culpa de su muerte; por entregarme la pulsera ha sido atropellado; yo debo verle morir.

Él estaba con los ojos abiertos. ¿Tenía conciencia de que me tenía a su lado? Creo que sí, porque su semblante no expresaba el dolor que sufría.

Me dejaron recoger el último suspiro del pobre niño. Cerré sus ojos, besé su frente, y a su tibio contacto no sé qué debí experimentar... Perdí el sentido, y estuve entre la vida y la muerte más de veinte días.

Cuando me levanté, lo primero que hice fué preguntar a mi padre qué había hecho por la madre de Pepe; y entonces supe que le había asignado una pensión vitalicia de seis mil reales al año.

Quise ir a visitar la sepultura del niño, y mi madre me acompañó. Toda mi familia ponderaba mis buenos sentimientos, no comprendiendo que lo que yo sentía era amor, amor profundo que tuve buen cuidado de ocultar.

Mi padre llevóme a viajar por el extranjero, para distraerme. Pero seguí viviendo siempre triste: el recuerdo de Pepe llenaba mi imaginación por completo.

Mi madre quiso que yo me casara, creyendo que cambiando de estado modificaría mi carácter. No fué así. Tan triste estaba de casada, como de soltera. Confiábase que cambiaría mi modo de ser al ser madre; sin embargo, tuve sucesivamente hasta cuatro hijas, y seguí tan melancólica como antes.

Vivía sin vivir; cuidaba de mis hijas, a quienes daba todo el cariño que yo podía dar, mas sentía un vacío en mi corazón, que con nada se llenaba en este mundo.

Por quinta vez conocí que iba a ser madre, y entonces experimenté realmente una gran transformación. A mis anteriores tristezas, sucedieron tales arrebatos de alegría, que mi marido, alarmado, y creyéndome víctima de algún trastorno mental, consultó el caso con algunos médicos célebres. Acariciaba a mis hijas con una especie de frenesí, como si mi ternura maternal hubiera despertado de un profundo y prolongado letargo.

Al fin vino al mundo Pepito, y al estrecharle contra mi seno, estuve llorando no sé cuánto tiempo, cosa que nunca me había sucedido. Me empeñé en amamantarlo yo, diciendo que me encontraba fuerte para ello, a pesar de que en los otros alumbramientos siempre había estado enferma. Se obraba en mí un milagro. Crié a mi hijo, y volví completamente a la vida.

Fui más afectuosa con todos cuantos me rodeaban; mucho más expresiva con mi marido; más generosa con los pobres; en una palabra, me transformé por completo. Mi hijo es mi encanto; siento por él adoración extremada, y él, desde pequeñito, a nadie ha querido más que a mí. Nunca ha querido estar en otros brazos que en los míos. Jamás quiere separarse de mi lado. Si estoy enferma, es lo que hay que ver: no sale de mi cuarto; su mayor placer es estar constantemente cerca de mí. En tanto, se ha ido amortiguando en mi mente el recuerdo de Pepe, de tal modo, que apenas me acuerdo de él; y como yo no sé olvidar, esta particularidad ha llamado vivamente mi atención. He preguntado, he procurado inquirir, y si bien no puedo tener una completa certidumbre, es muy posible que el espíritu de mi hijo sea el mismo que yo tanto amé en mi infancia, y a quien, tantos años, consagré tiernos recuerdos.

—¡Quién sabe, Margarita! Todo pudiera ser; su cambio es muy significativo.

—Ya lo creo que lo es; yo siento ahora lo que no he sentido nunca. Para entre nosotras, he de decirle que yo he querido descubrir este misterio, y descifrar el enigma; y he acudido a los espíritus, a ese mundo espiritual invisible que nos rodea. En momentos en que mi alma y mis deseos se elevan al infinito, tomo una pluma, y movida la mano por una voluntad inteligente extraña a la mía, escribe la pluma sobre el papel conceptos luminosísimos reveladores, que infunden en el ánimo la evidencia de la comunicación espiritual.

Pero no por ello he visto satisfecha mi ansiedad respecto a las causas del misterioso amor que a mí y a mi hijo nos enlaza. ¿Es el espíritu de mi hijo el mismo de aquel ser que amé en los risueños días de mi infancia?

Muchas veces había dirigido esta pregunta a los espíritus, sin obtener contestación; últimamente me han contestado, pero mi duda continúa en pie. Comprendo que la comunicación tiene un fin más trascendental que el de satisfacer pueriles curiosidades humanas.

—¿Y qué le han dicho los espíritus?

Margarita, sacando de su pupitre unas cuartillas de papel, leyó lo que sigue:

« Nunca evoquéis a los espíritus para satisfacer curiosidades, aunque el móvil de vuestras preguntas sea noble. Utilizad la comunicación para fines más altos, para empresas más grandes, para objetos más útiles.

»Tú preguntas, madre hoy dichosa, si tu hijo es aquel mismo espíritu que tanto te hizo sentir en tu niñez. ¡Quién sabe!

»Hoy puedes entonar un himno de gloria, porque el amor más puro de ese mundo, el amor maternal, te ofrece sus inagotables tesoros. Recógelos en tu corazón y derrámalos entre los seres que te rodean, entre los cuales hay uno que moriría sin tu amor, que es desde muchos siglos el principal alimento de su alma. »

Cuando Margarita concluyó de leer, suspiró y dijo:

—Siempre me viene a decir cosas parecidas este espíritu.

—Y crea, Margarita, que la aconseja muy bien. La identificación de los espíritus es poco menos que imposible en la tierra.

Dice muy bien el espíritu, amiga mía. Si no tuviéramos que decir: « ¡Quién sabe! », seríamos dioses; y nunca el efecto será igual a la causa.

21
LOS PEQUEÑITOS

Los seres que atraen más mi atención son los niños. Estaba el pequeñuelo Enrique, hace algunos días, en la baranda de la escalera de su casa, dispuesto a descender por ella rápidamente, cuando acertó a subir una señora, amiga de su madre, la cual, viendo al travieso chicuelo expuesto a romperse la cabeza, le dijo:

—¡Detente, grandísimo bellaco! ¿No ves que te puedes caer y te vas a matar? Y como eres tan malo, irás derechito al infierno.

—¡Ah! ¡Eso sí que no! —dijo el chiquillo—. Ni me caeré, ni me iré al infierno.

—Sí que irás —replicó la señora—, ¿no ves que eres malo?

—Pero, si no hay infierno, ¿cómo he de ir?

—¿Cómo que no hay infierno? ¿Qué estás diciendo?

—Lo que oyes; ahora, mira, hay una religión nueva, que es la de la verdad, y esa dice que no hay infierno.

—Pues la mía dice que sí— replicó la devota, mirando al niño con severidad.

—¡Ah! Porque tu doctrina es vieja y embustera —contestó el rapaz con grande aplomo.

La señora, escandalizada, en cuanto vio a la madre de Enrique le contó lo ocurrido.

Hizo venir a su hijo y le preguntó:

—Dime, hijo mío, ¿quién te ha enseñado esas religiones nuevas y las cosas que dices?

El niño miró fijamente a su madre, se llevó la mano a la frente, y le contestó con cierta resolución:

—Yo que me las pienso.

Y este librepensador tendrá a lo sumo siete años cumplidos de edad.

¡Qué gran pensador para el mañana! Lo que más me llama la atención en esta criatura, es que vive dentro de un círculo donde el formalismo impera, que no pasa un día festivo que no lo lleven a la iglesia; pero su espíritu rechaza lo que su anterior racionalismo no debió admitir.

Hechos como el que dejo referido dejan plenamente demostrado que el hombre es un viajero que va dando la vuelta a los mundos hace miles de siglos; de otro modo no se puede comprender que haya niños precoces que asombran con su talento, habiendo algunos que sorprendieron al mundo con su inspiración artística y con su talento extraordinario.

Conozco a dos hombres de opuestas ideas: el uno, materialista acérrimo, ilustradísimo; y el otro, espiritista convencido, gran propagandista, gran amigo de la discusión y muy dado a polémicas con los clericales.

Estos dos hombres, notables cada uno en su esfera, también de pequeños manifestaron su clara inteligencia. El primero pasó su infancia en un convento. El niño siempre oía decir que en las formas consagradas estaba el cuerpo de Dios mismo, y que todo aquel que se acercaba a la divina mesa, disfrutaba de una alegría inefable. Paco, que entonces tendría nueve años, recapacitó y dijo: « Si una pequeña porción le da a un alma tanto júbilo, el que tome más cantidad será completamente dichoso. Hagamos la prueba, a ver qué es lo que yo experimento. » Y una noche comió en abundancia del pan ázimo, sobre el cual había caído la bendición del prior del convento, y tuvo la fuerza de voluntad suficiente para no dormirse a la hora que acostumbraba, sino que estuvo estudiando, para ver qué es lo que sentiría. Me contaba que fijó su pensamiento en los santos que más le agradaban, en las vírgenes más milagrosas, y a pesar de todos sus buenos deseos, no sintió nada de particular: se durmió, y a la mañana siguiente se dijo a sí mismo: « Dios no está donde dicen. ¿Dónde estará? »

Algunos días después de esto, bajó con el prior a la iglesia del convento, donde, entre otras imágenes, había un Cristo muy milagroso, al decir de la gente, al cual los fieles ofrecían continuamente aceite para las lámparas que ardían noche y día delante del altar, amén de otras ofrendas de gran valor. La comunidad también le rendía preferente culto. Aquel día que Paco bajó con el prior, estaba la iglesia cerrada; el niño, que iba al lado del fraile, notó, al pasar delante del Cristo, que el siervo de Dios no hizo el saludo y la reverencia acostumbrada, y el chicuelo, viendo semejante distracción, tiró de la manga al reverendo, diciéndole:

—Padre, el santo Cristo.

—Ahora estarnos solos —contestó el fraile sonriéndose—, y además tenemos mucho que hacer.

No contestó el muchacho una palabra; pero se las arregló de manera que, una semana después, salió a ver a su padre y no volvió más al convento.

—Ya he visto bastante; no necesito ver más —dijo a su familia—. Dios no está donde dicen: veremos si cuando llegue a ser hombre lo encuentro en los libros: en la religión no está.

El niño de ayer, es hoy un hombre de ciencia, analítico en sumo grado, que desde muy pequeño empezó a analizar.

El espiritista referido me contaba, no ha muchos días, que su madre había sido ferviente devota, y en particular de un Cristo muy viejo que había en la iglesia de su pueblo, siendo él el encargado de llevarle con frecuencia cirios a la santa imagen, a la cual contemplaba con respetuoso asombro. Tendría de siete a ocho años, cuando un día llegó al pueblo el obispo de la diócesis, que hacía su visita pastoral, enterándose de las necesidades que tenían las iglesias, y como los chiquillos son como el aire, que en todas partes entran aunque no los llamen, mi amigo, curioso en grado superlativo y muy observador por añadidura, no se separó de su ilustrísima mientras el prelado permaneció en la iglesia, y así pudo ver que llegados al altar del viejo Cristo, dijo el obispo con desagrado:

—Esta imagen está muy deteriorada; que la quiten y pongan otra.

Y uniendo el hecho a la palabra, cogió el crucifijo y lo dejó sobre un banco de un modo poco respetuoso.

El chicuelo se quedó parado junto a la desdeñada escultura, diciéndose interiormente: « —¿A quién creeré? Mi madre le ofrece velas a este santo Cristo, y me dice que él solo me llevará al cielo, mientras el obispo asegura que no vale nada, porque ya es muy viejo... Pues entre mi madre y el obispo, me quedo sin ninguno. »

Y el niño salió de la iglesia, concluyendo por no creer más en el culto de las imágenes.

Hoy es uno de los espiritistas que trabajan con más actividad en la propaganda filosófica del Espiritismo, organizando periódicos, creando centros de estudios psicológicos, fundando círculos de instrucción y de propaganda.

Por esto me place ver en los pequeñitos esos rasgos que denotan ingenio y que hacen presentir en ellos las palancas poderosas de la civilización del porvenir.

Fui a ver uno de estos días a una amiga mía, mujer dichosa si las hay, porque hace treinta años que está casada, y su marido la quiere con la misma ilusión del primer día, y ella ve en su esposo el ser más perfecto de este mundo. Estando hablando con ella, entró en el aposento un niño, que tendría seis años, y me dijo Elvira:

—Mira, repara bien en mi sobrino: verás qué ojos tiene.

Acaricié al niño, y efectivamente, vi que tiene unos ojos hermosísimos, no por ser grandes y rasgados, sino por la inteligencia que revelan. Su mirada es triste, muy triste, parece que dicen sus pupilas: *¡quiero irme!*, y aunque corre y salta como los demás niños, diríase que aquella cabeza pensadora no pertenece a aquel cuerpecito delgado y flexible, que está siempre en continuo movimiento. Cuando está quieto, el rostro de aquella criatura cuenta una historia. Es blanco y pálido; en su boquita se dibuja una sonrisa melancólica. Curioso como todos los niños, al ver a una persona extraña, se quedó mirándome hasta el punto de quedarse un ratito a mi lado. En tanto Elisa hablaba con su marido y le preguntaba dónde había estado aquella tarde a última hora.

—Cortándome el cabello.

—¡Es verdad! —replicó ella—. ¡Tonta de mí, que no había reparado!

Y comenzó a mirar y hacer volver la cabeza a su marido de un lado a otro, al objeto de ver si el peluquero había sabido cumplir con su oficio.

Observábala atentamente el niño, hasta que volviéndose hacia mí, me miró sonriéndome, hizo un gesto de impaciencia, y con el acento de un hombre hastiado de todo, exclamó con amarga ironía:

—¡Válgame Dios y qué entretenimiento!

Y salió del gabinete con el ademán de una persona que se fastidia de ver y oír cosas insubstanciales.

Expresé mi admiración, a la vez que Elvira me decía:

—¡Oh!, siempre es así: tiene unas ocurrencias y dice unas sentencias, que muchas veces me da lecciones. Cuando vamos por la calle, en cuanto ve a un pobre, me pide dinero para dárselo; y, como el otro día dijese: «—No puedo darte: se me olvidó el portamonedas en casa, y no llevo más que oro», me dice: «—Por eso se te han olvidado los cobres, porque tienes oro. Los ricos son tan egoístas, que nunca os acordáis de los pobres.» Y soltó mi mano con displicencia.

—¡Qué verdad tan amarga dijo tu sobrino!

—Y créeme que no he vuelto a olvidarme de llevar calderilla, para no disgustarle.

Este gran moralista de seis años, ¿no es una hermosa esperanza para el mañana?

Sí, lo es: estos espíritus revelan llevar en sí el germen del progreso, y nunca son más bellas las manifestaciones del adelanto, que en esos diminutos seres tan francos, tan expansivos, que dicen todo lo que sienten, con verdadera espontaneidad.

Son genios en miniatura que dejan adivinar algo grande, muy grande, a través de sus cuerpos pequeños.

¿Será verdad que los niños de ahora *nacen sabiendo?*

22
EL VESTIDO BLANCO

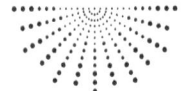

I

Estando un verano en la ciudad de X..., fui una tarde a pasear por el campo con unas amigas, y Celia nos propuso visitar una quinta habitada por una familia amiga suya. Aceptamos y fuimos a una mansión que parecía un palacio de hadas. Los dueños de la posesión nos recibieron afectuosamente, y sin saber por qué, me llamó la atención un hombre, al parecer anciano, que al saludar se inclinaba como las flores marchitas.

Celia le dijo a una de las señoras de la casa, señalando al mencionado caballero:

—¡Qué cambiado encuentro a tu cuñado, Isabel! Al pronto no le conocí. No parece ni su sombra. ¿Ha estado enfermo?

— ¡Ah! —contestó Isabel—: ahora no es nada: se ha consolado mucho; pero al principio creímos que se iba a quedar idiotizado o loco. La pérdida de su hija Inés le trastornó la cabeza.

Yo escuchaba aquel diálogo, interrumpido por la llegada de una niñita que se abrazó a su madre diciendo:

—Mamá, ¿verdad que me pondrás el vestido blanco, nuevo?

—No, Elvira —dijo Isabel—, que te pondrás perdida.

—No iré al huerto —dijo la niña.

—Juega, tontona. El vestido blanco es para salir.

—Pues yo me lo quiero poner hoy.

Y Elvira comenzó a llorar con el mayor desconsuelo. En esto llegó un caballero, y abrazando a la pequeñuela, le preguntó cariñosamente:

—¿Qué tienes, hija mía? ¿Por qué lloras?

—Porque es una caprichosa —dijo Isabel—: quiere ponerse el vestido nuevo para echarlo a perder.

—¿Y por no ajar un vestido dejas llorar a la niña? No quiero que llore; no quiero tener recuerdos ni remordimientos como mi hermano Paco. Corre, hija mía, corre y dile a la abuelita de mi parte que te ponga en seguida el vestido nuevo.

Elvira se fué gritando:

—¡Abuelita!... ¡Abuelita!... Dice papá que me pongas el vestidito blanco.

Volvió luego engalanada con sus atavíos de nieve y se abrazó a su madre diciendo:

—¿Verdad, mamá, que estoy muy bonita?

Ésta le acarició sus hermosos rizos, y luego, mirando a su marido, le dijo:

—Le dejas hacer todo lo que se le antoja.

—Mira, Isabel, mientras yo viva no quiero ver llorar a mis hijos; te lo repito, acuérdate de Paco.

—Pero, hombre, ¿qué tiene que ver una cosa con otra? —replicó Isabel.

Luego añadió:

—Ya que está vestida, llévatela a paseo.

—Sí, sí —gritó Elvira, radiante de alegría—. Llévame a la playa y luego al café.

—Convenido —dijo su padre.

Y despidiéndose de nosotras, se fué con su hijita, que tendría sólo unos cinco años.

Isabel y Celia me llevaron a pasear por los dilatados jardines que rodeaban la casa, y traté de sondear a Isabel:

—¡Qué bueno parece su esposo! Está loco por sus hijos.

—Lo puede usted asegurar. Los adora, y desde que ocurrió lo de su hermano, más todavía.

—¿Y qué pasó? Cuéntanos —dijo Celia—; es decir, si no soy indiscreta.

—Sí, os lo contaré. Ya sé que Amalia escribe mucho, y esto quizá le podrá servir para trazar algún artículo de duendes y aparecidos. ¿Cree usted en el Espiritismo? —me preguntó Isabel, mirándome fijamente.

—Sí, señora; creo, ¿y usted?

—Yo no, es decir, no quiero meterme en esas cosas. Me daría miedo hablar con los muertos. Sólo de ver un entierro, me horrorizo... Con que, si hablara con los difuntos... ¡ni quiero pensarlo!

—Pero si no se les ve, señora; está usted mal informada.

—Usted sí que lo está: mí cuñado Paco los ha visto tan claros como nos vemos nosotras. A su hija la ve casi todos los días.

—¿De veras? —dijo Celia—; pues si yo creía que eso era farsa. Que diga Amalia: siempre la sermoneo porque escribe de esas cosas, porque, vamos, para mí los espiritistas de buena fe, o son tontos, o son locos; y los que van con segunda intención, son unos embaucadores, que con la engañifa de los muertos explotan a los vivos.

—Habrá de todo —replicó Isabel—; pero yo puedo asegurarle que mi cuñado no es tonto, ni loco, ni capaz de engañar a nadie. Cree firmemente en los espíritus y en su comunicación, porque ha tenido pruebas. Mi marido también es espiritista convencido. Yo, no, y eso que también he visto algo.

—Entonces usted dice como los cardenales que condenaron a Galileo: *no quiero mirar*.

—Yo no digo nada; pero... ¡qué quiere usted!, me muero de susto, sólo de pensarlo.

—Pero, ¿qué pasó? Cuéntanos —exclamó Celia.

—Sí; ya os lo contaré; pero vámonos al otro lado, que no quiero junto al jardín de Paco, porque, según dice, ve a su hija muy a menudo entre las flores.

—No creas esos disparates —dijo Celia—; es imposible; tu cuñado ve visiones.

—No son visiones; que mi marido también ha visto a mi sobrina.

—Si seguís disputando, perderemos el tiempo, vendrá la demás familia y no podrá Isabel contarnos esa historia.

—Tiene usted razón, Amalia —replicó Isabel—: vamos al hecho. Mi cuñado Paco es un hombre bueno, muy caballero, todo lo que se quiera, pero con muy mal genio, es decir, malo precisamente, no; muy raro, amigo de hacer su voluntad y someter a sus caprichos hasta a los gatos.

A su esposa, que era una santa, la hizo mártir: la pobre murió consumida; parecía un esqueleto; y la infeliz murió con el sentimiento de dejar a una niña de tres años, ¡pobrecita!, angelical criatura que aún me parece que la estoy viendo, tan expresiva, tan cariñosa. A mí me quería muchísimo; pero casi nunca venía a mi casa, porque su padre decía que yo no sirvo para contrariar a los niños, y que para educarlos bien, sin pegarles, sin usar la menor violencia, no hay nada mejor que no darles gusto en nada; que si están consentidos en salir, hacerlos quedar en casa; si quieren un manjar, darles de comer de todo menos de aquel que desean; y la pobre Inés, los trece años que estuvo en este mundo, fué víctima de una contrariedad continua. Mi marido, que es un ángel, hacía cuanto podía por endulzar la vida de Inés; pero a lo mejor le decía su hermano:

—Para educar a mis hijos no necesito preceptores.

Y mi esposo, para evitar mayores disgustos, se callaba, y a veces venía diciéndome:

—Dios quiera que Inés se muera pronto, porque así dejará de sufrir.

Llegó para mi hija Beatriz el día de su primera comunión, y como Inés tenía la misma edad que mi hija, mi marido insinuó a su hermano que las dos primas debían ir juntas a confesar y comulgar, y que él se encargaría de regalar el vestido a Inés, para que ambas fueran iguales. Paco convino en ello y dejó venir a Inés a casa, donde yo tenía dos costureras haciendo los trajes de las niñas, que eran de muselina blanca, adornados con plegados de tul, velos de céfiro y coronas de campanillas silvestres.

La víspera del gran día se probaron cada una su vestido, e Inés en particular, estaba encantadora, porque era mucho más bonita que mi hija; y la pobre, que por los caprichos de su padre siempre iba hecha un adefesio, a pesar de ser una rica heredera —pues, sólo por parte de su madre, tenía dos millones de duros—, al verse tan elegante, estaba loca de alegría: se miraba al espejo y hacía cortesías, diciéndome:

—¡Ay, tía de mi alma! ¡Parezco otra! ¡Qué bien estoy!

—Es verdad. Pareces un ángel —le decía mi Beatriz—. ¡Cómo eres tan blanca!

—Pues tú no te puedes quejar—replicaba mi esposo mirando embobado a nuestra hija—; estoy seguro que seréis las dos niñas más hermosas que entrarán en la iglesia.

—Está visto —dijo Paco con sequedad—, que no sabes criar hijos; si Inés estuviera aquí dos días, echabas por tierra todo mi trabajo.

La pobre Inés, en cuanto oyó a su padre, salió temblando de la habitación; mi hija se fué tras de ella, y mi marido, conociendo el carácter de su hermano, le dijo:

—Paco: no vayas a agriar la fiesta de mañana; te estoy leyendo en los ojos que serás capaz de no dejar a Inés que se ponga el vestido, porque la infeliz ha creído que le iba bien. ¿No ves que es muy natural?

—Tú no conoces a Inés —replicó Paco—; es muy orgullosa, y si yo no humillara su soberbia, sabe Dios dónde llegaría.

—No digas disparates —contesté yo—: si es la criatura más buena que hay en la tierra: amiga de hacer limosnas, humilde hasta la exageración. Te quejas de vicio; tienes una hija que no te la merece.

—Bien, bien —replicó él—: más sabe el loco en su casa que el cuerdo en la ajena; hasta mañana.

Y se fué con su hija.

A poco, mandó al aya de la niña y a la doncella, por el vestido de Inés, con el pretexto de que quería que su hija se vistiese en su casa.

Esta nueva disposición nos disgustó muchísimo, porque habíamos quedado en que Inés vendría para que la peinara mi camarera, del mismo modo que a Beatriz; y mi marido decía:

—¡No sé por qué le temo al día de mañana!

No en vano le temía. Al día siguiente vino Paco con su hija, vestida de negro, diciendo que la niña no se encontraba bien, y que por esto no había permitido que se vistiera. Inés, con aquella paciencia de santa, apoyó lo que decía su padre.

—Pues esperemos a otro día que estés buena —dije yo.

—No, no —replicó Paco—; ¡qué tontería! Nada, nada; una persona ha de saber mirarlo todo con indiferencia.

La pobre Inés, en un momento que pudo hablar a solas conmigo, me dijo:

—Es inútil que esperemos a otro día; no me lo dejará poner; le conozco bien. Basta que yo tenga un deseo, para que no lo vea cumplido ha guardado el vestido en una de sus cómodas, y esta mañana me dijo:

« —El día está muy frío; no quiero que estrenes el vestido, que te podrías constipar. »

« —Entonces, no iré », dije yo.

« —Sí, sí; para recibir a Dios no se necesita vestirse de blanco, y basta con que esté limpia la conciencia. »

Así es, tía mía, que vamos.

Salimos; nos reunimos con las demás niñas, todas de blanco, e Inés se vino junta a mí, diciéndome antes de entrar en la iglesia:

—¡Tía, si viera usted! Esta noche he soñado con mi madre, y ella me decía: « Alégrate, hija mía, que ya te llega la hora de ponerte tu vestido blanco ». Ya ve usted, no se ha cumplido el sueño.

Isabel calló, oyendo pasos...

En aquel momento fuimos interrumpidos por la avalancha de los visitantes y el marido de Isabel, que nos venían a invitar para tomar el té. Isabel me dijo al oído:

—Véngase usted mañana con Celia, solas, y les contaré el resto.

II

Con grande impaciencia esperé el día siguiente, para volver a la magnífica quinta de Isabel, y saber el final de aquella historia tan interesante del vestido blanco de Inés.

Reunidas en un artístico cenador cubierto de campánulas y follaje,

Isabel, Celia y yo, reanudó la primera su narración interrumpida, diciéndonos:

—Ayer quedamos en el momento en que Inés me dijo el sueño que había tenido viendo a su madre, que le había dicho: «Alégrate, hija mía, que ya te llega la hora de ponerte tu vestido blanco.»

Al entrar en la iglesia, reparamos que en una capilla había una niña de cuerpo presente, vestida de blanco; y, al verla, Inés, con una voz que no olvidaré jamás, murmuró a mi oído:

—Mire usted, tía, hasta los muertos son más felices que yo: esta niña está vestida de blanco: si yo me muriera pronto, haga usted todo lo posible porque me pongan mi vestido.

—Calla, hija, calla —le contesté—, no digas esas cosas.

Y se me oprimió el corazón de tal manera, que no pude menos que echarme a llorar.

Terminada la ceremonia, volvimos a casa, y Paco, contra su costumbre, pues nunca acariciaba a su hija, se acercó a Inés, y dándole un beso en la frente, re dijo:

—Estoy contento de ti: yo te prometo que de hoy en adelante, no tendrás un deseo que no lo veas cumplido; créeme, todo lo he hecho por tu bien. ¿Quieres quedarte hoy con Beatriz?

—Si usted me lo permite, yo estaría muy contenta —contestó Inés.

—Bueno; puedes quedarte.

Y la pobre niña se quedó en casa todo el día.«

Yo no sé por qué, la miraba yo, y al momento se me llenaron los ojos de lágrimas. Por la tarde, manifestóme después de la siesta, que ella y Beatriz se habían quedado dormidas y que habían visto otra vez en sueños a su madre, y oído de sus labios las mismas palabras consabidas.

—Y mira qué cosa tan extraña —agregó mi hija—, yo he visto a Inés en sueños vestida de blanco, pero con un traje mucho más bonito que el mío.

—¿Qué será esto? —me preguntaba Inés.

—Nada, hijas mías, nada de particular —contesté yo—; pero al decir esto sentía mi corazón una angustia inexpresable.

—Déjame poner un ratito tu traje —dijo Inés a mi hija.

—Sí, mujer, sí —repliqué yo—; así se cumplirá tu sueño.

Púsosele el vestido, y la pobre niña se estuvo mirando al espejo, y repitiendo algunas veces:

—¡Qué lástima no haberme puesto el mío!

—Ya te pondrás otro mejor cuando te cases —le dije, esforzándome en reír—; lo llevarás de raso blanco. Ya sabes que eres la prometida de mi hijo Leopoldo.

Y, por todos los medios posibles, traté de distraer a Inés; mas a pesar de todos mis propósitos, la niña siguió muy preocupada. Luego vinieron otras niñas, amigas de mi hija; merendaron en el jardín, corrieron, jugaron; pero Inés siempre quiso estar junto a mí; y cuando vio a su padre, que venía por ella, me abrazó, diciéndome con ternura:

—Ya sabe usted que la quiero mucho.

—Sí, hija mía, ya lo sé.

Y al besarla noté que su rostro estaba frío como la nieve. Esto me alarmó, y llamando a su padre aparte, le dije:

—Mira que Inés no está buena: la pobre hoy ha sufrido muchísimo. Créeme, has de cambiar de conducta, si no, me parece que el mejor día se quedará muerta como se quedó su madre.

—Te prometo que seré otro —me contestó Paco. Y se fué con su hija.

Nos acostamos, como de costumbre, a las diez, y a las tres de la madrugada me despertó mi marido diciendo:

—Isabel, vístete, que no sé si hay fuego en casa: oigo mucho ruido.

Y antes que concluyera de hablar, vimos entrar a Paco en la alcoba, con el cabello erizado, los ojos que pugnaban por salir de sus órbitas, el rostro más pálido que el de la imagen de la muerte, retorciéndose los brazos como si tuviera una convulsión epiléptica, y gritando con toda su fuerza:

—¡Leopoldo!... ¡Leopoldo!... ¡Mi hija!...

Mi marido se tiró de la cama, se echó una capa, y sin pararse ni a ponerse unos zapatos, cogió a su hermano del brazo, desapareciendo ambos como una exhalación. Yo, naturalmente, me vestí no sé cómo, y cuando iba a salir, entró en mi aposento el aya de Inés, llorando amargamente.

—¿Qué hay? —decía yo—, ¿qué hay?

—¡Muerta! —respondía la pobre mujer—. ¡Muerta!... ¡Si no era para la tierra aquella niña!...

Quise salir, pero mi hijo Leopoldito se puso delante de la puerta y me lo impidió, temeroso de que el dolor me ocasionara algún trastorno. Imposible me es describir la escena de aquella infausta noche. Los criados de mi cuñado y los míos estaban en mi gabinete hablando todos a la par, y todos conformes en que lo ocurrido era obra del diablo. Yo preguntaba a éste y a aquél; pero era una confusión espantosa; mis hijos, que entonces tenía cinco, todos se habían levantado, y lloraban, porque veían llorar, y temblaban de susto por lo que oían y veían. Yo estaba como alocada; no sabía lo que me pasaba. Vino, por fin, mi marido. Procuró que saliesen de mi dormitorio los criados y los niños, y cuando estuvimos solos, prorrumpió en sollozos, hasta que por último, dominando su emoción, me refirió lo que había ocurrido, y que voy ahora a repetir.

Al llegar Inés a su casa, preguntóle su padre si se hallaba bien, y como la niña manifestase que le dolía la cabeza, dispuso qué el aya la acostase en una habitación inmediata. El aya, intranquila, estuvo escuchando atentamente, y como observase que Inés daba muchas vueltas en la cama, fué a ver lo que tenía, y se estuvo al lado de la niña hasta que la dejó dormida. Acostóse la buena mujer, y se durmió también. En tanto, Paco no podía dormir. Remordiale la conciencia por no haber dejado a Inés que estrenara su vestido, comprendiendo al fin lo mucho que la pobre niña habría sufrido viendo a todas sus compañeras tan engalanadas, y ella sin poder lucir el deseado traje blanco.

Así estuvo algún tiempo, hasta que no pudiendo dominar su inquietud, se levantó, y sin darse cuenta de lo que hacía, abrió el cajón de la cómoda donde había guardado el vestido de su hija, y se quedó espantado, sin saber lo que le pasaba, porque el vestido de Inés había desaparecido, y en su lugar había una gruesa capa de ceniza.

¿Cómo habían podido substraerlo? Lo ignoraba, porque él tenía las llaves guardadas, y la cerradura no estaba violentada. Una idea terrible le asaltó, y corrió como un loco al cuarto de su hija. Las cortinas del lecho de Inés estaban corridas, y la lámpara de alabastro que pendía del techo, estaba encendida como de costumbre. Abrir las cortinas y quedar mudo de horror, fué todo una misma cosa: Inés aparecía tendida sobre su lecho, vestida con su traje blanco y su corona de campanillas silvestres, sus manos juntas, los ojos cerrados y cubierto el cadáver con el velo de céfiro que tanto gustaba a la inocente niña. Clavado se quedó el padre ante la cama mortuoria, sin fuerzas, sin acción, sin saber si era víctima de una pesadilla terrible. Al fin se arrojó sobre su hija, arrancóle el velo, llamóla, la besó, le pidió mil perdones; pero la niña estaba muerta. Entonces fué cuando salió como un demente a buscar a mi marido, y cuando entraron en el cuartito de Inés, encontraron las cortinas del lecho, herméticamente cerradas y a la niña cubierta con su velo.

Paco, horrorizado, se agarró a las columnas del lecho, hasta que por fin cayó sin sentido. No había remedio: Inés había muerto, y algo terrible, algo desconocido había pasado allí.

—¿Crees tú que el diablo?... —dije yo.

—No, Isabel —replicó mi marido—, no te hagas eco de simplezas vulgares; el diablo no existe; pero aquí hay algo que yo averiguaré.

Para abreviar, les diré que a fuerza de dinero la iglesia elevó sus preces; los pobres que socorría Inés decían que los ángeles habían bajado a vestir a la santa niña, y unos diciendo que era el diablo, y otros que eran los ángeles, se le hizo un gran entierro. Mi cuñado quedó como imbécil más de dos años. Mi marido, que siempre ha sido aficionado al estudio, habiendo sabido que había obras espiritistas, en un viaje que hizo a París habló con Allan Kardec, el autor de dichas obras, y las leyó con ansiedad.

—Ya sé quién vistió el cadáver de Inés —me dijo una noche.

—¿Quién? —pregunté yo alarmada.

—Los espíritus.

Y quiso darme explicaciones; pero yo me opuse resueltamente, manifestando que no quería saber nada de aquello, porque me moriría de miedo. Entonces me dejó y se dirigió a su hermano, el cual le escuchó con interés sumo, siendo el resultado de aquellas conferencias que Paco estudiase y acabase por aceptar el Espiritismo. Las nuevas creencias lo volvieron otro. Es amable, caritativo; ha fundado un asilo para las niñas huérfanas, en el cual ha empleado toda la fortuna de Inés, dotándole de todo lo necesario para que las niñas reciban una excelente educación. A las maestras les encarga sobre todo que sean muy cariñosas con las niñas, y aun él mismo las lleva dulces y juguetes. El otro día vino muy contento, diciéndome:

—Mira, Isabel, ya estoy perdonado; me lo dice Inés.

—Déjame, que no quiero saber nada de eso —le repliqué—. Pero él no me hizo caso; y, quieras que no, hube de escuchar una comunicación de su hija. Y francamente, cuando la oí, se me fué quitando el miedo, y hasta me atreví a mirar el escrito, en el cual vi una letra muy parecida a la de Inés. Pedíle una copia del escrito, y la conservo con religioso respeto.

—Pues, mira —dijo Celia—, quien ha hecho lo más, que haga lo menos: ¿quieres leernos la comunicación?

—¿Por qué no? Justamente os la tenía preparada sabiendo que ibais a tener interés en oírla.

Isabel leyó lo siguiente:

« Alienta, pobre ser, alienta; tu expiación termina y tu regeneración comienza. No estás solo; para que ganes el tiempo perdido, muchos espíritus te ayudan y te fortalecen y te inspiran, especialmente tu esposa y tu hija, que hicieron cuanto pudieron en su última encarnación para regenerarte por medio de sumisión y ternura. Pero tú, espíritu rebelde, fuiste insensible a su amorosa humildad, y te complaciste en atormentarlas, en particular a tu hija, negándole todo, todo, hasta la sencilla satisfacción de ponerse un traje virginal en su primera comunión. ¡Pobre padre mío! ¡Fue preciso que me perdieras para que me amaras! ¡Pobre ser, que tuviste la miel en los labios y la desechaste, y tuviste luego que beber hiel y vinagre! ¡Pobres espíritus! ¡Cuán dignos sois de compasión los que no podéis vivir entre flores, sino entre abrojos!...

»¡Todo lo tuviste, todo!... Inteligencia, riqueza, seres que te amaban, ¡y todo fué inútil!... ¡Necesitaste, pobre esclavo de tu ignorancia y de tu rebeldía, el látigo del remordimiento, la tortura del espanto, la locura del dolor!...

»No te quejes; recogiste lo que sembraste; pero hoy renaces a la vida, y mi madre y yo estamos contigo. Yo te amo mucho, padre mío; mi espíritu sonríe cuando te veo hacer el bien entre los demás.

»¡Alienta, padre mío, alienta! Trabaja en tu progreso, que tienes, como todos los espíritus, abiertas las avenidas de la felicidad. »

Cuando terminó la lectura Isabel, vi que Celia estaba muy pensativa y que Isabel lloraba, pues apenas pudo acabar las últimas palabras, por la emoción.

—¿Ve usted? —me dijo esta última—, siempre que leo esta comunicación, lloro, y vamos, que no quiero enterarme de estas cosas...

¡A cuántos comentarios se presta esta verídica historia! He creído conveniente referirla, porque hay sistemas de educación muy erróneos, y creo que el mejor modo de educar los padres a sus hijos, es empleando ese amor sublime, casi divino, superior a todos los amores, el amor paternal, que se complace en complacer, que goza viendo gozar, que sonríe viendo sonreír; ese amor que regenera, que trocaría en paraíso el infierno, si el infierno fuera una realidad y no la negación de todos los amores.

23
EL RAMO DE VIOLETAS

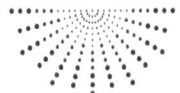

Entre los amigos que dejé en Madrid, se cuentan don Anda Valle y su esposa, Cristina Ruiz: son dos seres unidos por verdadero cariño.

Una tarde fui con ellos a un lindo huerto de su propiedad, que cultiva Andrés con mucho esmero. Llamóme la atención los mucho cuadros que había de violetas.

—¡Qué delirio tenéis por esta flor humilde!—dije a mis amigos.

—Lo que es Andrés —contestó Cristina—, se vuelve loco por violetas, y por darle gusto en todo, tengo yo el cuidado de que el jardinero las cuide esmeradamente, y eso... que no debía hacerlo.

—¿Por qué? —pregunté.

—Bien sabe él porqué.

Andrés se sonrió y me dijo al oído con misterio:

—Cristina tiene razón; las violetas me recuerdan una afección que tuve en mi vida, grande, profunda, inmensa, que si la muerte no viese puesto por medio, ¡quién sabe a dónde hubiera yo ido a parar!

—Ya ves, ya ves cómo se explica —replicó Cristina riéndose alegremente—, y esa pasión la sintió después de casado.

—¿Sí?... ¿Es posible?

—Y tan posible, hija, y tan posible.

—Parece mentira; nadie diría que Andrés ha roto un plato en toda su vida...

—Sí, fíate en la Virgen y no corras; ya tuve entonces mis disgustillos; pero, vamos, una vez, creo que hasta los santos pecan, y es preciso tener indulgencia.

—Tenga usted entendido, Amalia —dijo Andrés con gravedad—, que en cierto modo yo no le falté a mi esposa: fué un amor puramente platónico; fué un afecto que no nació en este mundo.

—¡A mí con esas! —arguyó Cristina, dando cariñosos golpecitos en el hombro de su marido—. Yo lo que sé es que tú la querías, y que aquella temporada de todo te ocupabas menos de mí.

—¿Y qué fué ello? ¿Se puede saber?

—Sí, sí, anda, cuéntale a Amalia tus amores, y así te distraerás mientras yo voy a preparar la merienda.

Cuando estuvimos solos, le dije a Andrés:

—¿Conque también tiene usted su historia?

—¿Quién no la tiene, amiga mía? Sólo que unos la cuentan y otros se la callan. La mía no cuenta más que un episodio; pero ese, crea usted que no lo olvidaré en mi vida. Lo que voy a contar me sucedió hace veinte años, y hacía diez que estaba casado con Cristina.

Yo me casé convencido de que quería mucho a mi esposa. Vivíamos tranquilamente, como nos ve usted ahora: ella entregada a sus costumbres católicas, y yo a mis libros y a mis experimentos químicos. Murió mi padre, y tuvimos que ir a Sevilla para arreglar los asuntos familiares. Una tarde que salí con Cristina, la dejé en la Catedral, y yo me fui a dar un paseo por las calles. El azar me llevó a la calle de San Fernando. Iba mirando distraídamente, cuando acerté a fijar mis ojos en una ventana baja, donde había sentada una niña que apenas contaría catorce años. Era blanca, blanquísima, pero con la palidez del marfil; de ojos grandes, muy grandes, tristes, extremadamente tristes. Tenía la cabeza reclinada sobre la reja, y una de sus rubias trenzas tocaba en la acera: su cabello era magnífico. Mirarla y estremecerme, fué todo uno. Miróme ella a su vez, y noté, no sin sorpresa, que se ruborizó, y se levantó mirándome fijamente: parecía que sus ojos me interrogaban diciéndome: ¿quién eres?

Seguí mi camino, y en toda la tarde no pude olvidar la figura de aquella niña, que sin tener nada de particular, me impresionó tanto. Nada dije a Cristina. A la tarde siguiente, volví a pasar; vi otra vez a la niña, y... ¿para qué repetirle lo mismo? La miré, me miró; la seguí viendo todos los días más de una vez, y comprendí con profundo sentimiento que la pobre niña era sordomuda. Algunas veces había un niño junto a ella, y los dos se hablaban por medio de signos.

Me inspiró tanta compasión... Sus ojos me hablaban con tal elocuencia, que una tarde compré un precioso ramo de violetas, y al pasar se lo dejé en la ventana. Lo tomó y se sonrió; pero tan tristemente, que me pareció escuchar un gemido. No sé lo que me inspiraba aquella criatura; yo no veía en ella a la mujer, porque era una niña demacrada, escuálida; parecía más bien un cadáver embalsamado, que una persona viva: sólo sus ojos tenían reflejos de vida, pero de una vida amarga, dolorosa... Yo sufría al verla; parecía que me trituraban el corazón; pero adoraba aquel sufrimiento. Dos meses la estuve viendo diariamente. Un día pasé como de costumbre y hallé la ventana cerrada. Decirle lo que sufrí, me es imposible; a mí mismo me asustaba la intensidad de mi dolor. Durante ocho días, no viví, y como yo respetaba mi posición, no quise preguntar a ninguno de los criados que veía salir de la casa: tuve fuerza de voluntad bastante para ser discreto. ¿Qué era yo para aquella niña? ¡Nada! ¡Nada podía ser!... Y sin embargo, yo sabía que ella me amaba, y yo sentía por ella lo que no se siente más que una vez en la eterna vida del espíritu.

Al noveno día, al llegar cerca de la casa, vi la ventana abierta: ahogué un grito de alegría, y atravesé la calle para acercarme a la ventana. ¿Qué vi, que me agarré a la reja como un loco? En el fondo de la habitación un altar con muchas luces, y en el suelo, sobre almohadones de raso azul, estaba colocado el cadáver de la pobre niña.

¿Qué le diré, Amalia, qué le diré? Quedé petrificado, no sabiendo lo que pasaba por mí. A pesar de mi turbación, reparé que entraban muchas mujeres a ver a la difunta, y las seguí. Al entrar en la sala mortuoria, yo que nunca me había arrodillado, me hinqué de rodillas junto al cadáver, y entonces vi que sobre su pecho había un ramo de flores secas; me incliné más y reconocí el ramillete de violetas que yo le había dado, quince días antes de su muerte. ¿Cuánto tiempo estuve allí? Lo ignoro.

Cuando me di cuenta de que existía, me encontré en mi lecho, rodeado de mi familia. A mis preguntas de lo sucedido, díjome mi esposa que me había dado un accidente viendo a una niña muerta.

Alguien me conoció, haciéndome transportar a mi casa. Quince días estuve delirando y hablando inconexamente de un ramo de violetas y de una niña.

Al oír esto, estreché las manos de Cristina, diciéndole:

—Perdóname; cuando esté bien ya te lo contaré todo; no me juzgues sin oírme. Mi esposa, modelo de discreción, nada me contestó.

La primera vez que salí de casa apoyado en el brazo de Cristina, ésta me llevó a pasear por la calle de mis sueños. Ella leyó en mi pensamiento y me dijo sonriéndose:

—¡Tranquilízate, no te fatigues; todo lo sé!

—¿Todo?

—¡Sí, todo!... Vamos a sentarnos a los jardines, y hablaremos.

Mi esposa me contó entonces:

—La doncella de la niña que ha muerto es sobrina del ama de llaves de tu hermana, y durante tu enfermedad, la pobre muchacha ha venido a pasar algunos días con su tía.

La muerte de la niña muda la dejó muy trastornada; y sin saber ella con quién hablaba, refirióme que su señorita había querido tanto a un joven, y nos contó todos los pormenores de tus platónicos galanteos. Esto, como puedes comprender, me hizo sufrir mucho, porque llovía sobre mojado. Tu conducta durante estos dos meses me daba a conocer que en ti pasaba algo extraordinario, y tu enfermedad y tu delirio han venido a demostrarme que tu corazón ya no era mío. Al mismo tiempo, cuando la doncella de la muda me contaba lo desgraciada que ha sido esa infeliz, me daba mucha compasión, ¡pobrecita! Tu ramo de violetas la hizo completamente feliz; ha sido el único obsequio que ha recibido en toda su vida. Desde que se lo diste, no lo separó de su lado, e hizo prometer a su padre que se lo pondrían en el pecho después de muerta. Como tú viste, respetaron su voluntad, y con él ha sido enterrada. ¡Pobre criatura! En su casa, dice la doncella que nadie le hacía caso.

—Pues, ¿y su madre? —pregunté a mi esposa.

—No tenía madre. Dicen que murió cuando nació la pobre sordomuda. Ha tenido madrastra y hermanos que se burlaban de ella; se iban de paseo y la dejaban abandonada en poder de los criados. Sin duda tú has sido el único ser que la ha querido en el mundo.

Al oír esto, sentí que el llanto afluía a mis ojos. Cristina exclamó:

—Llora: yo también lloro; los muertos no pueden inspirar celos.

—Si soy culpable, no lo sé —dije mirando a mi esposa—; pero te puedo jurar que en esa niña yo no veía a la mujer; sufría al mirarla.

—Sí, lo comprendo. Su doncella dice que la pobrecita estaba en el último grado de tisis; que parecía un esqueleto; que siempre le faltaba aire para respirar, y aunque sintiera frío, se ponía en la ventana, porque entro de casa se ahogaba.

—¡Pobre niña! Yo comprendía que agonizaba, y tomaba parte en su agonía.

Restablecido ya, volvimos a Madrid, y entramos en nuestra vida normal. Siempre hay en mi mente un recuerdo para la niña muda; y, en memoria del ramo de violetas que ella tanto amó, tengo un gusto especial en cultivar esas humildes y delicadas flores.

—¿Y no ha sabido usted nada de ella?

—¿Cómo si no he sabido?

—Una persona que no miente, me dijo hace mucho tiempo que usted era espiritista, y que por su esposa lo ocultaba.

—No le han informado mal. Pero esto es un secreto mío de la mayor importancia. Cristina es católica fanática, y por ningún estilo quiero que sepa que me comunico con la niña muda.

No es capaz mi esposa de comprender lo que es un espíritu. ¡Quién sabe lo que se figuraría!

A usted puedo decirle que en las sesiones espiritistas de un grupo familiar, hablo con la niña de mis amores castos, que es un espíritu de gran elevación, de gran sentimiento.

—¿Qué le ha dicho el espíritu de esa niña?

—Vea usted la última comunicación obtenida:

Y, sacando un papel de su cartera, leyó lo que sigue:

« ¡Violetas! ¡Queridas violetas! ¡Humildes flores de la tierra! ¡Vuestra delicada fragancia embalsamó los últimos días de una pobre muda! ¡Violetas! ¡Flores de mi alma! Vosotras me dijisteis: « Un ser te ama... ¡te llorará cuando mueras! » ¡Oh! ¡Entonces yo no quería morir, porque había encontrado la realidad de mis sueños!... Yo veía en mi mente, desde muy pequeña, a un hombre, a quien esperaba siempre, ¡siempre! Cuando te vi exclamé: « ¡Ya está aquí! » Sentí una emoción desconocida, dolorosa tal vez, porque mi débil organismo ya no podía sentir sensaciones. ¡Sólo tu ramo de violetas le daba calor a mi corazón! Aquellas flores me decían: "Vete tranquila, él llorará por ti »... ¡Y has llorado! ¡Si tú supieras quién soy!

»Nuestros espíritus hace mucho tiempo que están unidos. Sí, estamos enlazados como el placer y el dolor.

»Como la luz y la sombra.

»Como la voz y el eco.

»Como la flor y el fruto.

»Como el tronco y las hojas.

»Como la nube y la lluvia.

»¡Cuánto nos hemos querido!

»¡Cultiva, cultiva las violetas! Su perfume te hablará de la pobre muda de la tierra. ¡Espíritu de larga historia que en todas sus existencias te ha consagrado su profundo amor! »

Decirle a usted, Amalia, lo que yo gozo con estas comunicaciones, es imposible. Muchas otras guardo de ella, y otro día le contaré algo de nuestra historia. Cristina viene y hago punto final. Digamos como los masones cuando se acerca un profano: « ¡Llueve! ».

¡Cuántos misterios guarda la humanidad!

¡Quién diría, al ver a aquella pobre muda enferma, casi exánime, que era un espíritu tan lleno de vida, tan ávido de amor!... ¡Un incendio de pasión!... ¡Cuán poco gozó en la tierra! Sólo un ramo de violetas cifró su felicidad.

Ella también se asemejó a esa delicada flor. Vivió entre las hojas de su infortunio: el perfume de su alma no embalsamó, se disipó en el espacio. ¡Pobre niña!

24
¡MURIÓ DE FRÍO!

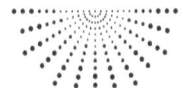

Una tarde fui con mi amiga Herminia Guzmán a una casa de campo que posee en Carabanchel, sitio de preferencia, porque allí pasó su primera juventud con sus padres; allí se casó; allí sonrió a su primer hijo y allí derramó sus primeras lágrimas. Hoy Herminia, mujer muy buena, es profundamente desgraciada, a causa de su marido y de sus hijos, sin otra ventaja en medio de su desventura, que la de una posición adinerada. Suaviza sus amarguras la fe religiosa, esperándolo todo del amor y de la justicia divina.

Al llegar a la quinta, lo primero que hizo fué enseñarme la casa. Luego nos refugiamos en el gabinete que ella ocupara de soltera, donde me mostró retratos, poesías de sus compañeras de colegio, y por último una cajita de raso blanco, en cuya tapa había bordadas con seda azul estas palabras: « *¡Murió de frío!* ». La caja contenía una flor seca y un rizo de cabellos rubios como el oro.

—Esto tendrá su historia —dije a Herminia.

—Y muy triste por cierto: ¡Pobre niño! ¡Cuánto me quería!

—¿Ha muerto el que te dio esta flor?

—Sí, murió; los ángeles no pueden vivir en la tierra. ¡Si le hubieras conocido! Sus ojos hablaban más que sus labios.

—¡Cuéntame, cuéntame!

—Estando una tarde en casa del capataz, que está aquí cerca, vi venir una pobre anciana, ciega, lanzando lastimeros ayes, apoyada en el hombro de un niño que tendría unos diez años.

Llamáronme la atención, porque no iban sucios ni harapientos, y el niño era una figura por extremo delicada, con unos cabellos rubios hermosísimos y unos ojos grandes y melancólicos. Antes que ellos me hablaran, les salí al encuentro, y pregunté a la anciana si se había muerto alguien de su familia, o le había sucedido alguna desgracia. Al oír mi voz la pobre vieja redobló su llanto, y con sollozos entrecortados me contó sus penas. Había perdido a su marido, a su hija, a su yerno, quedándole sólo su nieto enfermo, con palpitaciones en el corazón, sin fuerza para el trabajo. Vivían con un hermano de su esposo; pero éste se había cansado de mantenerlos y les había arrojado a la calle pretextando que no podía ni quería holgazanes en su casa. ¡Ay!, los holgazanes eran una anciana ciega y un niño enfermo que no podía tenerse en pie.

Yo me conmoví tanto, que les dije:

—No se apure usted, señora.

Hablé a la mujer del capataz, y la misma noche ya pudieron dormir bajo un techo amigo aquellos desheredados de la fortuna y del mundo.

—¡Qué contento para ellos! ¿No?

—Ya lo creo; mucho más cuando se persuadieron de que a mi lado tenían amparo y consuelo para toda su vida. Mis protegidos supieron captarse las simpatías de todos los de casa; amos y criados competíamos en darles pruebas de cariño para hacerles grata la existencia.

Paula se hacía útil; a pesar de no ver la luz del día, hacía medias, cosía, y nunca quería estar ociosa. ¡Pobre mujer!, ¡cuán buena era! Guillén, el niño, era un encanto, por su talento, su dulzura y su inalterable resignación. El infeliz se ahogaba; no podía dormir acostado. ¡Y jamás se quejaba! Lo único que solía decir era que sentía frío. Yo creo que era más frío del alma que del cuerpo, porque, según podía adivinarse, mortificábale verse necesitado de vivir a expensas de otros. Apenas tomaba alimento, y yo, conociendo su excesiva delicadeza, me lo llevaba a paseo y le contaba historias. Eran éstas las mejores horas de su vida. Yo le amaba con todo mi corazón.

—¿Qué edad tenías entonces?

—Dieciocho años, y él catorce; pero Guillén no parecía representar más de diez.

Una tarde, paseando por el campo, nos encontramos en el suelo una moneda, una peseta que yo recogí y se la di a Guillén, diciéndole:

—Toma, para ti, para comprar lo que quieras: ¿qué deseas adquirir?

—Para mí, nada —dijo el niño—; para ti... ¡deseo tantas cosas!...

Y la mirada de Guillén irradiaba una luz divina.

—¿Deseas muchas cosas?... ¿Y qué cosas son esas? —le dije sonriéndome.

—¡Qué cosas son esas!... Quisiera estar sano; porque trabajaría, sería escultor, haría tu estatua de mármol blanco, y como sería una obra admirable, ganaría con ella el primer premio; después tendría mucho dinero, llevaría a mi pobre abuela en coche y la acompañaría al teatro. Llegaría a ser rico, muy rico, y entonces...

—¿Y entonces, qué? —le pregunté, viendo que callaba.

—Entonces, si tú me querías... me casaba contigo. Pero... nada de esto es posible. Estoy enfermo, muy enfermo; tengo siempre tanto frío... Sólo cuando estoy a tu lado se me quita ese temblor convulsivo que agita violentamente todo mi ser.

Al día siguiente, no vino Guillén a verme como de costumbre, y fui yo a buscarle, llena de inquietud. Díjome la ciega que su nieto había salido para comprar una cosa que me gustaría mucho. Ya estábamos todos inquietos por su tardanza, cuando vimos venir a Guillén. Yo salí corriendo a su encuentro. Venía pálido como un difunto, temblaba dominado por el frío; pero su mirada expresaba una profunda satisfacción. Presentóme una lindísima camelia blanca, diciéndome:

—Mira: el primer dinero que me ha dado la Providencia, lo he gastado en la flor que más le gusta. Querían más dinero por ella; pero tanto he suplicado, que al fin me la dieron por la peseta hallada en nuestro paseo. ¿Estás contenta?

No supe qué contestar. Las lágrimas resbalaron por mis mejillas, considerando cuán frágil era la vida del pobre niño. El médico nos había dicho en secreto que Guillén se nos quedaría muerto de un momento a otro, cuando menos lo pensáramos.

¡Pobre Guillén! Mezcló sus lágrimas a las mías y me envolvió en una de esas miradas de amor inefable, cuya expresión nadie sabría traducir bien a nuestro lenguaje.

Puse en un búcaro con agua la flor, que duró lozana más de quince días. En ese tiempo, Guillén se agravó y todos le veíamos ya camino del sepulcro.

—Enséñame la camelia —me dijo, cuando ya apenas tenía aliento para hablar.

Fui por ella, se la presenté, y mirándola exclamó:

—¡Qué lástima! Las hojas de esta flor quieren desprenderse de su tallo, como mi alma quiere desligarse de mi cuerpo; no te la lleves, déjamela mirar; verás, cuando le caiga la primera hoja, mi cuerpo caerá también.

Oyendo estas desconsoladoras palabras, hice un movimiento brusco, agitóse la flor, y como pequeñas mariposas, algunas hojas se desprendieron. Guillén las miró angustiosamente y murmuró con voz apagada:

—Los cuerpos son las hojas del árbol de la vida; cuando las hojas caen, algunas almas lloran: ¿quién llorará por mí?

Copiosas lágrimas afluyeron a mis ojos; pero Guillén ya no me veía; su espíritu se desprendía de su cárcel terrestre para lanzarse en el infinito espacio.

—¡Guillén! —grité angustiada.

El niño se estremeció y me miró fijamente.

—¡Guillén! —grité de nuevo.

Incorporóse entonces un poco y respondió con voz casi ininteligible:

—Aquí hace mucho frío; no quiero estar aquí.

...Y se fué aquella alma de fuego, dejándome tanto frío en el corazón, que han pasado veintidós años y estoy tiritando aún; y eso que algunas veces los espíritus vienen a consolarme.

—¿Sí?... ¿Qué me dices?

—Tanto he sufrido, que he apelado a todo, hasta aceptar el Espiritismo, que según dicen muchos, es una locura.

—¿De modo que tú eres espiritista?

—No sé si lo soy; lo que sí puedo decirte es que al morir Guillén me quedé tan desconsolada, que mi dolor llegó a asustar seriamente a mi familia y a mi confesor.

—¿Y la pobre ciega?

—La infeliz decía que estaba contenta con la muerte de su nieto, porque como conocía muy bien su carácter, sabía que el sufría muchísimo. Por su comprensión no era un niño, sino un hombre pensador que al verse impotente por sus dolencias, se consumía. La pobre vieja vivió pacíficamente seis años más.

A poco de morir el único ser que me ha amado en el mundo, después de mis padres, conocí al que más tarde fué mi marido. Mi familia arregló el casamiento, creyendo que olvidaría mi primer amor. Con mi primer hijo creí en la felicidad; pero pronto me convencí de que una cosa es crear la familia, y otra crearse las simpatías en el seno de la misma. Espíritus rebeldes, indómitos, de perversas intenciones, me han rodeado, para hacerme sufrir y recordar más y más a aquel niño de rubios cabellos, de dulce mirada y maravillosa inteligencia, que tan feliz me hacía con su cariño.

Un día le conté a mi confesor cuánto me atormentaba y a la vez me halagaba aquel recuerdo, y mi confesor, que era muy estudioso y sabio, al verme desesperada me dijo:

—Mira, hija, para tu consuelo voy a abrirte un camino que está anatematizado por la Iglesia. Aquí para entre los dos, muchas cosas excomulgan las religiones movidas por intereses puramente terrenales. Has de saber que las almas viven después de dejar su cuerpo, y prosiguen su existencia en cumplimiento de eternas leyes. Desde la más remota antigüedad, los muertos se han comunicado con los vivos. Llama a Guillén con tu deseo, y tal vez te concederán los espíritus el consuelo de ponerte en relación, si no con él precisamente, con algún ser del espacio que te hable de él y de la vida espiritual. A nadie hables de lo que acabo de decirte, y entrégate en brazos del Espiritismo, que es nuestra Providencia.

Aquella misma noche, mientras esperaba a mi esposo, que siempre se retira al amanecer, ensayé el consejo de mi confesor, y nada obtuve. Seguí durante dos meses deseando esperanzada, hasta que al fin una noche, hacía diez años que Guillén había muerto, me pareció que me hablaban al oído, muy quedo. Presté toda mi atención, y comprendí algunas palabras incoherentes, sin ilación alguna. En estos ensayos de algunas noches, pude obtener al fin algunas comunicaciones por escrito.

—¿Las tienes?

—Sí, aquí. Están dentro de esta cajita.

Y abriendo y levantando un doble fondo, sacó varios papeles cuidadosamente doblados, con fechas distintas.

—Lee éste —me dijo Herminia.

Y me entregó un papel con la siguiente comunicación, escrita con letra casi microscópica:

«¡Herminia! ¡Ten valor! Ten fe y espera resignada, que también para ti lucirán días mejores. Tú, más dichosa que otros seres, has visto sonreír la felicidad, simbolizada en un niño que te amaba como saben amar los espíritus de luz. Él está contigo, te inspira fortaleza en las duras pruebas de tu vida. Murió de frío, como mueren todos los seres acostumbrados al calor de otra vida. No pueden resistir la temperatura glacial de ese mundo.

»El niño enfermizo que tú amparaste y quisiste, fué ayer el hombre fuerte que te salvó de una muerte cierta, muerte espantosa, porque debías morir en una hoguera, y él, que te amaba como aman las almas grandes, arrostró todas la iras inquisitoriales, llegando a la heroicidad del sacrificio por salvarte en aras del amor.

»Volvió a la tierra para saldar una pequeña cuenta. Sufrió mucho hasta que te conoció. Entonces su espíritu tendió el vuelo, llevándose la visión de la única felicidad terrestre. Murió de frío; pero hoy siente el calor de la vida infinita. Hoy es tu ángel tutelar, y jamás te abandonará».

—Es preciosa esta comunicación.

—Sobre todo, consoladora. Tendría muchas más, pero como sufro tanto y mi cabeza está tan conturbada, los mismos espíritus me aconsejan que procure rehuir las emociones fuertes que recibo con los dictados de ultratumba.

Yo también, como Guillén, moriré de frío. El Espiritismo, sin embargo, me ha hecho un gran bien, un bien inmenso.

Herminia calló. De sus ojos cayeron dos perlas.

¡Cuánto deseamos que nuestro adelanto nos permita salir de este planeta! Aquí hay una enfermedad contagiosa: la mayoría de los terrenales mueren de frío.

25
VENGAN A MÍ LOS NIÑOS

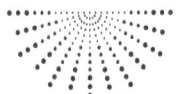

Estamos a dos leguas de Madrid, en una hacienda magnífica. El capataz, hombre de sesenta años, robusto y fuerte, me llama la atención por su delirio por los niños. Por la tarde se sienta en medio de una plazoleta rodeada de árboles: rasguea alegremente una guitarra y grita con toda la fuerza de sus pulmones: « ¡Vengan a mí los niños! »

Y acuden a su llamamiento los chicuelos de las casas cercanas, multitud de niños de ambos sexos que en torno del tío bailan, cantan, trepan por los árboles, tomando parte activa en sus diabluras el tío Pedro, cual si fuera chiquillo como ellos.

Enamorada de un hombre tan bondadoso, me acerco a él y le digo: —¡Qué feliz es usted! ¡Me complace mirarle!

El tío Pedro sonríe bondadosamente y dice:

—Vivo feliz; ni envidiado, ni envidioso. Tengo una santa mujer, dos hijos honradísimos y cinco nietos que son mi encanto. Ni quiero lo superfluo, ni me falta lo necesario. ¿Quiere usted un hombre más feliz que yo?

—Ciertamente, en la tierra no cabe mayor dicha que la que usted disfruta. ¡Feliz usted que no ha conocido lo que son penas!

—¡En!, poco a poco; no vaya usted tan aprisa, que en todas las jornadas hay una hora de mal camino. También he tenido mis tropiezos, pero en la mejor edad de chico y de mozo, cuando hay fuerza para cargar con un mundo y correr en busca de otro.

—Pues el infortunio no ha dejado rastros en su mirada.

—¿Cómo quería usted que los dejara, si he tenido por cada onza de pena una libra de contento? Mis trabajos...

—Cuéntemelos.

—Bien dice el refrán que todas las mujeres son curiosas.

—Tenga usted entendido que no le pregunto por mera curiosidad.

—Venga usted; nos sentaremos debajo de aquellos álamos y le contaré mis peripecias. Sé que usted escribe.

El enjambre de chiquillos nos siguió, y el tío Pedro les hizo prometer que estarían callados mientras contaba un cuento a la señora, que era yo.

Y comenzó el relato el tío Pedro:

—Aquí donde usted me ve, he pasado seis años en la cárcel, y crea usted que sufriendo mucho. De mi madre se puede decir que no la conocí, pues según cuentan, murió dejándome en pañales; mi padre no quiso hacer huesos viejos, y yo me quedé en el mundo como pájaro sin nido, cuando tenía cinco años. Como no tenía sobre qué dejarme caer, pasé una niñez muy azarosa. Como perro sin amo, recorría todas las casas de la aldea. Era algo descarado, y por esto, con frecuencia, al llamar a alguna casa, se me daba con la puerta en las narices. Entonces, sin freno de nadie, fui creciendo entre malas hierbas, y a los doce años era un pillo completo y redomado; lo único que respetaba era a los niños, en atención a mil veces que los viejos me rechazaron al pedir una limosna, y los niños habían corrido tras de mí para darme el pan que ellos habían de comer. En particular una niñita de cinco años, Juanita, sobrina del señor cura. En cuanto me veía la chicuela, me llamaba, y dándome de lo que ella comía, exclamaba:

—Me dicen que eres muy malo; y yo no quiero que seas sino muy bueno.

Ya ve usted qué consejera tenía yo a los doce años. Al lado de ella, todo iba bien; más en cuanto la perdía de vista, no pensaba más que en hacer perrerías y trastadas.

A la sazón vinieron al pueblo unos cuantos hombres de mal vivir, incendiaron un cortijo, mataron al dueño, y yo, por inexperiencia, siendo inocente, aparecí como culpable.

Entre averiguaciones justicieras de si fui cómplice o dejé de serlo, estuve seis años en la cárcel, sufriendo lo indecible. Era el criado de todos los presos, que hacían herejías conmigo. Sólo el recuerdo me pone triste y tengo ganas de llorar.

Al decir esto, por las tostadas mejillas del viejo resbalaron dos lagrimones que se apresuró a enjugar con el dorso de la mano.

Entonces sufrí por toda mi vida. Durante aquellos largos e interminables seis años, ni un alma viviente fué a preguntar por mí. Entre los presos había uno que tenía una hija de siete años, y como la dejaban entrar para pasar el día con su padre, yo, en cuanto la veía, me acordaba de Juanita, y decía: « Si ella pudiera, también vendría a verme. » Cumplí los dieciocho años estando preso, y poco después me dieron la libertad. Ya en la calle, no supe qué hacer de mi persona; no sabía ningún oficio; trabajar en el campo no me gustaba, y además me decía: « ¿A qué has de ira tu pueblo, si no tienes a nadie que se interese por ti? En la Habana falta gente; sentaré plaza, y en paz; y ya que me voy tan lejos, daré antes una vuelta por mi tierra, por si no la vuelvo a ver. »

Llegué al pueblo una mañana de domingo. Iba yo medio desnudo, y al verme entre los mozos y las mozas que iban de punta en blanco, como día de fiesta, oí decir, al verme tan miserable:

—¿A qué vendrá este granuja?

Cundió la voz de que yo estaba en el pueblo, y nadie se acercó a darme la bienvenida: sólo algunos niños me miraban con inocente curiosidad. Sentéme triste, cabizbajo, en la plaza de la iglesia. De pronto me acordé de Juanita, la sobrina del cura, y no quise marcharme sin verla. Salió la gente de la iglesia, y al fin salió Juanita. Estaba más crecida, más hermosa que la Virgen de la Esperanza. Sin poderme contener, me acerqué a mi antigua consejera. Vio me, me conoció, y sin pedir permiso a su padre ni a su tío el cura, se abrazó a mí como cuando tenía cinco años.

—¡Pedro! —exclamaba—. ¡Pedro!...

Yo, que nunca había llorado, al ver a aquella criatura tan cariñosa y tan buena, que no se daba vergüenza de abrazar a un infeliz, sucio, harapiento, me trastorné de tal manera, que rompí en profundos sollozos.

—¡Pobre Pedro! No llores —añadió.

Y tornándome de la mano, me hizo entrar en su casa.

Muchas veces he reflexionado sobre aquel cuadro, que fué de mucha enseñanza. Nadie me había hecho caso; pero al ver que Juanita me llevaba de la mano, los demás niños la siguieron, y pronto me vi rodeado de gente menuda, que me miraban sonrientes.

Entré en casa de Juanita, donde me obsequió con una taza de caldo, pan y fruta, diciéndome:

—¡Pedro! ¡Pedro! ¡Si vieras cuánto me he acordado de ti! No he olvidado los consejos que te daba; pero como ahora soy mayor y tengo más juicio, sabré aconsejarte mejor.

Y aquella criatura, que era la alegría de su casa, se las arregló de modo que aquella misma tarde yo parecía otro. Hizo que su padre me diera ropa; y el cura me echó un sermón de padre y muy señor mío, concluyendo por decirme que si quería trabajar en el campo, él me daría ocupación.

Por Juanita abandoné la idea de ir a la Habana, y ella se encargó de todo cuanto se refería a mi persona. Yo estaba loco de alegría.

Ni una madre hace por sus hijos lo que ella hizo por mí. Me enseñó a leer y a escribir. Todas las tardes venía a traerme la merienda al campo donde yo trabajaba. Siempre venía acompañada de una bandada de niños, y con ellos volvía yo al pueblo. Logré ser considerado por la familia de Juanita como hijo de la casa. Era yo un buen labrador.

Así pasaron ocho años, hasta que un día me dijo Juanita que su padre había resuelto casarla con un primo suyo, que aquella misma noche llegaría. Al oírla me quedé aturdido, pues jamás se me había ocurrido que pudiera sobrevenirme semejante desgracia. Ella era para mí una hermana, una madre; su cariño era mi felicidad. No me atreví jamás a poner mis ojos en ella, porque para mí era más sagrada que la Virgen. Por eso la noticia de perderla me dejó sin aliento; la emoción me dejó mudo, sin poder balbucear una palabra.

No sé qué le diría con mis ojos, que ella adivino mi estado de ánimo. Volvíamos los dos solos del campo aquel día, y llegamos a casa sin hablar una sola palabra más.

Una hora después conocí al que debía ser esposo de mi adorada. Era un gallardo mozo, muy lleno de letras, nada menos que todo un juez. Aquella noche no pude dormir, y me levanté antes que amaneciera. Amaba a Juanita con toda mi alma. Pero no podía aspirar a su mano, porque ella era rica y yo pobre; su próximo enlace con su primo mataba todas mis esperanzas. Como la vida sin ella me era odiosa, resolví morir.

Con este propósito salí del pueblo antes de amanecer y llegué a un precipicio, en cuyo fondo rebotaban las aguas de un torrente. Me acordé de mi madre, pronuncié el nombre de Juanita y me arrojé de lo alto. En vez de estrellarme en el fondo del barranco, una roca saliente, sobre la cual quedé sin sentido, me detuvo en mi caída. Al volver en mí, me encontré en mi cama, rodeado de Juanita y de varios niños, que fueron, según supe después, los que me descubrieron y llevaron al pueblo la noticia.

Juanita no se separó de mi lado, ni de día, ni de noche, durante los dos meses de convalecencia. En cuanto estuve bien, llamó me el señor cura y me dijo:

—No mereces la dicha que vas a tener; pero Dios sabe mejor que nosotros por qué premia o castiga. Da gracias al Eterno; muy pronto serás el esposo de la que amas.

Y así fue: a los pocos días, ebrio de felicidad, loco de alegría, fuera de mí por tanta dicha inesperada, Juanita y yo entramos en la iglesia, donde nos unió y bendijo el señor cura. Al salir, rodearonme un ejército de niños, los acaricié y fueron los más festejados en mi boda. ¡Benditos sean ellos! De una niña recibí los primeros consejos morales; una niña fué la única que al volver a mi pueblo me alentó en el camino del bien; y cuando intenté suicidarme, los niños intervinieron para salvarme la vida. ¿Le parece a usted si tengo motivos para decir?: «¡Vengan a mí los niños!»

—Realmente, es muy justo que usted ame tanto a los niños. Ellos han sido los intermediarios, los factores de su felicidad. ¡Cuán dichoso habrá sido usted con Juanita!

—¿No le digo a usted que he vivido y vivo en la gloria? Mírela usted, allí viene rodeada de sus nietos.

Vi llegar a su mujer, de agradable aspecto, que traía un niño en brazos y cuatro pequeñuelos cogidos a su falda. Me saludó afectuosamente, mientras su marido le decía:

—Oye: esta señora escribe historias, y yo le he contado la nuestra.

—Sí, mi hijo Juan me ha dicho que es usted escritora —dijo Juanita—, y también me ha dicho otra cosa.

—¿Y qué es ello?

—Dice que usted tiene pruebas de que los muertos viven, nos rodean y se comunican con nosotros.

—Algo hay de eso, amiga mía; hay un universal para todos, de éste y de otros mundos.

—Pues mire usted —prosiguió Juanita, sentándose familiarmente a mi lado—, no es la primera vez que oigo hablar de eso, y me interesa vivamente. Así me explico cosas que a nadie he revelado, para que no se burlaran de mi credulidad. Todo cuanto ha sucedido entre Pedro y yo, lo soñaba, lo presentía y hasta me lo comunicaban los espíritus. Mientras Pedro estuvo preso, una voz me habló al oído, diciéndome: «*Está saldando una cuenta. Volverá.*» Volvió, en efecto. Y la voz me volvió a decir: «*Sálvalo, que su salvación será la tuya.*» Le dije estas cosas a mi tío el cura, y él me prohibió terminante referir a nadie lo que oía. Una vez me dijo la voz que Pedro fué mi hijo en otra existencia, y como he oído asegurar que el hombre vive muchas veces, he pensado que en todo esto hay recuerdos de nuestras existencias anteriores. ¿Es esto posible?

—Para mí indudablemente. Usted, Juanita, ha sido el ángel bueno de Pedro. Su cariño hacia él ha sido más que conyugal, el solícito amor de una madre, ¡quién sabe!

Me despedí de aquellos dos seres tan buenos, tan felices, tan cariñosos, y a larga distancia volví la cabeza y vi a los dos rodeados del enjambre de niños, que me saludaban a gritos y agitaban los pañuelos en gran algarabía. ¡Felices ellos!

26
MISTERIOS DE LA VIDA

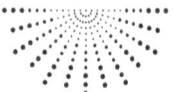

Paseando una tarde por los alrededores de la imperial Toledo, me detuve a descansar en la casa de una familia amiga, compuesta del matrimonio, del padre de la mujer y cinco hijos, cuatro varones y una mujercita. Era esta última una niña seductora, de negros ojos, de mirada magnetizadora. De su boca salía una voz tan dulce como el suspiro de un ángel. Catorce abriles habían dejado en su frente la palidez de las azucenas, y en sus sonrosadas mejillas el delicado matiz de los entreabiertos capullos; mas, ¡ay!, sus diminutos pies se habían negado a sostenerla. La parálisis había entumecido parte de su cuerpo, y una horrible contracción muscular había torcido sus miembros inferiores, quitándoles su desarrollo y movimiento. Pasaba su vida sentada en un sillón, y nadie hubiera dicho, al verla, que padeciera tan horrible dolencia. Su rostro revelaba la perfecta calma expansiva y alegre de los que gozan la vida. ¡Se veía tan amada!... Sus padres la querían con delirio; sus hermanos, con locura, y su abuelo materno profesaba a Eugenia, que era ése su nombre, una verdadera adoración, más que adoración, idolatría.

La tarde a que me refiero, al entrar en la casa de Eugenia, salió a mi encuentro su madre, la excelente Margarita, que llevándose el dedo índice a los labios y cogiéndome de la mano, me condujo al jardín, diciéndome cuando estuvimos fuera de la casa:

—Te traigo aquí, porque Eugenia duerme, y si mi padre nos oyera hablar, nos excomulgaba: ya sabes tú sus extremos.

—Efectivamente, no ignoro que su nieta es su ídolo. ¿Qué lazo unirá a esos dos espíritus?...

—Eso dice mi marido, que, como tú, las hechas de espiritista.

—¿Y tu padre conoce el Espiritismo?

—Sí; más que mi esposo; y no sé qué cuenta de una historia de su juventud, que siempre acaba diciendo: *¿Si será ella?*

—¿Tú qué dices a eso?

—Que yo no creo más que en lo que veo, y creeré en los espíritus cuando los vea.

—No discuta usted, Amalia, con Margarita —dijo el padre de ésta, apareciendo entre nosotras—, porque no quiere creer...

—Bueno, bueno, quedaos, pues, con vuestros espíritus. Mientras habláis, voy a ver si se despertó Eugenia.

Su padre la miró alejarse, murmurando con acento compasivo:

—¡Qué lástima! Es tan ignorante como su madre lo fue: por más que hago no la puedo hacer entrar en el estudio del Espiritismo.

—Deje usted; para todo habrá tiempo.

—Pero, ¡qué diablo!, si hay personas que tocan las cosas, y ni por esas quieren entrar en razón. Ya sabe usted el delirio que tengo por Eugenia. Este amor sin límites se bifurca y enmaraña con cierto episodio de mi juventud, que se lo he contado a Margarita trescientas veces, pero se encoge de hombros y no quiere saber nada de nada.

—Pues cuéntemelo a mí una vez más, amigo mío, y lo escucharé con placer.

—Voy a hacerlo con sumo gusto, persuadido de que usted verá *algo* donde los otros no quieren ver *nada*.

Yo siempre he sido algo perverso. De muchacho tenía muy malas intenciones, habiendo sido el terror de mis vecinos y de todos los mendigos. Los apedreaba, les tiraba trozos de soga ardiendo; en fin, era un pequeño Satanás.

A los diez y ocho años ya me habían echado de todos los colegios de Madrid, y de la Universidad. Mi padre, harto de mis calaveradas, me dejaba como cosa perdida. Un día, yendo con otros amigos de mi cuerda, vimos un grupo de pordioseros que se disponían a comer, rodeando a una gran cazuela de sopas o arroz, a la puerta de un convento.

—¿Vamos a darles un susto? —dije yo.

Y cogiendo piedras, tiré una con tanto tino, que rompió en mil pedazos la vasija que contenía el alimento de aquellos desdichados. Sus maldiciones y gritos nos hicieron reír algunos momentos; mas después me acerqué a uno, que era ciego, y puse en sus manos algunas monedas. Verlo una niña como de doce años que estaba a su lado, quitar las monedas de la mano del mendigo y arrojarlas al suelo, lejos, con el mayor desprecio, fué obra de un relámpago, al mismo tiempo que decía:

—Padre, no admita ese dinero.

Aquellas palabras me movieron a mirar a la niña, y vi que estaba medio tullida, sentada en una tabla con ruedas. En su rostro se pintaba un profundo desdén hacia mí, que hubo de impresionarme.

—¿Por qué no quieres que tu padre tome ese dinero?

—Porque las víctimas, ni la gloria deben querer de manos de sus verdugos.

—Dame ese dinero, María —dijo el ciego con tono amenazador.

Puse en manos del viejo otras monedas, que besó hipócritamente, mientras la niña, no queriendo presenciar aquella escena, empujó diestramente su carrito y se apartó de nosotros con rapidez. Atraído por su actitud, la alcancé, y deteniéndola, interrogué:

—¿Por qué te has separado de tu padre?

—Porque —dijo, mirándome fijamente—, no puedo tolerar tanta humillación. ¡Cobardes!, ¡que besan la mano que nos hiere! ¡Oh!, si yo pudiera...

Y los ojos de la niña lanzaban rayos de cólera.

—¿Qué harías tú, si pudieras? —dije yo, interesándome vivamente por aquella criatura que en medio de su espantosa miseria demostraba tanta dignidad.

—¿Qué haría?... Me iría lejos de esos seres que dicen ser mis padres, pero que indudablemente no lo son.

—Razonas bien; quizá no lo serán; porque tu carácter es muy diferente del suyo.

¿Ve usted a Eugenia? Pues María —que éste era el nombre de aquella infeliz— se parecía a Eugenia, como una gota de agua a otra gota, diferenciándose únicamente en que aquélla iba llena de andrajos, sucia, despeinada, y ésta se baña en agua de rosas y usa vestidos de seda.

—¿Te acuerdas de tus primeros años? —le dije.

—¡Ay, no! Recuerdo tan sólo haberme visto siempre así, rodando por las calles como una pelota.

Y al pronunciar estas palabras se retrató en el semblante de María una expresión tan dolorosa, tan amarga, que me conmovió profundamente; y aun creo que una lágrima humedeció sus ojos.

—Mira —le dije—, no hay mal que por bien no venga. Yo te he atormentado hace algunos momentos, y ahora te suplico que me perdones. Quizás esta travesura cambie la faz de mi vida y nos sea útil a ambos. Si tú quieres, yo te haré feliz, y pensando en tu bienestar, labraré el mío. Te llevaré a casa de mi nodriza, que me quiere mucho: allí estarás amparada y tranquila; yo iré a verte, y creo que así comenzaré a vivir.

María no supo de pronto qué contestar; pero luego, no sé qué leyó en mis ojos, que su semblante se iluminó con una sonrisa, y con voz trémula dijo:

—Yo bien quisiera un refugio. Más de una vez lo he buscado; pero esa gente siempre me encuentra, me reclaman como hija, y me hacen después pagar caras mis tentativas de evasión.

—No te apures: ciertos seres, en dándoles dinero, no reclaman nada. Vente conmigo sin perder momento, que está muy cerca la casa de mi nodriza. Sígueme, sígueme.

Y María me siguió, no sin volver con frecuencia la cabeza, por temor de ser sorprendida en su fuga.

Llegamos por fin a la morada de la buena mujer que me sirvió de madre en mis primeros años, y que era la que siempre intercedía con mi padre cuando yo hacía alguna travesura.

Recibióme como de costumbre; le manifesté mi proyecto, y recuerdo que me abrazó conmovida, diciéndome:

—Ya era tiempo que entraras en buen camino. ¡Bendito sea Dios!, ¡que comienzas por hacer una buena acción!

Los ciegos que se decían padres de María, sin serlo, como recibieron algún dinero y por otra parte ignoraban su paradero, la olvidaron. No le puedo expresar a usted, Amalia, el cambio que se operó en mi carácter. Mi padre estaba asombrado: llegó a creer que María era un ser sobrenatural, y hasta cierto punto tenía razón. Hablábame ella a veces de un modo maravilloso, dándome tan buenos consejos, tan sabias instrucciones, que me dejaban extasiado. La vieron los mejores médicos; pero su mal no tenía remedio. Como mi pobre Eugenia, tenía María que permanecer sentada en un sillón, y a su lado pasaba yo todas las horas que me dejaban libres mis estudios, que por mandato suyo emprendí nuevamente con ardor.

Dos años fui dichoso; dos años viví a su lado. Mi nodriza adoraba a María, y ésta, cuando se vio feliz, fué tan humilde, tan afectuosa, tan buena, que cuantos la rodeaban la querían muchísimo.

¡Qué noches tan hermosas! ¡Aún las recuerdo! Contábame sus pasados sufrimientos, y yo le contaba mis locuras. Después enmudecíamos y hablábamos con los ojos. Cuando María, como si recibiese alguna superior inspiración, me hablaba con elocuencia arrebatadora, mi nodriza juntaba las manos y me decía:

—No tengas duda, hijo mío, ¡María es una santa!

¡Dos años viví en la gloria! ¿De qué modo quería yo a María?... No lo sé: mi mundo era ella. Ni paseos, ni amigos, ni mujeres, ni teatros, nada me atraía. Pero era yo demasiado feliz, y la felicidad dura poco en la tierra.

María comenzó a palidecer, y sus hermosos ojos a perder su brillo. Una noche me dijo que me preparara a sufrir, que me iba a quedar solo; pero que tras la tormenta vendrían días de sol. Enmudeció y cerró los ojos. Esperé anhelante que volviera a abrirlos; pero esperé en vano: había muerto sin la menor fatiga, ¡silenciosa y dulcemente!...

Me quedé como petrificado junto a su cadáver; no quería persuadirme de su muerte, y durante mucho tiempo estuve que parecía un idiota. Después, mi padre me hizo viajar, y por último, me casé con una mujer muy buena y muy ignorante, resultando que ella con su ignorancia y yo con mi mal carácter, hemos vivido como dos presidiarios, maldiciendo nuestra cadena, el hueco que María dejó en mi corazón, hasta que Margarita dio a luz a Eugenia; que, al verla, creí ver a María que volvía de allá, para estimularme a la virtud. Sus facciones son las mismas; su enfermedad y su carácter, también. *¿Será ella?* El Espiritismo, sin haberme contestado con una afirmación rotunda, me ha dicho lo bastante para poder sospechar con fundamento que María y Eugenia son personificación de un mismo espíritu.

El ruido del sillón de Eugenia rodando por la arena hizo levantarse a su abuelo, que salió al encuentro de su nieta, que venía acompañada de su madre.

¿Si será ella?, preguntaba su abuelo recordando a la niña mendiga que tanto amó. Y yo añado: *¿Quién será ella?*

27
EL AMOR NO ES UN MITO

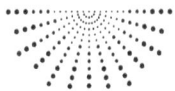

Era una noche hermosa de verano, cuando estábamos varios amigos reunidos en el Salón del Prado, en Madrid, junto a la fuente de las *Cuatro Estaciones*.

No sé por qué, nos dio la humorada de hablar sobre el Espiritismo y el amor. La discusión era muy animada: casi todos se reían a costa del amor y del Espiritismo, echando a volar disparatadas ocurrencias y chistes graciosísimos, a que tanto se prestan las dos sublimidades, miradas a ras de tierra.

Nos llamó la atención la mudez de Leopoldo, el más dicharachero y el más elocuente de todos otras veces. Este joven es ilustrado y conocido escritor. Le preguntaron:

—¿Qué le sucede, señor trapense?, ¿está usted enfermo?

—No —contestó Leopoldo—, pero he recibido hoy una carta que ha despertado en mí dolorosos recuerdos, y estoy en un estado de ánimo especial, como cuando la memoria retrocede, se abisma en el pasado, y por razón natural, lo que nos rodea no consigue atraer nuestra atención. Tal es así, que he estado lejos de vuestras discusiones, abstraído en mis pensamientos.

—Mira —le dijo un joven marino—, nos hemos estado riendo del Espiritismo y del amor, de los fenómenos del uno y de los efectos del otro.

—Pues habéis perdido lastimosamente el tiempo. —¿Por qué?

—Porque sí.

—Si no das otra explicación...

—Vamos, hable usted, Leopoldo —dijo una lindísima joven llamada Luisa—. Confunda usted a estos descreídos con su elocuente palabra.

—¡Ay!, amiga mía: inútil peroración; los hombres de hoy necesitan hechos, y no palabras. Yo pertenezco en cuerpo y alma a mi época, y confieso ingenuamente que ni los discursos de los más floridos tribunos, filósofos y políticos, logran convencerme. Soy *tomista*; necesito tocar para creer; nuestra generación es así, positivista por excelencia. ¿Cómo quiere usted, Luisa, que conociendo el terreno que piso, me aventure a arrojar la semilla, si sé que resbalará y no germinará ni un solo grano? Se ríen ustedes de los fenómenos espiritistas y niegan el amor; ríanse y niéguenlo cuanto quieran: ya variarán de opinión cuando las circunstancias los hagan variar por fuerza, como sucedió conmigo.

—Pues cuéntanos eso —exclamaron varios a la vez.

—Sí, sí, hable usted —replicó Luisa.

La indicación de esta última decidió a Leopoldo a manifestarse comunicativo, y dijo:

—Conste que de la historia que os voy a contar no soy el protagonista: no he sido más que testigo. ¿Os acordáis de Sofía Burgos?

—Mucho —contestó Luisa—, qué lástima de muchacha, era guapísima.

—Pues bien: Sofía fué mi compañera de la infancia; nos queríamos fraternalmente; y yo la hubiera amado de otra manera... si Álvarez no se hubiera adelantado.

—¿No era primo de ella? —preguntó Luisa.

—Sí: eran primos hermanos; los tres nos criamos juntos, y nos queríamos entrañablemente. Juntos estudiábamos nuestras lecciones: nos llamaban *los inseparables*. Sofía amaba a su prometido con delirio, y yo deseaba que se casaran para que tuvieran hijos y con ellos crearme una familia; porque ninguna mujer me llamaba la atención. Mi ilusión hubiera sido Sofía, y no siendo ella, nadie lograba cautivarme; ya porque no tenía tiempo de buscar nuevas ilusiones, ya porque todas las horas que tenía disponibles las pasaba en su casa. Cuando llegaban las vacaciones, me iba con ella y su familia al campo. Las noches de invierno, ya se sabía, con ella al teatro y al café y a las reuniones... Y ¿no es cierto que queriéndola tanto como la queríamos Álvarez y yo, al morir Sofía debíamos haber pensado en atentar contra nuestra vida, faltándonos la suya?

—El amor no existe —dijo el marino—, ¿no lo decía yo?

—La generalidad no diré que sienta como se debe sentir; pero hay quien muere de amor.

—Mentira, mentira –replicaron—, y la prueba la tienes en ti mismo y en Álvarez, que alguien me ha dicho que se casaba en Londres con una riquísima heredera.

—Es verdad que se casa; hoy he tenido carta suya: a ella me refería cuando os he dicho que una carta había despertado en mí dolorosos recuerdos. Pero esto no se opone a que mi alma volara tras de Sofía cuando mi amiga dejó la tierra. Escuchad.

Todos acercamos nuestras sillas, estrechando el círculo que formábamos. Leopoldo se quitó el sombrero, se pasó la mano por la frente y comenzó diciendo:

—Yo siempre me había reído de las simpatías de los espíritus, pero ya no dudo de que son hijas de algo que desconocemos. He dicho que Sofía adoraba a su prometido, y éste era esclavo de su amada; pues bien, un año antes de morir Sofía, comenzó ésta a ponerse triste, sin que lograran distraerla ni los tiernos cuidados de su familia, ni los desvelos de Álvarez, ni mis atenciones: pasábase largas horas sentada en una butaca, con los ojos cerrados y a veces me decía:

—No sé qué tengo, Leopoldo: se me figura que soy un viajero que da la vuelta al mundo buscando algo que no encuentra. Soy ingrata; todos me queréis mucho, y a veces sueño que he de hallar a un ser que me querrá más que vosotros, ¡ay!, pero nunca llega. ¿Sabes tú dónde está, Leopoldo?

Y la pobre enferma lloraba desconsolada. «No hagáis caso, decían los médicos, son delirios de la juventud.» Más entre tanto, Sofía iba palideciendo, y en sus hermosos ojos se apagaba la llama de la vida. Seis meses antes de morir, estaba mi pobre amiga, una noche, más decaída que de costumbre, cuando de pronto se levantó exclamando:

—Quiero ir al café del *Siglo*, de la calle Mayor; ¿vamos?

Y como su menor deseo era una ley para todos nosotros, a sus padres les faltó tiempo para complacerla. Salimos, y Sofía se apoyó en mi brazo, diciéndome al oído:

—No sé por qué el corazón me da que muy pronto voy a encontrar aquello que tanto anhelo.

Calló, viendo que Álvarez se aproximaba, pues con él no tenía la fraternal confianza que conmigo.

Llegamos al café, nos sentamos, reuniéronse con nosotros dos familias amigas, y Sofía se puso tan animada y risueña como cuando estaba sana y buena. Álvarez la miraba encantado, y murmuraba a mi oído:

—¡Quién sabe! ¡Es tan joven! ¡Quizá sufra un cambio su naturaleza! ¿No ves cómo se ríe?

Porque Sofía hablaba más que todos, haciendo broma con cuantos la rodeaban. En esto se oye cerca de nosotros una voz infantil que grita:

—Señores: *La Correspondencia de España*.

Era un niño de unos diez años, pobremente vestido, de simpática figura. Acercóse, dio la vuelta a la mesa, y cuando llegó junto a Sofía, le presentó no sé qué periódico con caricaturas, diciéndole:

—Con esto se alegran los corazones tristes; cómprelo usted.

La ocurrencia del chicuelo nos hizo reír a todos. Sofía, en particular, fué la que más se fijó en él.

—¿Y quién te ha dicho que yo tengo el corazón triste?

—No sé —contestó el muchacho todo confuso—; pero usted tiene cara de ser muy buena, y mi madre dice que para los buenos son todas las tristezas.

—Se conoce que tu madre no es tonta —dijo la de Sofía.

—¡Qué ha de ser tonta!, si todas las vecinas vienen a consultar con ella.

—Echará las cartas —dijo Álvarez riéndose.

—Mi madre no hace esas brujerías —replicó el niño, algo amostazado.

—¡Vaya, qué ocurrencias tienes tú también! —exclamó Sofía, mirando a su prometido con cierto enojo. —Mira, no hagas caso —añadió mirando al niño—. ¿Quieres café? Tienes cara de tener mucho frío.

—Sí que lo tengo, señorita.

—Pues verás cómo vas a entrar en calor. Tráete una silla y siéntate.

No se hizo de rogar el chiquillo: se trajo una silla, y sentándose junto a Sofía, le sirvieron un café con media tostada, ¿y qué les diré a ustedes? Que pasamos el rato entretenidos con la conversación de aquel niño, que parecía un hombre de gran experiencia por sus lógicos razonamientos. A todos nos llamó la atención, pero más especialmente a Sofía, que le hizo mil preguntas. Álvarez me decía en voz baja:

—¿No la ves qué contenta está? Es preciso que todas las noches la traigamos al café; se ha distraído más que en el teatro.

Desde aquella noche, Sofía cambió por completo. Ya no la veíamos abismada en sus pensamientos, ni me volvió a hablar de sus sueños.

En el café, el niño Elías venía a pasar con nosotros largos ratos. Como Sofía lo prefería tanto y notábamos en él tanta inteligencia, nos interesamos por su suerte, y así supimos que era huérfano de padre, que tenía madre y dos hermanas y que se pasaba su vida en la calle vendiendo periódicos. La intemperie y las necesidades iban destruyendo el endeble organismo del muchacho.

El padre de Sofía habló con la madre del vendedor de periódicos, que vio el cielo abierto cuando comprendió que a su hijo lo harían hombre. Fué ingresado en un colegio, e iba a comer diariamente con Sofía.

Álvarez, viendo a su amada ir de bien en mejor, le propuso efectuar su proyectado enlace. Accedió ella gustosa a sus deseos.

—Sólo una gracia te pido —le replicó—: que me dejes querer a Elías.

Siento por él un cariño que no se parece al que profeso a los demás: yo no sé si a los hijos se querrá del modo que yo quiero a ese niño.

Pasaron unos días entre risas y juegos, ilusiones y esperanzas. Sofía era completamente feliz cuando correteaba por el jardín con Elías, como dos chiquitines traviesos. Un día fuimos al Retiro. Levantóse en mal hora un aire muy frío, y Sofía comenzó a toser: aunque trataba de ocultarlo, advertimos que en su pañuelo había algunas manchas de sangre. Álvarez no supo disimular su alarma; pero Elías se le acercó y le dijo por lo bajo:

—No ponga usted el semblante triste, que se asustará Sofía.

Miramos al niño y vimos que se enjugaba furtivas lágrimas, que quiso aparentar serenidad y comenzó a tararear una canción que encantaba a Sofía. ¡Un niño nos daba lecciones de entereza!

Llegamos a casa. Sofía se acostó y ¡ya no se levantó más!

Álvarez estaba desesperado al ver apagarse aquella luz de su existencia. Elías consolaba al prometido de Sofía y cuidaba a ésta con ternura sin igual.

Ya próxima a la agonía, y en momentos de lucidez, llamóme para decirme quedamente:

—¿Te acuerdas? Ya te decía que yo era un viajero que buscaba algo. Pues mira, ya he llegado al término de mi viaje: encontré lo que buscaba. Era un ser que me quiere más que todos vosotros. ¡Ese ser es Elías!

A esto levantó la voz llamando a toda su familia, despidiéndose de todos con frases conmovedoras.

—¡Adiós —dijo a Álvarez—, mi amado de la tierra!..

Y luego, mirando a Elías, se iluminó su semblante con una sonrisa divina. —¡Hasta luego! ¡No tardes...!

Y expiró.

Nuestra desesperación llegó al extremo. Los padres de Sofía, yo no sé cómo aún tienen ojos para llorar. Álvarez, daba compasión verle... Yo vivía sin sombra, porque para mí Sofía lo era todo. Sin embargo, todos nos hemos ido consolando, menos Elías; ése ni gritó, ni derramó una lágrima, ni pronunció una sola palabra. Pero a los tres meses de morir Sofía, murió él de consunción, diciendo poco antes de lanzar su postrer suspiro:

—Me voy, porque ella me espera.

Álvarez se indignaba contra sí mismo, y decía:

—¡Un niño me ha vencido! ¡Él ha sabido morir!... Mientras yo vivo.

Una noche vino a mi cuarto Álvarez, gritando como un loco:

—¡Leopoldo! ¡He visto a Sofía! No creas que deliro, no. Estaba pensando en el heroico Elías, cuando oí la voz de Sofía, diciéndome claramente: «¡Tú no has muerto, porque no debías morir; tranquilízate, tranquilízate!»

Yo me asusté más que Álvarez, y le aconsejé se fuera a viajar para distraerse. El se fué a Inglaterra, y yo estudié el Espiritismo para hallar una solución a los presentimientos de Sofía, y a la muerte de aquel pobre niño. Había en todo este proceso enigmático un hecho indesmentible.

Cuatro seres queríamos con delirio a Sofía: sus padres, su prometido y yo; y a pesar de nuestro amor, que era inmenso, vino un ser extraño, un niño, y ella le amó más que a todos nosotros, y él la quiso más que todos nosotros juntos, puesto que murió por ella. ¿Qué prueba esto? El Espiritismo me da la clave de todo el misterio, cuando menos me lo explica. Álvarez, como yo, estudió también las obras de autores espiritistas, y aunque a ustedes les causará risa lo que les voy a decir, Álvarez me escribe diciéndome que se casa, y lo hace porque el espíritu de Sofía se comunica con él y le ha aconsejado que se case. Resultado: que hay quien se muere por amor, y los espíritus sobreviven al cuerpo material. Yo tengo algunas comunicaciones de Sofía.

Luisa le dijo en voz baja a Leopoldo si tendría inconveniente en dejarle leer los dictados del espíritu de la enamorada, y dándoselos, añadió el joven:

—Después de leídos, podéis dárselos a Amalia.

Al día siguiente vino Luisa a verme y me entregó la carta de Álvarez, que contenía varias comunicaciones de Sofía. Una de ellas decía lo que sigue:

« Hay amores que nacen en la tierra; hay afectos que vienen de otros mundos. Tú me has querido como se puede amar en este planeta. Tú eres un espíritu muy joven aún; el mío, en cambio, es muy viejo; y a pesar de que para los terrenales mi muerte ha sido para ti una desgracia, en realidad has ganado ciento por uno, porque yo tengo una larga historia, y los espíritus que han llorado mucho, se unen mejor con sus compañeros de infortunio. Por esto Elías era tan simpático para mí. Juntos sucumbimos en el circo de Roma; juntos hemos sido descuartizados por los caballos del desierto; juntos nos han quemado vivos en las hogueras de la Inquisición; juntos hemos sido degollados en la memorable noche de San Bartolomé; juntos hemos comido el pan de la esclavitud. Su pena era la mía: mi dolor su dolor. Por eso en la tierra, con ser tantos los amores que me rodeaban, me faltaba algo, ¡sentía que me faltaba él!

»¡No debía yo unirme con nadie en la tierra hasta que hallara al amado que tantas veces murió por mí! Tú eras para mí un niño: busca un alma como la tuya, joven y sencilla, y continúa escribiendo tu historia, en cuyas páginas ni el fuego ni la sangre han dejado sus huellas. Adiós. »

El amor no es un mito. Los espíritus simpatizan, se buscan y se aman.

Cuando en la tierra veamos familias desunidas, no juzguemos a la ligera: ¡quién sabe aquellos espíritus lo distantes que están unos de otros! ¡Pero el amor existe, no lo dudemos, porque el amor es la poesía de los mundos!

28
UN NUEVO AÑO

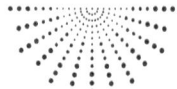

El primer día del año es indudablemente la principal fiesta del año. Un día de año nuevo, fui a ver a mi amiga Leopoldina, que al verme preguntóme si tenía algún plan para pasar el día lo menos mal posible.

—Ninguno —le contesté.

—Pues entonces, la convido a comer conmigo, y daremos un paseo por un sitio muy agradable; pero tengo costumbre de ir a visitar a mi familia en este día, ¿acepta usted?

—Desde luego.

Sabía yo que Leopoldina no tenía ningún pariente, y me preguntaba yo: ¿qué familia será esa? Pronto salí de dudas cuando oí que decía al cochero:

—Al cementerio de San Isidro.

Debí hacer algún movimiento de sorpresa, pues notado por Leopoldina, me dijo:

—Amalia: para mí este día encierra muchos recuerdos, íntimamente enlazados con algunos de mis muertos. Por esto voy a visitarlos, aunque sé bien que ellos están lejos de su tumba.

—Su marido y sus hijos, ¿es verdad?

—No; mi esposo no trae a mi mente ningún recuerdo, ninguno de esos episodios que hacen época en la vida. Me quiso y correspondía su cariño, cumpliendo con esto una ley natural; nos casamos, y al poco tiempo de vivir juntos, que fué tres años, sin repulsiones, ni entusiasmos, fué deslizándose nuestra existencia. En cuanto a mis pobres hijos, no tuvieron tiempo de crearse una historia; los dos murieron antes de cumplir un año. Mi marido murió en mis brazos, tranquilo y resignado. Lloré su pérdida, pero no con aquel dolor que deja honda huella en el ánimo; y me quedé a los veintidós años sola en la tierra, sin más parientes que mi abuelo materno, que hacía diez años estaba como idiota.

Al verme sola, pensé en mi abuelo, que vivía en casa de mis tutores; y por tener a alguien a cuya sombra vivir, decidí traérmele en mi compañía.

El pobre se puso muy contento al verse a mi lado, a los pocos días, tenía momentos lúcidos, en que sus miradas se fijaban en mí con inteligente insistencia, y sus labios se entreabrían para decir a veces palabras sentenciosas.

Estos síntomas de mejoría me llenaron de satisfacción, porque yo deseaba tener a mi lado un ser que me quisiera y educara. Insensiblemente, sin darme cuenta de mi transformación, desperté de mi fatal letargo, y reconocí mis grandes defectos, hasta el punto de que, a pesar de tener muchos pretendientes a mi mano, me di palabra a mí misma de no casarme hasta creerme digna de dirigir una familia; sin embargo, mis buenos propósitos no siempre salían victoriosos. A lo mejor volvía a ser la mujer orgullosa y altanera, creyéndome con derecho a humillar a cuantos me rodeaban, hasta a mi pobre abuelo, que al verme reñir duramente a mis doncellas, me miraba derramando algunas lágrimas. Su llanto despertaba mi arrepentimiento; sentábame en sus rodillas, unía mis lágrimas a las suyas y le decía:

—No me quieras, que soy muy mala.

—Sí que eres mala —repetía él—, ¡muy mala!

Un día, era el último de diciembre, estando sentada frente a mi abuelo, como le dijese:

—¡Qué pronto pasa el tiempo! ¡Mañana es año nuevo!

—Para ti será año viejo —contestó mirándome tristemente.

—¿Por qué?

—Porque siempre serás mala. ¡Infeliz! ¡Infeliz de ti!

Me eché a llorar como una niña, mientras mi abuelo, mirándome siempre fijamente, repetía en voz baja:

—¡Para ti no hay año nuevo! ¡Desgraciada!

Y después de este relámpago de inteligencia, tomó su semblante su expresión habitual de idiotismo, y en sus labios vagó una sonrisa estúpida.

Al día siguiente me levanté muy triste. Nevaba en abundancia, y fui a dar un abrazo a mi abuelo.

—Vamos —le dije—, dame un beso, que hoy es día de año nuevo.

—Ya te dije que para ti no hay año nuevo.

—Estoy muy triste, abuelo —le musité al oído—, hoy hace mucho frío. ¿Ves cuánta nieve cae?... Pues, más nieve tengo yo en mi corazón.

—Derrítela con el fuego de la caridad: eres muy egoísta, por eso tienes frío en el alma. Yo también me muero de frío, porque he sido tan egoísta como tú.

Y comenzó a llorar con tantos sollozos, que aumentó mi tristeza. De pronto se puso el dedo índice en los labios, imponiéndome silencio; inclinó la cabeza y prestó atento oído a un rumor lejano, que se fué aproximando hasta que vimos aparecer en la plaza un centenar de chiquillos tirando bolas de nieve sobre un infeliz mendigo que llevaba un perro apretado contra su pecho: sobre ambos infortunados caía una lluvia de nevados proyectiles.

El pordiosero gritaba desesperadamente, y el perro ladraba con furor. Mi abuelo, viendo aquel cuadro, se levantó iracundo, gritando:

—¡Asesinos! ¡Asesinos!

Yo, dominada por un sentimiento desconocido hasta entonces para mí, corrí más ligera que el deseo, bajé al jardín, abrí la verja y salí a la calle en el momento que el mendigo tropezó y cayó rendido de fatiga. Los muchachos, al verme, le dejaron. Ayúdele a levantarse; dos de mis criados le sostuvieron, y entré en mis habitaciones hondamente conmovida, haciendo subir al mendigo, seguido de su pobre perro, y haciéndole sentarse junto a la chimenea; mi abuelo reía y lloraba al mismo tiempo; después se me acercó para acariciarme, al mismo tiempo que con visible satisfacción me decía:

—¡Hija mía!... ¡Ahora, ahora sí que es año nuevo!

Siguió mirando al pordiosero atentamente, y de pronto comenzó a registrarle la cabeza, en particular la parte posterior, con verdadero frenesí. Pregúntele qué hacía; pero él no me hizo caso, hasta que al fin gritó:

—¡Es él, hija mía! ¡Es él!

—¿Quién? —exclamé.

—¡Mi hijo!...

Y al pronunciar estas palabras, su rostro se enrojeció, sus ojos se inyectaron de sangre, y cayó en mis brazos, expirando acto continuo.

Aquella muerte súbita me impresionó de tal manera, que creí enloquecer. Yo quería mucho a mi abuelo: en sus momentos de lucidez, que siempre me reñía, veía yo en aquel hombre un verdadero interés; su acento de verdad me causaba más grata impresión que las lisonjas de una sociedad hipócrita que con sus mentidos halagos había contribuido a perderme.

Renuncio a pintarle el trastorno que causó en mi casa aquella muerte repentina, como también la venida de aquel nuevo pariente, del cual yo no tenía noticia alguna; pero estaba persuadida que mi abuelo había dicho la verdad. Así es que el pordiosero con sus harapos, libre de ellos, vino a ser un joven muy simpático; pero en cuya inteligencia no había, desgraciadamente, un rayo de luz. En la parte posterior de la cabeza tenía dos largas y hondas cicatrices. A mí me devolvía mis afectos con alegre sonrisa; pero a quien demostraba todo su amor era a su perro: le besaba, le abrazaba, y nunca se quería acostar si no veía al perro en un sillón, junto a su cama.

No pude saber nada de su pasado. Un médico me dijo, después de un reconocimiento, que aquel desgraciado debió ser herido, siendo muy niño, de cuya impresión se obscureció su inteligencia, y que su vida sería breve, porque su organismo estaba débil, quebrantadísimo por continuadas privaciones. No se engañó el médico: un año después, el mismo día y a la misma hora que había muerto mi abuelo, murió su hijo, de consunción, a pesar de todos los recursos prodigados con esplendidez para su curación. Recuerdo que a mis solícitos cuidados respondíame con lágrimas silenciosas, que rodaban por sus mejillas, sin que sus labios exhalaran una queja.

—¿Qué tienes? —le decía yo.

Y la única contestación que tenía era una vaga sonrisa y una caricia para su perro.

Cuando murió, coloqué su ataúd junto al de mi abuelo, y me marché a París, llevándome el perro, que con sus demostraciones parecía que materialmente me hablaba. El pobre animal murió, yo creo que de tristeza; y sentí tanto su muerte, que me encontré sola, hasta abrumarme la vida.

Llegó otro día de año nuevo, y cuando más entregada estaba a mis melancólicos recuerdos, me anunciaron la visita de una señora, cuyo nombre me era desconocido. La recibí y me encontré con una dama y una jovencita, ambas muy elegantes, que me saludaron cortésmente, diciéndome la señora:

—Usted extrañará, sin duda, mi visita, mucho más cuando le diga que soy portadora de una comunicación de su abuelo, que obtuvo anoche mi hija; dicho espíritu nos ha asegurado que hoy hace dos años que dejó la tierra.

Afortunadamente, yo tenía algunas nociones de Espiritismo, aunque muy vagas, pero que entonces me sirvieron de mucho, porque entré en conversación con aquella señora sin demostrar extrañeza, y pronto nos comprendimos, no quedándome la menor duda de que mi abuelo se comunicaba con aquella niña...

Aquí llegaba mi amiga de su interesante relato, cuando el coche se detuvo delante del cementerio; visitamos el panteón de la familia de Leopoldina, y subimos de nuevo al coche, donde reanudó su relación en estos términos:

—Como podrá usted comprender, desde aquel día comenzó para mí un verdadero año nuevo: estudié las obras espiritistas y llegué a tener comunicaciones de mi abuelo, y a sus consejos he debido el consagrarme por completo al bien de la humanidad.

—¿Y le ha hecho aclaraciones sobre su hijo?

—Cuantas le he pedido. En un rapto de celos había herido a la madre de su hijo y al pobre niño; creyó haberlos muerto, y el dolor y el remordimiento trastornaron su razón: la madre murió de resultas de las heridas, y la criatura quedó en la tierra para pagar una terrible deuda contraída en anteriores existencias; es una drama tristísimo.

Llegamos a casa de Leopoldina, donde esperaban algunos amigos íntimos, y dimos una sesión puramente familiar. Vino el espíritu de su abuelo, y después de aconsejarle acerca de muchos asuntos particulares generales, concluyó diciendo:

« Tenéis costumbre de celebrar el día de año nuevo, y muchos dejáis la tierra sin haber lucido para vosotros un nuevo sol.

»Desengañaos: en todas las épocas del año podéis celebrar el año nuevo, cuando os despojéis de los harapos de los vicios, y os adornéis de la blanca túnica de las virtudes. Yo estuve en ese planeta muchos años, y para mí no hubo año nuevo. Procurad vosotros aprovechar el tiempo mejor que yo; que es muy triste luchar con los recuerdos, que, inhumanos, torturan la razón. »

Siempre que llega el primer día del año me acuerdo de Leopoldina y de sus tristes historias; pregunto a mi conciencia, y ésta me dice: « Todo lo más que alcanzarás en esta encarnación será vislumbrar el alba del año nuevo. »

Es verdad: lo que no se gana, no se obtiene, es lo que nos obliga a progresar a los espíritus encarnados en la tierra.

Sólo el estudio y la práctica del Espiritismo nos darán, después de grandes luchas, hermosos días de sol, que juntos formarán el año nuevo de la humanidad terrestre

29
¡QUIERO IR AL CIELO!

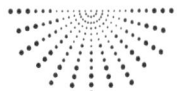

Siempre he sido amante de la verdad, y como en las visitas de pésame se miente tanto, nunca he acudido a ver a mis amigos en los primeros momentos de llorar la pérdida del ser amado, sino después del duelo oficial, cuando en torno de la viuda afligida, o de la madre desolada no ha habido una caterva de seres indiferentes que llevan el luto en el traje y la alegría o la indiferencia en el alma.

Por eso, cuando Clementina perdió a su esposo, no fui a verla hasta que se quedó sola con sus hijos y sus recuerdos; Clementina estaba inconsolable. Yo, que ya tenía algunas nociones de Espiritismo, traté de hacerle comprender que tras la tumba germinaba la vida; pero Clementina se reía amargamente de mis palabras, diciéndome con triste ironía:

—Los que se van, no vuelven; esos son cuentos de viejas y leyendas de ilusos; el Espiritismo es otra de las muchas farsas del mundo.

Una noche que estábamos hablando sobre si los muertos se comunicaban o no, entró el doctor Sánchez, amigo íntimo que fué del esposo de Clementina, a quien ella respetaba muchísimo, por su preclaro talento, oyó nuestra charla, y sonriéndose bondadosamente, dijo en tono festivo:

—Señores: escucho con gusto su discusión sobre muertos y espíritus.

Y exclamó Clementina:

—Figúrese usted qué disparate sostiene Amalia: asegura que los muertos se comunican. Si tal cosa sucediera, ya hubiera venido mi Pepe a decirme: «¡Clementina, no llores, que aquí estoy yo!»

El doctor la miró fijamente, y volviéndose a mí, me preguntó:

—¿Es usted espiritista?

—Quiero serlo.

—Yo también.

—¡Usted!... —gritó Clementina en el colmo del asombro.

—Sí, yo; ¿por qué te admiras?

—¿Usted, tan formal y tan sabio?... Mi Pepe decía que no había en el mundo dos hombres como usted.

—Tu marido me miraba con los ojos del cariño, y este es el cristal de más aumento que se conoce; pero dejando a un lado mi suficiencia, lo que yo puedo decirte es que hay muertos que se comunican; no diré que sean todos, pero yo he tenido pruebas innegables de la comunicación de los espíritus.

—Explíquese, por Dios; cuénteme... ¡Ay, si yo pudiese hablar con mi Pepe!...

—Si te hablo así, es para demostrarte que es muy aventurado decir sin conocimiento de causa: Tal cosa no puede ser. Creer a ciegas, denota sobra de ignorancia, y negar porque sí, escasez de entendimiento. Dudar es de sabios; creer, es de tontos; negar, es de locos.

—¡Ah!, no; si usted me asegura que hay muertos que se comunican, lo creeré; me merece toda la confianza.

—Lo que voy a contarte no es para convencerte de si es verdad o no la comunicación de los espíritus; por otra parte, creyendo ciegamente en mí, correrías peligro de engañarte. Créeme, Clementina, el hombre puede abdicar de todos sus derechos, hacer donación de todos sus bienes, pero no de su criterio, pero no de su razón. Ahora escucha:

A los dieciocho años me enamoré de Lidia, hermosa criatura, de la que podía decirse con Campoamor:

> « Es tan bella esa mujer,
> que bien se puede decir:
> *sólo por verla..., nacer;*
> *después de verla..., morir.* »

Durante un año, viví en el paraíso. Lidia me quería con delirio, y vivíamos el uno para el otro. Andrés, mi hermano mayor, que estaba viajando, al volver y al ver a Lidia, quedó prendado de su belleza y de su bondad; pero supo ocultar su admiración y arregló las cosas de manera que mi padre me hiciera marchar a Sevilla, para acompañar a un hermano suyo, deán de la Catedral, que estaba enfermo. Aprovechándose de mi ausencia, mi hermano interceptó nuestras cartas, y dijo a Lidia que yo estaba resuelto a seguir la carrera eclesiástica, por cuya causa me había reunido con mi tío el deán. Así pudo Andrés lograr que le concediera su mano, aunque no su corazón. Mi madre, cuyas ilusiones se cifraban en que yo fuera sacerdote, creyendo la infeliz, en su ignorancia, que así me abría las puertas del cielo, ayudó a mi hermano en su inicua obra. Hízose el casamiento sin yo saberlo; los novios se fueron a viajar., y mi madre vino a Sevilla, a prepararme para recibir el fatal golpe.

Creía yo en el amor de Lidia con tanta fe, la creía tan buena... tan santa... tan pura... que cuando mi madre, después de decirme que Dios me llamaba para ser uno de sus ministros, me participó el casamiento de Lidia con mi hermano, perdí la razón, de cuyas resultas estuve más de dos años demente. Al recobrar la lucidez de mi inteligencia, supe que Lidia había muerto a los diez meses de casada.

Mi pobre madre, arrepentida de su obra, se convirtió en mi ángel tutelar: no me abandonó ni un segundo mientras estuve loco, ni después de recobrado el juicio: e hizo bien, porque yo conservaba tal odio a mi hermano, que hubiera sido un segundo Caín sin remordimiento alguno. Mi madre había ayudado a mi desgracia; pero empleó después todo su cariño en reparar el mal hecho. Viendo que rechazaba yo el sacerdocio eclesiástico, ella misma se encargó de buscarme esposa, y me casé con una joven muy buena, a la cual hablé con toda franqueza, porque la imagen de Lidia no se borraba de mi mente. Conformóse a todo, y me casé por transigir, por complacer a mi madre y por ver si teniendo hijos vivía mejor.

Tuve mucha suerte, pues mi compañera ha sido discretísima. Su dulzura y su conformidad consiguieron despertar en mi alma un hondo afecto, que era menos que amor y más que amistad. Cinco hijos, dos mujeres y tres varones, inundaron mi casa de muñecas y caballos, y entre mi madre, mi esposa y mis hijos, para el mundo he sido un hombre feliz, mientras que me he creído desgraciado.

Mi hermano mayor se estableció en La Habana, desde donde sostenía correspondencia con mi madre. Así pasaron dieciséis años. Por fin, una mañana entró mi madre en mi despacho, llorando; se sentó a mi lado, cogió mis manos entre las suyas y me dijo:

—Felipe, tu hermano Andrés se ha casado nuevamente. Quiere volver a su país; quiere que tú le perdones; quiere que yo sea la madrina de su primer hijo. Si él pecó, bastante castigado ha sido. El rencor es propio de almas ruines, y como tú eres bueno, no me podrás negar lo que voy a pedirte. Reflexiona que cuanto mayor es la ofensa, es más grande el que perdona. Tu hermano te escribe: lee.

Y me entregó una carta de Andrés, escrita con la mayor humildad. Acompañada de algunas líneas muy expresivas de su esposa.

Por un momento se me representó mi juventud, mi perdida felicidad, la perfidia de mi hermano; pero la entrada de una de mis hijas, que vino a referirme sus cuitas con motivo de haberle roto su hermano una muñeca, hizo olvidarme de mi agitación, y al sentarla en mis rodillas miré a mi pobre madre, que me suplicaba con sus ojos, y le dije:

—No puedo negarle a usted nada, madre mía. Cuando venga Andrés, iré con toda la familia al muelle, y nada le diré de lo pasado. ¿Está usted contenta?

La pobre me abrazó y me besó como si yo fuese un chiquillo: parecía loca de alegría. Un mes después llegó mi hermano a Sevilla, acompañado de su esposa.

Fuimos a recibirle. Cuando le vi, no le conocí: parecía un viejo setentón, y eso que aún no contaba cincuenta años. Yo, en cambio, tenía más de cuarenta, y nadie me echaba treinta. Al verle, me convencí de que en la culpa va la penitencia. Nos abrazamos fraternalmente. Mi madre, emocionada, nos estrechó a ambos en su seno, exclamando:

—¡Ahora ya no me importa morir!

La esposa de mi hermano a todos nos fué muy simpática: era uno de esos seres vividores que se granjean el cariño de todos.

Formamos todos, una sola familia. Mi cuñada Anita intimó mucho con mi mujer; mi hermano se convirtió en abuelo de mis hijos, y tanto los mimó, que al preguntarles quién era Dios, decían que su tío Andrés. Al ver aquel cuadro, sentíame conmovido, y decía para mí: Este hombre que hoy es la alegría de mi casa, fué ayer mi desgracia, la causa de mi locura y del perjurio de Lidia. ¡Pobre niña!... ¡Tan buena... tan hermosa!...

Seis meses después, se verificó el parto de Anita, que tuvo una niña preciosa: mi madre y yo fuimos padrinos. Se le puso por nombre Consuelo.

Desde el nacimiento de aquella niña me sentí feliz, sin explicarme la causa entonces; el inmenso vacío de mi corazón se llenó por completo con las inocentes caricias de la niñita mimada de todos.

Entre Consuelo y yo se estableció un cariño tal, que ni ella quería estar con nadie más que conmigo, ni yo gozaba con nada, sino teniéndola en mis brazos y llenándola de caricias y de besos. Seis años, fui completamente feliz. Lo que turbaba mi dicha era que mi sobrina aún no tenía dos años cuando ya me decía: «*¡Tío, quiero ir al cielo!* », frase que repetía con frecuencia, especialmente cuando por las noches fijaba su expresiva mirada en las estrellas.

De pequeña se crió robusta; pero al ir creciendo enflaqueció y se puso pálida. Sus grandes ojos adquirieron una expresión melancólica, y cuando comenzó a andar diríase que dejó de ser niña, convirtiéndose en mujer.

Yo, como médico, adivinaba el germen de una enfermedad incurable.

La hice pasar largas temporadas en el campo, al pie de la sierra, y prolongué sus días en la tierra cuanto la ciencia puede prolongarlos.

Dábamos largos paseos por la tarde, aún me parece verla con su vestido blanco y sus largas trenzas, pues tenía un cabello hermosísimo, que nunca permití se lo cortaran. Al regresar a casa solía detenerse mirando al espacio, a la vez que con la mayor dulzura me decía:

—Tío, quiero ir allá...

Y señalaba el horizonte.

—¿Pero no estás bien aquí? —le replicaba yo—; ¿no te queremos todos mucho?... ¿Qué deseas? Dímelo y te lo daré.

—No te enfades —añadía ella acariciándome—, yo no te puedo decir qué me falta, ni qué deseo... pero... ¡quiero ir al cielo!

Y como una luz que se apaga, se fué acabando la vida de Consuelo.

Predijo la hora de su muerte, sin equivocarse ni en un segundo; quiso que toda la familia rodeara su lecho; llamó a su padre y a mí, nos juntó las manos, y con una voz dulcísima que aún vibra en mis oídos, nos dijo:

—¡No me lloréis, porque me voy al cielo!...

Y quedó muerta con la suavidad de un pájaro que dobla la cabecita.

Sus padres se resignaron, pero yo estuve próximo a perder por segunda vez la razón. No podía acostumbrarme a su ausencia. Iba frecuentemente a visitar su sepultura, cuando un año después oí hablar de Espiritismo, y sin decir nada a mi familia, asistí a una sesión espiritista.

Evoqué mentalmente el espíritu de Consuelo, y los médiums empezaron a escribir. Una joven, al terminar, dijo sonriéndose:

—No entiendo lo que he escrito: no responde a las preguntas que se han hecho; es una comunicación de carácter íntimo, y hay un nombre desconocido.

—¿Qué nombre es ese? —pregunté con emoción.

—Lidia.

Al oír aquel nombre, no sé lo que experimenté; pero arrebaté a la joven el papel que tenía en la mano, y salí de la habitación llorando a lágrima viva. Dos amigos me siguieron, me calmaron, y cuando estuve tranquilo, uno de ellos me leyó la comunicación, y tantas veces la leí después, que quedó grabada en mi memoria. Decía así:

«¡Pobre alma enferma! ¡Calma tu impaciencia! Para que salieras de ese mundo limpio de pecado, volví a la tierra. ¡Ya has perdonado!... y perdonadas te serán tus culpas en el cielo, donde te espera el espíritu de tu — Lidia.»

No puedo describir la conmoción que experimenté: comprendí perfectamente que Lidia y Consuelo eran un mismo ser. Entonces comprendí y me di explicación racional del ciego amor que yo había sentido por

Consuelo. Sin necesidad de asistir a más sesiones, me convencí de que los muertos viven, y comprendí que estaba tan debilitado mi cerebro, que no le convenía recibir fuertes emociones. Pero desde entonces soy en secreto un convencido espiritista.

Clementina escuchó atentamente tan interesante relato y le sirvió de gran consuelo. Estudió luego las obras de Allan Kardec, y formó un grupo familiar, dirigido por el doctor Sánchez, el cual, siempre que tomaba el lápiz para ensayarse en la mediumnidad, trazaba las mismas palabras:

« ¡Quiero ir al cielo! »

30
EL ESPIRITISMO DEBE ESTUDIARSE

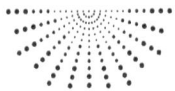

Quince personas nos reunimos una noche en Madrid, en el café del Siglo, y sólo éramos tres espiritistas: un médico, su esposa y yo. Los demás eran librepensadores, materialistas, ateos del todo. Riéronse grandemente del Espiritismo, diciendo un joven ingeniero, andaluz por más señas, y con mucha gracia:

—Señores, hoy he pasado un rato divertidísimo. Vino a verme un condiscípulo, y me dijo que se iba a Roma a cumplir una penitencia que le había impuesto un espíritu; y que quise, que no, me leyó una comunicación interminable. Nunca he oído una sarta de disparates semejantes. ¡Qué galicismos! ¡Qué anacronismos! ¡Qué metáforas! ¡Qué hipérboles! ¡Qué sintaxis tan admirable! Repito, señores, que es el escrito más estúpido que he oído en toda mi vida. Y lo que a mí me llama la atención es que este muchacho no es ningún tonto: en todas las asignaturas ha tenido la nota de sobresaliente, y no porque sus parientes se las hayan comprado, no, nada de eso; porque el pobre es sólo en el mundo y ha hecho su carrera con mil apuros. Yo hoy le miraba y decía en mi interior: ¿Si se habrá vuelto loco este muchacho?... Le hablé de varias cosas, y me contestó muy acorde, pero en seguida me volvía a hablar de sus espíritus, añadiendo que ve a su madre y a toda su parentela, y anunciándome que yo era uno de los elegidos, según le había dicho su espíritu familiar, e invitándole a prepararme para hacer grandes trabajos en pro del Espiritismo. Al oír tal desatino, no pude contenerme por más tiempo, me eché a reír a carcajadas; el pobre muchacho se amoscó, y se fue, diciéndome con entonación profética:

—¡Desgraciado! Tú huyes de la luz; ¡ay de los que prefieren las tinieblas!

—Sin duda —dijo el médico—, ese chico estará obsesado, y su espíritu obsesor le inspira esos papeles ridículos.

—¿Y qué es eso de obsesado?

—Según Allan Kardec, es la subyugación que ejerce un espíritu sobre un individuo; pero semejante dominación nunca tiene lugar sin participación del que la sufre, ya por su debilidad, ya por su deseo. Esos desgraciados también se llaman *poseídos*, pero no existen poseídos en el sentido vulgar de la palabra. La voz *poseído* debe sólo entenderse en el sentido de la dependencia absoluta en que puede encontrarse el alma respecto de espíritus imperfectos que la subyugan. Su amigo debe haberse dejado dominar por algún ser invisible, que se divierte con él, como un chiquillo con los soldados de plomo.

—No se ofenda usted, Aguilar, pero yo no puedo digerir que hombres formales como usted y otros muchos crean tan de buena fe en esos espíritus, en esas subyugaciones, en esas inspiraciones, en esos dictados de ultratumba, que para mí no son otra cosa que aberraciones del entendimiento humano.

Se acercó el brigadier Montero, hombre de pocas palabras, ilustrado, que se escuchaba siempre con respeto, y comenzó diciendo que, a su entender, antes de ridiculizar el Espiritismo, lo lógico era estudiarlo.

—¿Y quién pierde el tiempo en semejante tontería? ¿Quién cree en la otra vida, si sabemos hasta la evidencia, que muerto el perro...?

—Señores –replicó Montero—, ¿os acordáis de mi hija Julia? Creo que alguno de vosotros asistió a su entierro.

—¡No nos hemos de acordar? —contestaron varios—. ¡Qué lástima de muchacha! Ha sido una de las jóvenes más bellas que se han paseado en Madrid.

—¡Era un ángel!

—¡Una criatura adorable!

—Crea usted, señor Montero, que su hija vive en la memoria de cuantos tuvieron la dicha de tratarla.

—Pues bien, señores, aquella joven tan hermosa, tan noble, tan buena, ¡que fué el encanto de mi vida!... Se dejó dominar por un ser invisible, y desde que nació estuvo obsesada y se complació en vivir sujeta a una voluntad que no fué la de sus padres, ni la de sus hermanos, ni la de sus amigas, ni la del hombre que la quiso tanto, que al verla muerta perdió la razón. Estuvo dominada por un espíritu los veinte años que permaneció en la tierra, pero dominada en absoluto.

—¿Es posible? —dijo el ingeniero—. Crea usted, señor Montero, que su voto para mí es de gran valía, y quizá sea usted el único que me haría cambiar de parecer, si me diese explicaciones de lo que observó en su hija, ahora o en otra ocasión que crea usted más oportuna.

—Ahora es la mejor, porque cuando se tiene conocimiento exacto de la verdad, ésta no debe ocultarse. He oído cómo os burlabais del Espiritismo, y francamente, me duele ver hombres entendidos malgastando su tiempo en negar lo que no conocen.

Seis mil estrellas vemos en el cielo a simple vista, pero con el telescopio se ven cuarenta millones de puntos luminosos, sin contar las miríadas que escapan al objetivo astronómico.

En la gota de agua no vemos los millones de infusorios, pero con el microscopio los distinguimos. Ciegos son los que niegan la luz del sol.

Veinte años ha sido para mí la vida de mi hija un misterio enigmático. Cuando por quinta vez me dijo mi esposa que iba a darme un nuevo vástago, sentí, sin explicarme la causa, una emoción que no había sentido al nacer los otros cuatro hijos. Inés dio a luz a una niña preciosísima. ¡Y fué tan dócil, tan buena, tan cariñosa! Notamos todos los de casa que la niña siempre miraba a un punto fijo, se reía, agitaba las manos y hacía esfuerzos por trasladarse a aquel punto. La primera palabra que pronunció no fué la que dicen todos los niños, de papá o mamá; ella dijo: ¡*El nene, el nene!*, y siempre señalaba, como si viera a alguien.

Cuando la dejábamos en la cuna, se ponía de modo que siempre dejaba sitio desocupado para que se acostara otro, y cuando yo la levantaba, me decía muy contenta: « *El nene está aquí* »; y señalaba el lado que ella había dejado vacío. Transcurrió así su infancia. Todos los de casa nos convencimos que Julia veía a un ser invisible para nosotros; mi madre y mi esposa decían que veía al ángel de la guarda; pero yo, que entonces era materialista, creía que mi hija no tenía los cinco sentidos cabales, y la hice reconocer por algunos alienistas, que no hicieron más que admirar su precoz inteligencia.

Al fin, nos acostumbramos a aquel compañero invisible, que entonces en nada perjudicaba a mi hija, la cual, a los diez años, leía y escribía correctamente, tocaba el piano con verdadera inspiración, dibujaba admirablemente, y se convertía en maestra de sus hermanos mayores. Aprendió idiomas con pasmosa facilidad y lo mismo las labores más delicadas de su sexo. Influyó en mi modo de ser de tal manera, que yo mismo no me conocía. Llegué a convertirme en un amante de mi familia, yo que desdeñaba antes los goces del hogar, por mis aficiones aventureras.

Mientras ella vivió, fui feliz; lo único que me disgustaba, era cuando me hablaba de él, del ser invisible para nosotros y perfectamente visible para ella. A nuestras observaciones cuando le decíamos que su visión era ilusoria, nos persuadía de lo contrario diciéndonos: « Ese ser que vive conmigo, lo he visto en mi cuna, ha jugado conmigo, me ha facilitado mis estudios; por él sé mucho más que mis hermanos; él me habla de otra patria, de otra vida; le quiero con toda mi alma, cuando no le veo, sufro horriblemente; sin él no podría vivir. »

Yo pensé que casándola se le olvidarían las quimeras. La presenté en sociedad a los dieciséis años, causando admiración general, que aparte de su belleza y de su talento, cantaba como el ruiseñor, bailaba con suprema elegancia, y era amable y discreta como un ser ideal. Me pidieron su mano hombres de gran posición social, entre ellos el joven marqués de la Peña. Julia para todos tenía una sonrisa celestial, una frase encantadora; pero a nadie concedía una sola esperanza. Cuando yo la interrogaba al respecto, me decía:

—Papá, *él* no quiere que me case; *él* me quiere para sí, y a mí nadie me gusta sino *él*. ¡Si le vieras!... ¡Es tan hermoso!... Lleva una toga de terciopelo negro; tiene unos ojos... ¡Ah! ¡Unos ojos divinos! ¿Cómo he de querer yo a un hombre de los de aquí? Cesa en tus pretensiones; déjame que en la tierra viva para ti, para mi madre, para mis hermanos, para los pobres; pero no me unas a otro ser, que yo estoy desposada con *él* desde antes de venir a este mundo.

Yo, entonces, creía que mi hija estaba alucinada, y para ocultar lo que yo creía un defecto, me guardaba muy bien de decir a nadie las conversaciones que tenía con Julia, ni aún a su madre, y así vivimos hasta que cumplió veinte años. Un joven, oficial de artillería, se enamoró de mi hija con tal delirio, que me daba lástima; ella también le compadecía, y le distinguía con su amistad, y aun hubo momentos que le miraba de un modo muy expresivo; pero de pronto se entristecía, se ponía nerviosa; en estado violento, hasta concluir por llorar. Palideció, negóse a tomar alimento, debilitándose de tal modo, que no pudo dejar el lecho. Los médicos no pudieron definir su enfermedad. Muy tranquila y hasta risueña, me dijo el día antes de morir estas palabras:

—Papá, no te desesperes por mi partida. Soy un desterrado que vuelvo a mi patria. No sé cómo explicarte lo que pasa por mí, porque yo no me explico muy bien: tengo gran confusión en mis ideas. Si aquí tú eres mi padre, si aquí tengo familia, allá la tengo también. ¿Comprendes tú esto? Allá me esperan otros deudos, otros amores más puros que los de aquí. Yo vine a la tierra para pagarte una deuda, y he sido el ángel de tu hogar, por eso ahora *él* me espera, *él*, a quien he conocido antes que a ti; *él*, que es dueño de mi alma; ¡mírale cuán hermoso es! ¿No lo ves?

Y mi hija me indicaba que él estaba allí, junto a nosotros.

Yo, ignorante, creía que deliraba mi hija, por más que estaba acostumbrado a aquellas confidencias. Se despidió de todos nosotros; y, sonriendo dulcemente, reclinó su cabeza en mi hombro y quedó muerta sin agonía; la agonía fué para nosotros, que nos quedamos inconsolables. Mi madre, de edad avanzada, murió del sentimiento, y mi esposa, desde entonces, no ha tenido un día bueno. A mí no me ha costado la vida, porque sé que volveré a verla.

La formal declaración de Montero causó profunda sensación en sus oyentes, tanto, que muchos de aquellos incrédulos estudiaron el Espiritismo, y hoy, no sólo son adeptos, sino entusiastas propagandistas. Llamándole aparte, le dije yo:

—Señor Montero: mañana hemos de hablar ambos.

31
ESTUDIOS SOBRE EL ESPIRITISMO

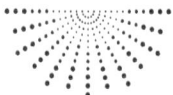

En mi artículo dedicado al estudio del Espiritismo por boca del brigadier Montero, quedábanme algunas dudas por aclarar y esperé impaciente la visita de mi amigo, el cual vino a verme a la hora que yo le había citado.

No bien hubimos tomado asiento, le interrogué, diciéndole:

—¿Cómo y cuándo empezó usted el estudio del Espiritismo?

—Del modo más sencillo. Como cuando uno tiene una pena se consuela hablando siempre de lo mismo, yo contaba la muerte de mi hija a todo el que me quería escuchar, y cuando no encontraba a ningún amigo, me iba a los cuarteles, les daba cigarrillos a los soldados, y repetía mi relación. Un día fui al cuartel de San Mateo, me puse a hablar con dos tenientes, en ocasión que estaba allí el asistente de uno de ellos, el cual, al oír que yo hablaba de un ser invisible, se acercó a mí y me dijo:

—Señor, se conoce que esa señorita estaba obsesada. ¡Qué lástima!... Esas subyugaciones son terribles...Mi hermano murió de eso.

Ya comprenderá usted, Amalia, que al oír semejantes palabras, cogí a aquel pobre muchacho por mi cuenta y no le solté hasta que me dio algunas explicaciones acerca del Espiritismo. Hice que me acompañara a casa de un espiritista, hombre entendido por cierto, a quien conté mi tragedia. Diome libros, los leí y me convencí plenamente de que mi hija había estado subyugada por un espíritu, y para más pruebas he recibido comunicaciones por conducto de un amigo mío, en las cuales me ha dicho que sobre el espíritu obsesor que persiguió a Julia pesa una gran responsabilidad, por haber creado obstáculos a mi hija en el cumplimiento de su misión terrestre, impidiéndole formar familia e impulsándola al suicidio.

¡Ah! Si yo entonces hubiera comprendido lo que comprendo ahora, no hubiera dejado a mi hija entregada a las influencias de su obsesor: mi ignorancia le dejó en completa libertad, y escarmentado como estoy, al oír cómo se reían mis amigos ayer de ese muchacho que quiere ir a Roma porque se lo manda un espíritu, no pude menos que decirles: «¡Alerta!, amigos míos: eso no es cuestión de risa, el Espiritismo debe estudiarse: hay muchos que pasan por locos y no son sino obsesados.»

—Entonces —le dije yo—, ¿el Espiritismo produce en algunos hombres la locura?

—Según dice Kardec, y yo estoy conforme con él, no debe confundirse la *locura patológica* con la *obsesión*; ésta no procede de ninguna lesión cerebral, sino de la subyugación ejercida por los espíritus maléficos sobre ciertos individuos, y tiene a veces las apariencias de la locura propiamente dicha. Esta afección es independiente de la creencia en el Espiritismo, y ha existido en todos los tiempos. En este caso, la medicación ordinaria es impotente y hasta nociva. Haciendo conocer esta nueva causa de turbación en la economía, el Espiritismo da al mismo tiempo el medio de curarla, obrando, no en el enfermo, sino en el espíritu obsesor. Es el remedio y no la causa de enfermedad. Estoy, como he dicho antes, muy conforme con los razonamientos de Allan Kardec, y deseo que se me presente a ese chico que está obsesado, para ver si puedo evitar su perdición.

—Hará usted una buena obra. Yo también acepto esas ideas del maestro Kardec.

—Indudablemente, la obsesión hace numerosas víctimas, y el Espiritismo, bien comprendido, es el arma más poderosa para combatir y vencer a esos enemigos invisibles. La mayor parte de las obsesiones, somos nosotros los que las sostenemos, por nuestras debilidades en no combatirlas valientemente. Por eso creo que el Espiritismo debe estudiarse profundamente. Sus enseñanzas nos demuestran que el espíritu es el árbitro de su destino, que si es activo, laborioso, humilde, resignado, emprendedor y generoso, aun en medio de las mayores privaciones encuentra siempre ese placer íntimo que nos brinda la tranquilidad de la conciencia.

Yo lo sé por experiencia propia. Antes de ser espiritista, mi idea fija era morir, pensando que donde no hay sensación, no hay agonía; y el que sólo piensa en morir, no se ocupa de su progreso. ¿Para qué? Y desde que estudio el Espiritismo, sólo pienso en trabajar, en ilustrarme más y más, en progresar.

Si alguna vez mi espíritu decae, si por un instante me asusta la idea de la eternidad, es un desfallecimiento momentáneo; el progreso indefinido, como sol refulgente, me atrae con su calor y con su luz; mi espíritu se vivifica; pienso en los héroes que ha tenido la humanidad, en las almas grandes que se han consagrado a la defensa de los débiles, y digo: « No hay elegidos por Dios: todos los hombres son llamados para el renacimiento y engrandecimiento de los pueblos; ningún obstáculo insuperable nos impide llegar a ser grandes entre los grandes, buenos entre los buenos, sabios entre los sabios. Adelante, pues; sin lucha no hay victoria; luchemos y venceremos. El Espiritismo es salud para el alma y para el cuerpo. »

Yo escuchaba al señor Montero con el mayor placer y veíale transformado en paladín del ideal más hermoso y más consolador del mundo. Para sacar más oro puro de aquella mina que se abría a mis ojos, brindándome con sus riquezas intelectuales y morales, le hice multitud de preguntas, que fueron contestadas con una lógica y una erudición que me dejaron admirada.

Hícele ver que el Espiritismo era muy combatido por sabios adversarios, y el señor Montero, ebrio de satisfacción por declamar en pro de las creencias ultraterrestres, dijo así:

—Ansiosos los enemigos del Espiritismo de acumular argumentos para poder combatir los principios fundamentales en que se apoya, afirman que la reencarnación no es un pensamiento nuevo, puesto que se encuentra ya admitido en los libros sagrados de la India.

Las ideas verdaderas nada pierden con el tiempo, y la ciencia, cuando más, las despoja de la envoltura grosera que las revestía en los primeros momentos de su aparición.

La vida de un hombre es muy corta para poder llegar, siguiendo el áspero camino de la ciencia, a la cumbre del saber. La idea, pues, de la reencarnación no la despierta plagiando el Espiritismo; la recoge en su principio verdadero y lo explica racionalmente.

Cuando el alma, desembarazada de ciertas preocupaciones, extienda sus alas para ir en busca de datos históricos; bajo el polvo que cubre a los antiguos pueblos, el origen del progreso moderno encuentra la aplicación de un fenómeno que se reproduce en todas las épocas con admirable regularidad: el espíritu de las civilizaciones no muere, lo transmiten unas a otras, aunque transformado, para venir de nuevo a ejercer su acción en una esfera mucho más dilatada, con formas siempre más esplendorosas y brillantes.

Bajo las bóvedas de nuestras magníficas catedrales, se oyen aún, envueltos entre las dulces armonías que produce el órgano, los ecos de aquellos coros con que los paganos festejaban, en las grandes Donisíacas, a la diosa que simbolizaba la sabiduría.

Los griegos recibieron del Egipto los rudimentos de la ciencia, pero no admitieron sus costumbres, porque conocieron que, para que el hombre pudiera hacer uso de sus derechos, había necesidad de quebrantar las ligaduras que oprimían el cerebro de aquel pueblo estacionado. Los romanos, que estuvieron en Atenas a estudiar sus leyes escritas sobre cilindros giratorios, las ampliaron y perfeccionaron de tal manera, que hoy continúan siendo el principal fundamento de la legislación europea.

El progreso es un legado que pasa de unas generaciones a otras, siempre más rica en la última generación que la recibe.

Como si la ciencia fuera una deidad, un fuego sagrado cuya llama no pudieran alimentar manos profanas, permaneció largos siglos bajo la exclusiva custodia del cuerpo sacerdotal. Sólo un corto número de iniciados tenía el privilegio de penetrar los grandes misterios del saber.

El Espiritismo, que responde a la ley y al hecho del progreso, considera todas las religiones como accidentes históricos, y aspira a romper con todos los errores para levantar un solo templo a la gloria de la verdad.

Todos esos genios que adelantándose a su época han aparecido en el mundo para señalar a las generaciones el derrotero que debían seguir en su larga y fatigosa peregrinación, han venido siempre rodeados de una aureola semidivina para impedir que a ellos pudieran llegar las miradas investigadoras del profano. Pero esto no basta ya para detener al hombre. Despiértase, al fin, su curiosidad: quiere saber, quiere comprender; rasga con mano osada los velos que ocultan los misterios religiosos, y su fe se desvanece, porque en vez de hallar a Dios, encuentra sólo al hombre divinizado.

La generación actual, que siente germinar en su seno la doctrina salvadora espiritista, que ha de traer al mundo una creencia común, comienza a descartar del dogma los principios inconciliables con la razón.

Hoy todo se agita, todo gira en confuso tropel; todo marcha en continua actividad hacia un fin desconocido; la humanidad, como si se hallara bajo la formidable acción de esas fuerzas que producen en la Naturaleza los grandes cataclismos, avanza, y en su rápida carrera descubre nuevos y dilatados horizontes; y vislumbrando allá, en lejano porvenir, el cumplimiento de consoladores presentimientos, entrevé la hermosa imagen del hombre regenerado.

Entre tanto, la teocracia, que contempla roto a sus pies su cetro de hierro, que jamás perdona al audaz innovador que se atreve a profanar con su mano el arca santa donde se guardan encerrados los caducos principios de su fe; que en lugar de favorecer el desenvolvimiento gradual del progreso, pretende sujetar la razón a la ley inexorable de la autoridad; que para gobernar eternamente al mundo quiere que eternamente se acomoden nuestras acciones a fórmulas sacramentales; la teocracia, en fin, que dejando un vacío en la conciencia, busca la manera de impresionar fuertemente los sentidos por medio de grandes espectáculos, desconoce que sólo por medio de la caridad, como manifestación práctica del amor universal, pueden cicatrizarse las profundas llagas abiertas por el egoísmo en las sociedades humanas.

El Espiritismo, siguiendo en su curso a la humanidad, lejos de hacerla retroceder, intenta franquearle las vías por las cuales saldrá del estancamiento propio de las antiguas exclusivistas creencias.

El brigadier Montero calló y yo le estreché las manos con muda emoción, después de escuchar sus elocuentes párrafos, que eran para mí un himno cantado al Espiritismo.

He copiado las palabras dichas por el orador; pero en la fría escritora no se puede recoger el tono de la dicción, el alma del discurso, el fuego de la peroración.

Yo miraba embelesada cómo hablaba Montero, poniendo en sus frases la pasión ardiente del convencido y los fulgores del entusiasmo, que irradiaban sus ojos al levantar la frente cuando acentuaba con fuerza las palabras que a mí me parecían verdades de un evangelio nuevo, jamás modulado por boca humana.

¡Es que el Espiritismo trae en sus alas una oratoria luminosa y radiante!

32
FLOR AZUL

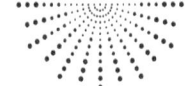

I

¡Cuán cierto es que, en algunas ocasiones de la vida, la palabra más insignificante, el suceso más sencillo, despierta en nosotros un mundo de recuerdos! En mí misma lo acabo de experimentar. Hojeando unos periódicos de América, me fijé en el anuncio de una nueva tienda de modas, que decía así: *A la Flor Azul*. Al leer este nombre, me estremecí involuntariamente: mis ojos se humedecieron sin que hiciera el menor esfuerzo, y murmuré: « ¡Pobres seres! ¡Cuánto sufrieron! »

Permanecí largo rato coordinando recuerdos, e indudablemente algún amigo invisible me ha ayudado en mi trabajo, porque salvando una gran distancia, un buen número de años, me he hallado como por encanto en el lugar de la acción donde se desarrolló uno de los dramas que, pasando inadvertidos para el mundo, no por eso dejan de producir honda impresión en aquellos que tomaron parte en sus múltiples escenas, y hasta en los espectadores pasivos que miraron su desenvolvimiento y presenciaron su desenlace.

Conocí en Madrid, hace mucho tiempo, a un pobre memorialista muy desgraciado y digno de mejor suerte, por su buen corazón, por su conformidad y su fino trato. Vivía en compañía de su abuela, anciana octogenaria, que a pesar de sus ochenta inviernos, cuidaba a su nieto y procuraba hacerle menos penosa su triste existencia. Anselmo era un hombre de unos cuarenta años, de figura distinguida, finos modales, revelando su mirada tan profundo abatimiento, que al verle se ponía triste todo el que tuviera el corazón sensible. Cuando no estaba ocupado en su trabajo, quedábase como en éxtasis, con la mirada perdida en el aire, los codos apoyados sobre la mesa, descansando la barba entre las manos, en cuya posición se estaba horas y, horas, según me contaba su abuela, la señora Rita.

A todos los vecinos de la calle inspiraban simpatías aquellos dos seres, que a pesar de vivir en la mayor miseria, siempre socorrían a esos pobres niños callejeros que se encuentran en el mundo sin saber a qué familia pertenecen.

La señora Rita hacía medias para todas las vecinas del barrio, con tal celeridad, que llamaba la atención, y nunca le faltaba trabajo ni buen humor para contar chascarrillos; así es que en su pobre morada en particular por la noche, siempre había tres o cuatro mujeres y grupos de chiquillos, ansiosos de que la buena anciana les contara cosas.

Anselmo, separado de su abuela por su viejo biombo, permanecía sentado junto a su pobre mesita, en espera de sus parroquianos, y raras veces abandonaba su puesto, prefiriendo su soledad a la alegre conversación de las tertulianas de la señora Rita.

Algunas veces que pasaba yo un ratito hablando con la viejecita, solía tomar parte en nuestro diálogo, y cuando esto sucedía, la señora Rita se ponía contentísima, porque todo su afán era ver a su nieto distraído. Con frecuencia me decía:

—No sé qué haría yo para quitarle esa tristeza que le consume.

—¿Y siempre ha tenido ese carácter? — Le pregunté.

—No sé: es una historia muy larga: un día se la contaré

II

Una noche, mientras hablaba con Anselmo y su abuelita, llegó un muchacho, hijo de un herbolario, con muchas tiras de papel blanco, en las cuales quiso que el memorialista escribiera ciertos nombres con letra clara, para que se leyeran bien. Como no se trataba de secretos, y además hacía frío, Anselmo no pasó a su despacho, y en la mesa que les servía para comer se puso a escribir los nombres que el chico le iba dictando, nombres de hierbas y flores medicinales. Llegaron a la última tira, y dijo el muchacho:

—No me acuerdo bien del nombre; pero ponga usted *Flor Azul*, que ya sabemos en casa lo que es.

—¡*Flor Azul*! —gritó Anselmo, levantándose maquinalmente y dejándose caer de nuevo, pálido como un cadáver.

—Vete, muchacho, vete... —añadió con voz trémula—, yo no escribo ese nombre.

Y cubriéndose el rostro con las manos, comenzó a sollozar, reprimiéndose primero; pero su emoción aumentaba, y concluyó por lanzar gemidos. El chico se quedó como quien ve visiones, y la señora Rita, con su dulzura habitual, acompañó al muchacho hasta dejarle en la calle; después volvió, tocó en el hombro a su nieto y le dijo:

—Vaya, hombre, que no hay para tanto.

Anselmo levantó la cabeza y me sorprendió la expresión de su rostro: la vida irradiaba en sus ojos negros. En aquellos instantes, no revelaba aquel profundo desaliento, aquella tristeza acostumbrada, sino que, muy al contrario, sus mejillas, siempre pálidas, estaban ligeramente sonrosadas; su frente cubierta de sudor; hasta sus cabellos lacios, parecía que habían adquirido vida. Era otro hombre. Miró a la pobre anciana con enojo y le dijo con voz alterada:

—¿Cómo tiene usted valor de decirme que no hay para tanto? ¿Usted sabe cómo yo vivo? ¡Si mi vida es horrible!... ¡Si mi desesperación es espantosa!... ¡Sí en mi corazón hay un volcán que me consume!... Si yo no puedo explicar cómo vivo, y oculto de continuo mi dolor... ¡Que no hay para tanto!...

La señora Rita, por toda contestación, se dejó caer en la silla y se puso a llorar. Anselmo, en cuanto vio su llanto, se dominó y díjole dulcemente:

—Perdóneme; no sé lo que me digo: no me haga caso.

No hay situación más embarazosa que cuando uno sirve de espectador en esos dramas íntimos. No se sabe qué hacer: si uno se queda, cree que estorba; si uno se marcha, parece que no toma interés en las penas de sus amigos. En ese estado me hallaba viendo a Anselmo, que comenzó a pasearse, y a la señora Rita sumergida en tristes meditaciones. Por fin me levanté, y Anselmo, comprendiendo mi intención, me dijo con acento suplicante:

—No se vaya usted, que no nos molesta; al contrario, si quisiera quedarse a cenar con nosotros, se lo agradecería más de lo que usted puede imaginar. Yo necesito hablar, contar mis penas. Hay momentos que si el hombre no hablara se asfixiaría, y esta noche me encuentro en ese estado: el peso enorme de mis recuerdos me agobia hasta el extremo de no poder yo solo llevar tanta carga. Ayúdeme usted, Amalia, amiga mía.

La señora Rita unió sus ruegos a los de su nieto; se levantó diligente, preparó la cena, cerraron la puerta para que nadie nos molestara, y nos sentamos a la mesa.

Pocos eran los manjares, pero aún sobró más de la mitad, porque Anselmo estaba demasiado agitado, y su abuela intranquila. Terminada la cena, nuestro amigo comenzó de esta manera su relato:

III

—Los que sufren se entienden fácilmente; y como usted no es dichosa, habrá comprendido que yo vivo sin vivir.

—Ciertamente, más de una vez se lo he dicho a su abuela, y ella me contestaba: « Es una historia muy larga de contar. »

—Tiene razón que es muy larga; no le contaré más que el resumen, para que vea usted que no soy ningún loco, ya que por tal pudiera tomarme después de la escena que presenció hace poco.

Si pudiera creerse, como algunos aseguran, que el alma vive siempre, y que muchas veces viene a la tierra animando distintos cuerpos y haciendo diversos papeles en la comedia humana, yo diría que los individuos de mi familia habían sido enemigos unos de otros en existencias anteriores, habiendo venido con resabios de sus antiguos odios en su última existencia. Mis familias paterna y materna vivían en guerra continua: mi madre se casó a disgusto de sus padres; mi abuelo la maldijo, y mi pobre abuela, aquí presente, siguiendo entonces la corriente de las circunstancias, y para evitar disgustos, me negó, cuando vine al mundo, sus cariñosos besos. Casi puedo decir que ni los de mi madre recibí; pues, en continua guerra con mi padre, le abandonó cuando yo contaba seis u ocho meses.

El autor de mis días me miró más bien como un estorbo que como un hijo: sólo una hermana suya se compadeció de mi orfandad, me llevó a su casa, donde vivía con otro hermano sacerdote, mientras mi padre se entregaba por completo a su trabajo favorito, a conspirar, lo que le valió estar casi siempre encarcelado.

Mi tío me educó a su manera. Empeñóse en que siguiera la carrera, eclesiástica, y a los dieciocho años estaba yo tan entusiasmado con mis estudios, que ya me veía con la mitra de obispo o el capelo de cardenal. De mi madre nada se sabía: mis tíos hablaban de ella como de un diablo escapado del infierno.

Una tarde, mientras con otros compañeros de estudios paseábamos por el campo, vimos en las afueras de la Puerta de Toledo un gran corro de gente alrededor de un charlatán que anunciaba los maravillosos ejercicios que iba a ejecutar *Flor Azul* en la cuerda. Nos abrimos paso hasta colocarnos en primera fila, y se presentó ante mis ojos un cuadro que nunca olvidaré. Una mujer de edad regular, vestida de titiritera, acompañada de dos payasos; un hombre disfrazado de moro, de rostro repulsivo, agitaba un látigo, con el cual más de una vez cruzaba el rostro de aquellos desgraciados. Sentada sobre un tambor, había una niña de catorce años, de extraordinaria belleza: mis compañeros y yo quedamos encantados admirando aquella figura verdaderamente celestial: parecía una víctima esperando el momento del sacrificio: tan triste y tan desconsolada era la expresión de sus grandes ojos azules.

Al fin llególe su turno, y la pobre niña comenzó a trabajar en dos cuerdas y a dar saltos mortales con admirable ligereza: el público aplaudía frenéticamente, y *Flor Azul* se veía obligada a repetir sus saltos. La infeliz estaba cansada; pero el moro le daba un latigazo en las piernas cuando la pobre niña se disponía a bajar, obligándola a trabajar de nuevo. Indignáronse unos, aplaudieron otros; y en medio de estas opuestas manifestaciones del público, hubo de darle un vértigo a la pobre niña, que desde considerable altura cayó en tierra sin lanzar un solo grito.

La titiritera que antes había trabajado, se lanzó sobre ella, exclamando:

—¡Hija mía!...

Pero el moro la separó bruscamente, diciendo.

—Ya se levantará, que es una perezosa; arriba, señorita, arriba...

Y como la niña no se moviese, agitó el látigo sobre la infortunada víctima. Ante proceder tan cruel, no sé qué sentí, pero me lancé al centro del círculo, seguido de mis compañeros, y cogí en mis brazos a *Flor Azul*, que estaba sin sentido. El pueblo, siempre impresionable, al ver mi acción, se puso en contra de aquel hombre sin alma, que trataba a aquellos infelices lo mismo que si fueran fieras, y la indignación subió de punto viendo que con bruscos ademanes intentaba arrebatarme a la desmayada niña, que yo defendía entre mis brazos.

No puedo explicar el tumulto que allí se armó, porque todo mi afán fué llevarme a *Flor Azul*. Dos de mis compañeros y varias mujeres me ayudaron en mi humanitario empeño, y subiendo a un coche la llevé al hospital, donde yo tenía muchas relaciones, por mi tío. La infeliz se había fracturado ambas piernas. Cuando recobró el sentido, y se vio en un lecho rodeada de gente extraña, lo primero que hizo fué juntar las manos en actitud suplicante, diciendo:

—¡Señores! ¡Tened compasión de mí! ¡No me entreguen al señor Monín, que me mataría!

Tal horror le causaba su brutal dueño y los bárbaros ejercicios en que la ocupaba. Y sin proferir una queja, dejó obrar a los médicos, que le hicieron la primera cura maravillados del valor de una niña tan débil, tan desgraciada y tan hermosa...

A este punto del relato, Anselmo prorrumpió en sollozos y le era imposible continuar su narración. La viejecita me tocó en el hombro, y haciéndome una seña, salimos del aposento, y me dijo tristemente:

—Vuelva mañana, Amalia; mi nieto la necesita para desahogar su pecho con usted; pero hoy está imposible.

Y nos despedimos para el día siguiente.

33
EN CASA DEL MEMORIALISTA

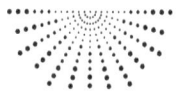

No falté al día siguiente a casa de Anselmo el memorialista, a la hora del día anterior, donde me esperaban con impaciencia, para cenar juntos la abuela, el nieto y yo. Para reanudar la historia de *Flor Azul*, pregunté a Anselmo:

—Y los titiriteros, ¿no reclamaron a la pobre niña, de las piernas fracturadas?

—¡Qué la habían de reclamar! ¿No ve usted, que comprendieron que *Flor Azul* revelaría su inicuo proceder, por el cual hubieran sido condenados a presidio?

Yo sí que los busqué; hice que la policía siguiera su pista, pero todo fué inútil. Para no cansarla, abreviaré mi relato y le diré que *Flor Azul* estuvo cuatro meses en el hospital, dos entre la vida y la muerte, perjudicándola muchísimo el miedo de que el señor Morán fuera por ella. De su madre no hablaba mal, al contrario, la compadecía; pero en hablando de él, se horrorizaba y horrorizaba a los demás la relación de los martirios que la había hecho sufrir.

Mi tío, el deán, se interesó por mi protegida, de tal manera que durante su estancia en el hospital no le faltó nada; y como era tan simpática y tan cariñosa, todos la querían. El día que abandonó aquel triste asilo, las hermanas de la caridad, los médicos, los practicantes, las enfermas y los empleados, todos la despidieron con inequívocas muestras de cariñosa estimación.

Cuando *Flor Azul* se vio dentro del coche con mis tíos y conmigo, para venir a pasar la convalecencia en nuestra compañía, su gozo fué extraordinario; y cuando se vio dentro de casa y supo que no saldría nunca sola, nos demostró su gratitud de una manera verdaderamente conmovedora.

¡Qué días aquellos, tan hermosos! Nuestra casita se convirtió en un paraíso. *Flor Azul* en poco tiempo recobró la salud y la agilidad. Mi tío estaba encantado con ella; mi tía lo mismo; y yo era tan feliz, tan completamente dichoso, que hasta me causaba miedo tanta felicidad.

Por aquella época vino mi padre, que al ver a *Flor Azul* quedó hechizado como los demás, y preguntó a su hermano qué pensaba hacer de aquella niña.

—No sé —dijo mi tío—; desde que la vi hice el propósito de consagrarla a Dios, y sigo en la misma idea; pero te confieso que ya siento separarla de mi lado. No puedes formarte idea de su bondad, de la dulzura de su carácter y de su aplicación al estudio. La pobrecita no sabía nada, y yo me complazco en instruirla.

—Pues no te desprendas de ella —dijo mi padre—. Hazte cargo que tienes una hija; mañana la casas, y tendrás chiquillos que arranquen las hojas de tu breviario.

Yo, que amaba a *Flor Azul* con toda mi alma; que desde el momento que la vi no podía estudiar, porque sólo veía en mis libros su imagen y su nombre; aprovechando la disposición de ánimo de mi padre, les dije que quería confesarles un secreto. Entonces les participé cuanto sentía. Mi padre me apoyó fuertemente, pues no gustaba que yo siguiera la carrera de la Iglesia, y mi tío se dejó convencer después de muchos ruegos. Corrí como un loco a decirle a *Flor Azul* que ya no sería sacerdote y que cuando fuera un buen maestro me casaría. La niña me miró, preguntándome con sus ojos quién sería la elegida de mi corazón. Yo nada le dije, pero ella me comprendió, pues la vi palidecer y ruborizarse y juntar sus manos, como quien da gracias a lo desconocido.

¡Ay, Amalia, amiga mía! Cinco años viví en el cielo de mis amorosas ilusiones. *Flor Azul*, sin embargo de haber pasado su infancia entre el cieno, a semejanza del armiño pasó sobre el lodo sin mancharse. ¡Era un ángel! Su alma, completamente virgen, no amó a nadie en el mundo más que a mí, y su inteligencia, que había permanecido inactiva, se despertó al suave calor de la educación. Mi tía le enseñó las labores y ocupaciones femeninas. De su pasado no conservó *Flor Azul* más que un invencible temor de que pudieran un día robarla sus antiguos verdugos. Vivía exclusivamente para nosotros, y su hermosura aumentó con el desarrollo de su inteligencia y la posesión de la felicidad.

Cinco años transcurrieron, después de los cuales, viendo mis tíos que la niña era ya mujer y que yo ganaba lo suficiente para vivir en familia, resolvieron casarnos. Se preparó todo para la boda, y una hermosa mañana de primavera nos fuimos temprano a la iglesia, donde mi tío nos dio la bendición. Acto continuo subimos a un coche, acompañados de dos familias amigas, dirigiéndonos a una casa de campo, donde pasamos el día alegremente. Por primera vez, *Flor Azul*, apoyada en mi brazo, me habló de las dulcísimas esperanzas que abrigaba para el porvenir; me contó todas las impresiones que había sentido desde el momento en que me vio; me abrió su virgen corazón, y leí en él mi nombre, grabado con caracteres indelebles.

¡Cuán hermosa estaba *Flor Azul* sin más galas que su maravillosa hermosura! Porque, humilde y modesta, no permitió que se hiciera ningún gasto: un vestido blanco de muselina, el mismo que le sirviera para su primera comunión, constituía todo su adorno.

A las cinco de la tarde —nunca lo olvidaré—, llegó el sacristán de la parroquia de mi tío, diciéndole que fuera inmediatamente, que una moribunda reclamaba sus auxilios.

Este incidente nos contrarió a todos, y se concluyó la fiesta, yéndose mi tío con el sacristán y retirándonos nosotros a casa, en compañía de los convidados, que no tardaron en despedirse y retirarse a las suyas. Pero transcurría el tiempo, y mi tío no regresaba.

Ya mi esposa y yo estábamos inquietos por la tardanza, y hasta mi padre estaba contrariado, cuando llegó el sacristán diciéndonos que nos fuéramos con él mi padre, mi esposa y yo, que era indispensable nuestra presencia cerca de la moribunda.

Flor Azul se abrazó a mí diciendo:

—No sé qué tengo: creo que voy a perderte.

Yo también, sin poder explicar la causa, tenía miedo.

Mi padre fué el único que se quedó sereno y nos dijo:

—Si no fuera porque mi hermano es un santo y se lo merece todo, os aseguro que no iríamos; en fin, el mal camino andado pronto; vamos, muchachos, seguidme.

Y se fué delante, con el sacristán. Yo le seguí, llevando a mi esposa casi a remolque: la infeliz, apoyada en mi brazo, murmuraba a mi oído:

—¡Creo que voy a perderte!... y si te pierdo, me moriré; ¡sin ti no quiero la vida!

Los temores de ella iban aumentando los míos. No tuvimos que andar mucho; pronto llegamos a la casa, que era de pobrísimo aspecto.

Cruzamos un patio; el sacristán empujó una puerta y entramos en un chiribitil húmedo y sombrío. Mi tío estaba séntado junto a un lecho miserable, en el cual se veía, entre harapos, una figura humana. Aquella forma, al vernos, se incorporó y lanzó un grito llamando a mi padre. Éste se acercó a la enferma, la contempló un instante, y luego, volviéndose a mí, me dijo con voz trémula:

—¡Abraza a tu madre!

Yo no sé qué sentí, si gozo o terror; no tuve tiempo para distinguirlo, viendo a mi madre coger de la mano a *Flor Azul* y oyendo que le decía:

—¡Hija mía!... ¡Tú eres mi hija!.. ¡Perdona a tu pobre madre!...

Y expiró...

Anselmo, abrumado por sus recuerdos, quedó sumido en triste meditación. Ni su abuela ni yo nos atrevimos a interrumpir, hasta que él reanudó su relato, diciendo:

—Si alguna vez he deseado la muerte, y que la tierra nos tragase a todos, fué aquella noche. No sé el tiempo que permanecimos sin decir una palabra, sin respirar. *Flor Azul*, como un lirio tronchado, cayó junto a su madre; mi tío quedó clavado en su silla, transido de dolor; mi padre, iracundo y amenazador, miraba a la muerta, murmurando palabras incoherentes; y yo no sé lo que pensaba, pero veía mi felicidad destruida, porque *Flor Azul*, siendo mi hermana, no podía ser mi esposa. Hay momentos en que la locura es un bien inapreciable: en aquel instante yo deseé perder la razón o la vida; pero no fui digno de tal merced, si bien tuve el consuelo de no ver sufrir a mi hermana, porque la luz de su inteligencia se apagó por completo. Cuando volvió a la vida de relación, una sonrisa estúpida se dibujó en sus labios, nos miró y entonó una canción que nunca le habíamos oído.

Seis meses vivió así, durante los cuales mi tío envejeció por veinte años. Mi padre nos dejó de nuevo y yo recibí el último suspiro de *Flor Azul*, que se fué apagando como una lámpara sin aceite.

—¿Y no recobró la inteligencia?

—No; y me alegré con toda mi alma, porque así no padeció. Cuando la dejé en la sepultura, me entregué a una muda desesperación, y lo que es peor, al vicio de la embriaguez, para olvidar... Mi tío, cansado de sufrir, quiso mudar de vida y se fué a su pueblo natal con su hermana, adonde yo no quise seguirle. Por entonces murió mi abuelo materno, y esta pobre anciana, al ser dueña de sus acciones, me buscó, y gracias a sus consejos y a sus ruegos y súplicas, perdí el vicio de la bebida, que me perjudicó muchísimo en mi carrera, a causa de la fea reputación que adquirí. En los buenos colegios donde daba lección, me cerraron las puertas, y descendiendo en la escala social, me hundí en la miseria en que usted me ve. Hoy no tengo vicios, pero como nada me une a la vida, no doy ni un solo paso en mi mejoramiento; espero la muerte como único consuelo, y creo que no me he dejado morir, por esta pobre anciana.

—¿Y por qué no ha tratado usted de crearse una familia? Aún es joven, y el amor de los hijos habría podido trocar su desesperación en dulce tranquilidad.

—No se ama más que una vez en la vida, y yo di a *Flor Azul* toda la ternura de mi alma.

Me inspiró tanto afecto y respeto el pobre memorialista, que traté de iniciarlo en el Espiritismo, por ver si hallaba consuelo en nuestra doctrina. A los pocos días, después de leer las obras de Allan Kardec, me decía Anselmo conmovido:

—Amalia, sería un ingrato si no le dijera que le debo más que la vida, pues hoy creo en la supervivencia del alma. *Flor Azul* se ha comunicado conmigo, no me cabe duda; lea usted.

Y me entregó un papel lleno de manchas azuladas: las lágrimas del pobre Anselmo habían indudablemente caído sobre las letras. Era una comunicación ternísima y conmovedora, que terminaba con estas palabras:

« Los dos hemos faltado a la ley suprema, y por esto, al acercar nuestros labios a la copa de la felicidad, los lazos humanos nos impidieron formar divinos lazos de amor: que no merecían ser dichosos los que un día menospreciaron el amor y la justicia.

»Nuestros espíritus hace muchos siglos que se aman. El día de las almas es eterno... Después de algunas existencias expiatorias, realizaremos nuestro hermoso sueño. ¡Espérame!, que también te espera en el espacio, *Flor Azul*. »

Cuando conocí a Anselmo, que no tenía ninguna creencia, inspiraba profunda compasión; y cuando se entregó de lleno al estudio de la filosofía espirita, si no era feliz, estaba muy lejos de ser desgraciado, pues tenía la certidumbre de que no estaba solo en la tierra, que le amaba y le protegía desde ultratumba el ángel de sus amores, su inolvidable *Flor Azul*.

34
EL TODO DE LA VIDA NO ESTÁ AQUÍ

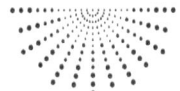

Muchos son los librepensadores que aseguran fríamente que todo acaba cuando muere el hombre: los que así hablan y piensan, puede decirse que son ciegos de entendimiento, por ilustrados que parezcan, y gustan de encerrarse en una negación sistemática, hija casi siempre del orgullo.

No siguen el consejo del filósofo indio, del sabio Nadara, que decía: « Es preciso estudiar para saber; saber para comprender, y comprender para juzgar »; y mal puede saber ni comprender el que juzgando únicamente por lo que tiene ante sus ojos, dice: Toda la vida está aquí.

Fatal costumbre es la de juzgar sin tomarse el trabajo de conocer lo que se juzga. ¡Cuántos espíritus se estacionan! ¡Cuántos seres sufren por los obstáculos que ellos mismos se ponen en su camino! ¡Cuántos hombres dicen *No queremos mirar*, como dijeron los cardenales a Galileo!

Y el *no querer mirar* es un mal gravísimo, de funestas consecuencias, porque como aun cuando el hombre niegue el *más allá*, la vida existe tras de la tumba, al desprenderse el alma del cuerpo y verse libre, habrá de experimentar una sensación violenta, un sacudimiento terrible, contemplando su cuerpo inerte y encontrándose al mismo tiempo llena de vida, con su pasado ante los ojos y entreviendo el porvenir; ser y no ser; vivir y no vivir; allá, una sepultura..., cánticos religiosos, una familia desolada, vestida de luto, y más cerca, seres que le dan la bienvenida y le recuerdan su historia; en lontananza otras existencias con sus dolores y sus alegrías; verse viviendo ayer..., viviendo hoy..., viviendo mañana... ¡Oh!, al espíritu que no esté preparado para esa segunda vida, tanta luz le dejará ciego; y el choque de la realidad, de una realidad inesperada, le abrumará y confundirá lamentablemente.

Mucho me ha preocupado siempre la cuestión del *más allá*, no precisamente porque deseara la perpetuidad de la vida, pues *el no ser* tiene también sus encantos, especialmente para las almas enfermas. Cuando el hombre se abate bajo el enorme peso del sufrimiento, cuando mira en derredor y sólo ve abrojos y amarguras, la certidumbre de morir es un gran consuelo; la nada es un abismo que atrae poderosamente a los desgraciados. Durante muchos años estuve acariciando la idea de morir, porque la cesación del dolor es todo cuanto puede ambicionar el que cree que nada queda después de la muerte; pero al comenzar el estudio del Espiritismo, vi con triste asombro que no terminaban los sufrimientos con la vida, y al principio, lo confieso ingenuamente, si me abrumaba la vida de hoy, no menos insoportable se me hacía la de mañana. ¡Vivir siempre! ¡Qué horror!, exclamaba yo con profundo desaliento. Me parecía imposible que pudiera lucir para mí un día de sol. Me parecía escuchar las comunicaciones de los espíritus; pero, o eran demasiado profundas, o no tocaban las fibras sensibles de mi corazón.

El tiempo fué pasando, o mejor dicho, fui siguiendo mi penosa peregrinación, y al fin oí voces amigas, que en lenguaje familiar, me dieron prudentes consejos, haciéndome con ellos un bien inexplicable.

Me impulsaron a mirar, a observar, a estudiar y a analizar cuanto me rodeaba, y entonces me convencí de que no vivía sola, que estaba rodeada de multitud de seres ávidos de mi felicidad, cuyas inspiraciones me salvaban con frecuencia de inminentes peligros y me infundían presentimientos saludables. Muchas veces, cuando decimos: « No sé qué tengo, pero estoy tan triste... todo lo veo negro », es que los invisibles nos van preparando para que sea menos rudo el efecto del golpe que hemos de recibir.

Cuando se quiere estudiar, ¡cuántas cosas se ven! Indudablemente, *el todo de la vida no está aquí*; a los muchos sucesos que me lo han demostrado, puedo añadir dos hechos recientes, que han venido a corroborar mi afirmación, convenciéndome de la influencia que en nosotros ejercen los espíritus.

Conocía a un matrimonio que hace dos o tres años vivía tranquilo y feliz, embellecida su existencia con el amor de una hija, simpática niña que hoy contará catorce años. Mi amiga Teresa era una mujer muy de su casa, amante de su marido y de su hija. No era de imaginación soñadora, ni de esos seres románticos que pasan la vida viendo visiones; poseía el sentido de la realidad, y al pan le llamaba pan, y al vino, vino.

Aleccionada en la escuela de las amarguras por las persecuciones de que había sido objeto su marido a causa de sus ideas políticas y de sus opiniones filosóficas, había sobrellevado su suerte con dulce resignación: serenáronse, por último, sus horizontes, y sintiéndose feliz, solía decir con frecuencia a unas amigas suyas: « ¡Cuán dichosa soy! ¡Cuán bella es la vida para mí! Pero no es posible que esta felicidad sea duradera en este valle de dolor: siento como una voz íntima que me dice que estoy apurando las últimas gotas de mi dicha terrestre, y que alguna terrible desgracia me amaga. ¡Dios mío!... ¡Si perderé a mi esposo!... ¡Si se irá mi hija!.. »

Trataban sus amigas de disuadirla, haciéndole ver lo infundado de sus temores; ella, sin embargo, volvía a sus presentimientos. Expansiva y alegre por carácter, decíales en medio de sus alegres expansiones: « Dejadme reír, que ya se acerca el tiempo de llorar. » Sin tener nada de visionaria, presentía que iban a amontonarse negras nubes en el cielo de su felicidad, entonces límpido y sereno.

Pasaron días y meses; pasaron dos años, y Teresa comenzó a sentirse mal: la nube que ella había adivinado allá muy lejos... muy lejos... se fué aproximando, hasta que se convirtió en visible amenaza a los ojos de todos. Mujer fuerte y robusta, de una salud privilegiada, sintióse de improviso herida de un mal horrible, de un cáncer en el pecho, que, en menos de un año, puso término a su tranquila existencia.

Indudablemente los invisibles la habían preparado para la fatal crisis que había de preceder a su desencarnación. ¿Qué dirán de estos presentimientos los materialistas? ¿En qué cavidad del cerebro se deposita el fósforo que da vida a esas proféticas inspiraciones? ¿Quién produce esa voz del mañana, si no hay más vida que la presente?...

Hace veinte días que una amiga mía, corredactora de *La Luz del Porvenir*, se puso a escribir tranquila y risueña; de improviso se sintió acometida de una tristeza inexplicable: levantóse, miró todos los objetos que la rodeaban, y cogiendo maquinalmente. *El Evangelio según el Espiritismo*, se puso a leer las oraciones para los agonizantes y los recién fallecidos, y al mismo tiempo que las leía, pensaba y decía para sí:

—¡Cuántos seres estarán agonizando en este momento! ¡Cuántas madres desoladas llorarán ante la cuna de sus hijos muertos!

Y al pensar en tantos dolores como amargan la vida, sus ojos se nublaron, dejando escapar algunas lágrimas.

En aquel instante entró en el aposento donde se hallaba Avelina, su amiga Antonia, que acababa de recibir un parte telegráfico anunciándole la muerte de una sobrina de Avelina, a la que ésta quería con delirio.

Antonia iba pensando cómo le daría la noticia fatal sin que le causara mucha impresión, y al verla afligida, le preguntó:

—¿Qué tienes?

—No sé; estaba escribiendo, y de pronto he tenido un acceso de tristeza: me he levantado sin saber a dónde dirigirme, y mira, he cogido *El Evangelio* y me he puesto a leer las oraciones de los agonizantes y para los recién fallecidos. Tengo una pena, que no sé lo que me pasa...

Antonia, al oír esto, no se atrevió a decirle ni una palabra de lo que sabía, y saliendo de la habitación, dirigía su pensamiento a su madre, diciendo mentalmente:

—¡Madre mía!, ¡ayúdame en este trance! Yo no sé cómo decirle lo que pasa: conocerá el disgusto que tenemos todos y preguntará qué ocurre. ¡Ayúdanos, madre mía!...

No había concluido su plegaria, cuando sintió los pasos de Avelina, que saliendo precipitadamente del gabinete, le dijo con la mayor angustia:

—¡Ay, Antonia de mi alma! Dime, ¿quién ha muerto en mi casa? ¡Tú lo sabes!

—¡Dicen que tu sobrina está algo delicada!

—¡Mi sobrina ha muerto! ¡Sí, sí, no me ocultes nada!

Y Avelina sollozaba con el mayor desconsuelo.

Hay que advertir que no tenía la menor idea de que su sobrina estuviese enferma.

Esperábala de un día a otro, y se proponía alegremente comprarle muchas galas y juguetes.

Ignoraba en absoluto que Antonio hubiese recibido el telegrama; así es que hubo de recibir toda la intuición de los espíritus.

Otros muchos casos podríanse citar de presentimientos y revelaciones, que manifiestan claramente que *el todo no está aquí*; que hay continua relación entre los vivos y los muertos. Nuestras alegrías y nuestros dolores sin causa conocida, todos tienen su historia, todos nacen de los avisos y advertencias que recibimos de nuestros amigos de ultratumba.

Bien estudiado el Espiritismo, abre anchísimo campo a las investigaciones humanas, y deja de abrumarnos el peso de la vida.

Dice un antiguo aforismo que *gustando la ciencia, se cae en la incredulidad, pero empapándose en ella, se torna a la fe*. Pues esto mismo sucede con el Espiritismo.

Leídas a la ligera sus obras fundamentales, producen más trastorno que beneficios; pero, estudiadas concienzudamente, devuelven la tranquilidad y la resignación al espíritu.

35
EL CAMINITO DEL CIELO

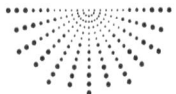

Cada cual tiene en este mundo un lugar predilecto, un sitio preferido. El mío es la orilla del mar.

¡Cuántas lágrimas se han derramado en el insondable océano! El otro día leí un soneto en donde al autor afirmaba que las aguas del mar son saladas porque eran las lágrimas de las esposas, de las madres, de las novias, de los hijos, de las familias de los náufragos.

Pensando un día en las tragedias que se desarrollan en la superficie y en el fondo del mar, comprendí que un ser invisible me acompañaba; tomé la pluma para recoger cuidadosamente la inspiración que descendía sobre mí y que voy a trasladar ahora a este papel:

« Hace algunas horas que te envuelvo con mi fluido. Espíritus amigos me acompañan, entre ellos tu madre, a la cual me une una estrecha simpatía, porque las dos sentimos el amor de los amores, el amor maternal, que en toda su pureza, en toda su inmensidad, es un trasunto del amor divino. ¡Cuánto he sufrido por mis hijos! Mi amor a ellos me ha hecho retroceder, estacionarme y adelantar: ha sido siempre el foco luminoso en torno del cual han girado mis existencias.

»En mi última encarnación pertenecí a una familia humilde: quise purificarme por el dolor, y sucumbí en la prueba. Mi infancia y mi juventud pasaron sin ningún accidente notable, porque toda mi fuerza de acción la he guardado siempre para mis hijos. Me uní a un hombre por vaga simpatía; digo mal, no me puedo explicar lo que sentí por él, mas no fué amor. Cuando entre los dos hubo un querubín de ojos azules y ricitos de oro, amé a mi marido con apasionada gratitud; no le amaba por él, sino por mi hijo, a quien adoraba con frenesí. Sólo una pena acibaraba mi existencia: mi Hermán no correspondía a mi afecto con la pasión que yo hubiera deseado: para quien él guardaba todas sus caricias era para su padre. Cuanto éste, que era acomodado pescador, llegaba a la orilla del mar, el júbilo de Hermán era indescriptible, y siempre que su padre se lo llevaba en la barca a dar un paseo, solía decirme:

»—Adiós, madre, que me voy

»—¿Dónde? —le decía yo.

»—Voy *caminito del cielo*.

»Me hacía ir todas las noches a la orilla del mar, para ver salir a su padre, y señalando la estela luminosa que dejaba tras de sí la lucecita de la lancha pesquera, exclamaba:

»—Mira, madre, mira... mira cuán bonito es el *caminito del cielo*.

»Ocho años fui la mujer más feliz. Mi marido me amaba como yo a él, por gratitud de haberle dado un hijo: aquel ser era el genio del amor, cuya misión fué unir en ese planeta a dos irreconciliables enemigos; sólo aquel espíritu, todo inteligencia, todo sentimiento, podía unir a dos seres que se habían odiado durante siglos, siendo el odio más vivo en mí, pasión miserable que entorpeció la marcha de mi progreso.

»Tenía mi hijo tal ascendiente sobre todos, que yo no puedo expresar el dominio que ejercía en torno suyo. A los ocho años era el ídolo de cuantos le rodeaban: sus compañeros le seguían dócilmente, y hacían su voluntad.

»Una noche se fué su padre, como de costumbre, y Hermán permaneció en la orilla repitiendo:

»—¡Mira, madre mía, mira! ¡Cuán bonito es el *caminito del cielo*! Por él se va mi padre...» Y el hijo de mi alma gritaba:

»—¡Padre!... Adiós... que vuelvas pronto.

»Al día siguiente se levantó una fuerte borrasca. Todas las mujeres del pueblo acudimos a la playa, y dos horas más tarde de lo acostumbrado, regresaron todas las barcas pesqueras: todas..., todas..., ¡menos la del padre de mi hijo!

»Hermán preguntaba a todos los pescadores:

»—¿Dónde está mi padre?

»Los interpelados volvían la cabeza, y más de un viejo lobo de mar corrió presuroso, huyendo del inocente niño, que reiteraba sus preguntas con dolorosa insistencia.

»—¿Dónde está mi padre? –gritaba—. Yo quiero ir con él. Decidme dónde está. ¿Dónde se encuentra?, ¿dónde?... Quiero saberlo, ¿entiendes? Dime la verdad.

»Y se agarró a un anciano pescador que le quería con delirio, el cual, dominado por la mirada magnética y el tono imperativo de mi hijo le contestó:

»—¿Sabes dónde está tu padre?... Se ha ido muy lejos... muy lejos; va... *caminito del cielo.*

»Entre los pescadores era sabido que mi hijo llamaba al mar el *caminito del cielo*, lo mismo que al reflejo de las luces en el agua.

»—Pues yo quiero ir a buscarle —gritó el pobre niño.

»En el rostro de aquellos mártires del trabajo leí mi sentencia de muerte; pues comprendí por su abatimiento que mi marido había sido devorado por las olas; y lanzando desgarradores gemidos, exclamé:

»—¡Hijo mío! Tu padre ha ido donde tú no le puedes encontrar.

»Mi hijo no manifestó asombro. Él creía sencillamente que iba a encontrar a su padre en el *caminito del cielo*, o al menos aparentó creerlo, porque, a pesar de ser niño, sabía dominarse.

»Aquella noche, Hermán salió furtivamente de casa; pero yo estaba en vela y no tardé en apercibirme de su ausencia. Un presentimiento horrible se apoderó de mí. Corrí hacia la playa. Mi hijo estaba sobre una roca, contemplando cómo se alejaba la última barca pesquera... Le vi a pesar de la obscuridad. Me precipité hacia él exclamando:

»—¡Hermán, hijo mío, ven!... Soy tu madre, que te busco.

» ¿Qué vio mi hijo en aquellos momentos? No lo sé, pero antes que yo pudiera trepar a la roca, le vi caer al agua gritando:

»—¡Padre!... ¡Padre!... ¡Allá voy!

» ¿Quién me detuvo en aquellos instantes?... Como si la luna comprendiera mi ansiedad, rasgó el velo de negras nubes que la envolvía, y su tenue claridad me permitió ver a mi hijo que con la cabeza fuera del agua nadaba vigorosamente, sin separarse de la línea luminosa que dejaba en pos de sí la última barca, y me pareció oír su voz, que repetía:

»—¡Padre!... ¡Padre!... ¡Allá voy!...

»Después... todo quedó en tinieblas... y mi razón también.

»Cuando la recobré, supe que había esta un año loca. Mi locura, completamente inofensiva, había consistido en preguntar a todos los pescadores cuando arribaban, si habían encontrado a alguien en el *caminito del cielo.*

»Recobré el juicio, para caer en la desesperación. La vista de los niños me era extraordinariamente repulsiva, y deseaba su muerte.

»Parecíame que Dios era injusto dejándolos en la tierra después de la muerte de mi hijo, de cuya desaparición nadie se dio cuenta, hasta que me encontraron cantando en la playa, loca perdida.

»Seguí luchando con mi desesperación algunos meses, y huyendo de cometer un crimen en un niño inocente, al que tomé un odio feroz, decidí poner fin a mi días. Una noche en el mismo sitio donde se arrojó mi hijo, me lancé al mar, invocando su nombre.

»Aunque el suicidio es una de las faltas más graves que puede el espíritu cometer, pueden, sin embargo, concurrir en él circunstancias atenuantes, como concurrieron en el mío. Yo atenté contra mi vida, huyendo de cometer un asesinato, y creyendo hasta lógico que, así como mi hijo se fué a buscar a su padre, yo indagara el paradero de los dos.

»¡Desdichada de mí! ¡Cuán triste fué mi despertar!... Si lejos estaba de mi hijo en la tierra, ¡cuánto más lejos he estado y estoy de ellos en el espacio!

»Hace muchos años, muchos, que veo el mar con su línea luminosa, con su *caminito del cielo*; he tardado mucho en comprender la realidad, porque mi turbación no me lo permitía. Hoy ya sé que mi hijo me protege y que en unión de su padre trabaja en mi mejoramiento, harto difícil por desgracia; soy un espíritu muy apegado a la materia, muy exclusivo en mis afectos. Aún fijo mis ojos con envidia en la madre que acaricia a un pequeñuelo; pero felizmente, no tan sólo no odio ya a los niños, sino que los amo, y aún sostengo a algunos de ellos en sus vacilantes pasos por la tierra.

»Comprendo que derrocho un tiempo precioso en mi apego a las cosas de la tierra sin saberme elevar sobre las miserias del mundo al que ya no pertenezco; pero mi terquedad e ignorancia pueden más que las inspiraciones superiores que recibo.

»En mi estacionamiento, he conocido a tu madre, que también está estacionada cerca de ti. Para ella no hay más mundo que tú, como para mí no hay más idea que mi hijo; y aunque sé que no está en la tierra, ella me reproduce el cuadro de su infancia; le veo sonreír en mis brazos, y este cuadro me seduce a veces hasta causarme una ilusión completa que me hace casi feliz. Reconozco la inferioridad de mi espíritu; la mirada del ser desencarnado no debía retroceder, sino siempre avanzar; pero por ahora no me siento con fuerzas para cambiar de rumbo. Te estoy muy agradecida por haber aceptado mi inspiración y por haber contemplado con afán, inexplicable para ti, la senda luminosa que mi hijo llamaba el *caminito del cielo*.

»En esta existencia no has comprendido lo que es el amor maternal; pero sientes sus divinos efluvios, porque si algo en la tierra te sonríe, no lo dudes, después de Dios, todo se lo debes a los consejos de tu madre y a su trabajo incesante; ella inspira a los protectores terrenales; ella desciende a los menores detalles de tu vida; ella se eleva pidiendo a los espíritus de luz que envíen sus destellos sobre tu cabeza; ella, en fin, se multiplica para apartar los zarzales que pueden herirte en la senda que recorres.»

Conmovióme profundamente la historia de este espíritu, y más aún las revelaciones que me hizo sobre el noble espíritu que constantemente vela por mi bien y de cuya protección he de procurar hacerme digna, como también de su amor.

Indudablemente, una buena madre es el hábil ingeniero que inventa, que pide a todos los conocimientos humanos y divinos los medios necesarios para llevar a sus hijos por el camino de la perfección que bien podemos llamar ¡*el caminito del cielo!*

36
¡NO ME QUIERO IR!

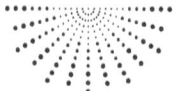

I

Entre los pasajeros de un tranvía, me llamó la atención una joven de unos dieciocho años, que tenía la *belleza de los que se van*. Los llamados a dejar la tierra tienen en sus ojos extraños y vívidos resplandores; llevan dibujada en sus labios una sonrisa, triste y amarga, y su talle se inclina, a semejanza de los lirios marchitos. Mi compañera de viaje vestía de luto, elegante. Acompañábala su padre, que la miraba cariñosamente. Ella, a su vez, miraba a todos lados, con la confianza de los niños mimados. Cuando estaba más distraída, una tos leve, pero tenaz, le hizo sacar un pañuelo y aplicárselo a los labios, para ahogar un gemido. Su padre nada dijo, pero la contempló con angustia, hasta que pasado el acceso, volvióse ella a su padre con el mayor cariño, le arregló una punta de la corbata, le habló en voz baja, le miró de modo tan expresivo y se acercó tanto a él... que parecía buscar el calor de otro ser para retener la vida que se le escapaba. ¡Cuánto decían sus ojos! ¡Pobre niña! Su presencia trajo a mi memoria el recuerdo de otra joven que, como ella, decía también: *¡No me quiero ir!*

II

Paseando por una huerta, me llamó la atención una linda casita situada a corta distancia, y pregunté al jardinero que me guiaba:

—¿Quién vive en aquella casita?

—Un loco.

—¿Un loco?

—Sí, señora; pero loco pacífico; no molesta a nadie; da limosnas a los necesitados, y hace el bien a manos llenas, aunque no es rico; pero más hace el que quiere que el que puede.

—Entonces ese hombre no está loco.

—Sí que lo está; sepa usted que ese señor es médico: ganaba el dinero que quería, porque hacía curas milagrosas. De pronto se encerró en su casa y no ha querido visitar más; ¡y cuidado que viene gente a consultarle! Hay épocas, que vienen como en peregrinación; pero es inútil, su criado se encarga de despedir y cerrar la puerta a todos.

—Tendrá algún motivo para proceder así.

—Motivo... motivo... le diré a usted: dicen que se le murió una hija; pero, ¿y eso qué es? A todos los padres nos sucede lo mismo. A mí se me han muerto varios hijos y me he resignado, y ese, por una que se le ha muerto, hace unos aspavientos... que, vamos... el pobre está loco rematado.

—Y se conoce que tiene bien cuidado el jardín.

—Como que el loco se pasa horas y horas cultivándolo.

—Me gustaría pasar al jardín del doctor y conocerle personalmente. —Nada más fácil. Vaya usted con mi hija Teresina.

Y salimos, dirigiéndonos a la posesión del vecino.

Pronto estuve ante un caballero como de cincuenta años, alto, delgado, de porte gentil, que me saludó cortésmente y se convirtió en nuestro cicerone, haciéndonos recorrer todo su domicilio: el jardín, una selecta biblioteca, el salón para recibir, un gabinete de estudio y un laboratorio para experimentos químicos.

En este aposento me llamó la atención un cuadro de grandes dimensiones, cubierto con un tapiz negro, en el cual había un letrero dorado que decía: *¡No me quiero ir!*

Teresina, algo revoltosa, quiso saber qué había debajo de aquel tapiz. Mientras, el doctor me hablaba de botánica; cuando, de pronto, oímos un grito lanzado por Teresina, y vimos que, al tocar la pobre criatura el tapiz de aquel cuadro, éste se desprendió, cayendo a los pies de la curiosilla, quedando descubierto el retrato de una hermosa joven, cuyas largas trenzas de oro se perdían entre los encajes de su vestido blanco.

El doctor se encolerizó súbitamente; pero su enojo duró un instante. Teresina se asutó de tal modo, que cayó de hinojos ante el cuadro, gritando:

—¡Virgen mía! ¡Virgen mía!.. ¡Sálvame!

El doctor, al oír aquella súplica, se conmovió, y levantando a la niña con dulzura, le dijo:

—¿Sabes quién es esa?

—Sí, señor. Es la Virgen. ¡Qué bonita es!

El rostro del médico cambió de color: dejóse caer en un sillón y comenzó a llorar con inmenso desconsuelo. Le pedí disculpas por haberle ocasionado tal disgusto, y él se levantó para explicar su estado especial, y al salir al jardín, me dijo con cierta ansiedad el doctor:

—Señora, ¿cree usted que yo estoy loco?

—Sí, está usted loco; pero loco... de dolor.

—Gracias a Dios que hallé quien me comprenda: ¿ha perdido usted también a su única hija?

—No, señor; por esta vez no me he creado familia.

—¿Cómo por esta vez? ¿Venimos acaso muchas veces a la tierra?

—Todas las que nos son necesarias para nuestro progreso.

—¿Qué dice usted, señora?

—¿No ha leído usted las obras de Allan Kardec? ¿No Oyó hablar del Espiritismo?

—Algo, pero no le di crédito.

—Pues usted, más que otros, debía estudiar las obras espiritistas.

—¿Por qué?

—Porque se comprende que es usted profundamente desgraciado. Usted se cree solo, y probablemente el espíritu de esa hermosa joven del retrato estará constantemente a su lado.

—No me hable usted en ese sentido, señora; creo que concluiría por volverme loco de veras. ¡Los muertos no vuelven! ¡Oh! ¡Si volvieran... mi Angelina estaría aquí!...

Y cubriéndose el rostro con las manos, se alejó.

...Tristemente preocupada regresé, aquella noche, a la ciudad.

III

Seis meses después, en una sesión espiritista, vino a saludarme un caballero.

—Señora —me dijo—, le debo a usted más que la vida; ¿no me recuerda?... Soy aquel loco que usted visitó en la casita de campo.

—¿Y cómo usted por aquí?

—Usted tiene la culpa. Desde el día que vino usted a mi casa, comencé a leer las obras espiritistas.

—¿Y qué ha sacado usted en claro de su estudio?

—Negar el todo y negar la nada. He salido de aquella atonía que me hacía morir por consunción; he vuelto a la vida, porque he vuelto a la duda; creía que en la tumba terminaba todo, y crea usted que no hay nada más horrible que encerrar la creación en el hueco de un sepulcro.

Nos sentamos, y el doctor hízome estas confidencias:

—A los veintitrés años, me casé por amor, mejor dicho, por lástima, con una pobre niña que encontré una noche en la calle llorando amargamente, porque su madre la golpeaba sin piedad; ¿y por qué? Asómbrese usted, señora: ¡porque la infeliz no quería ir a un lupanar! Me impresionó tanto aquella escena, y más aún cuando la niña se dirigió a mí, exclamando: « ¡Sálveme usted, señor; sálveme! », que la tomé en mis brazos, pedí auxilio a la autoridad, y aquella noche misma quedó depositada en casa del juez la que un mes después fué mi esposa.

Un año fui feliz a su lado. ¡Sofía era un ángel! A los diez meses de casada dio a luz a una niña hermosísima: no hay Virgen de Murillo tan hermosa como lo era la virgen de mi amor acariciando a nuestra hija.

Dos meses viví extasiado contemplando a Sofía, y a mi Angelina recibiendo del pecho de su madre el néctar de la vida. Cuando era yo más dichoso y todo me sonreía y veíalas madre e hija y me llamaban soñando, he aquí que una tisis galopante me arrebata a Sofía, sin comprender yo que tuviera tal enfermedad. ¿Por qué no han de ser inmortales los seres a quienes amamos?

Me consagré a mi hija apasionadamente. Diecinueve años permaneció Angelina en la tierra. Yo mismo la eduqué. No quise que ninguna influencia extraña a mi cariño tomara parte en su educación e instrucción.

Yo le daba libertad para que gozara mi hija de todos los afectos por de la infancia y de la juventud. Ya mujer, fué galanteada y admirada por su belleza. Yo era completamente dichoso.

A los diez y séis años comenzó a palidecer y yo a temblar. Comprendí que tenía la enfermedad de su pobre madre. Tres años luché desesperadamente, haciendo prodigios con mi hija; adquirí una reputación extraordinaria porque al mismo tiempo ensayaba en otros enfermos las medicinas que después le daba a Angelina, y muchas madres desoladas vinieron a bendecirme, por haber salvado la vida de sus hijos.

Angelina, abrazada a mi cuello, deciame con voz dulcísima:

—Soy muy feliz a tu lado; estoy muy contenta de estar en la tierra; *no me quiero ir, ¿oyes? ¡No me quiero ir!* Aquella súplica me partía el alma. ¡Cuando no me la hacía con los labios, me la hacía con los ojos!

Muchas noches, estando yo en mi despacho, la veía entrar apoyaba su cabeza en mi hombro, y mirando el libro que yo leía, exclamaba:

—Estudias para mí, ¿es verdad? Sí, sí, estudia, estudia mucho; ya sabes que *no me quiero ir.*

Estaba agonizando y aún decía débilmente, mimosamente:

—¡Te quiero mucho, papá mío!, ¡*no quiero irme*!

Murió; maldije de la ciencia; lloré, me hice completamente egoísta, hasta negarme a recibir y visitar enfermos; muerta mi hija, ¿qué me importaba que reventara el mundo entero?... Así he vivido ocho años, creyendo a veces que estaba loco, porque oía claramente la voz de mi Angelina. Corría como un loco a mirar el retrato de mi hija, figurándome que iba a saltar del cuadro, y desengañado, caía rendido de fatiga, pidiendo a gritos la muerte. Por eso los criados creían que me había vuelto loco; pero vino usted aquel dia y me dijo que verdaderamente estaba loco... de dolor.

Estudié el Espiritismo, según consejo de usted, y esta creencia me consuela y me explica por qué oigo la voz de mi hija. Ahora es cuando repito con Pitágoras: *Allá es aquí, y aquí es allá.*

IV

Un año después, volví a ver al doctor en un hospital. Estaba hablando cariñosamente con varios enfermos. Al verme, me acompañó, saliendo juntos de aquel triste asilo.

—Amalia —me dijo—, al estudio del Espiritismo debo mi renacimiento físico, intelectual y moral. Yo me iba asesinando poco a poco; mataba mi actividad en una inacción vergonzosa; ahogaba mi sentimiento en la innoble atmósfera del egoísmo, y mi inteligencia en la desesperación y el escepticismo.

Hoy trabajo, acudo a los hospitales, curo a los enfermos, estudio y me relaciono de nuevo con la ciencia. En mi soledad vivo acompañado, pues he logrado comunicarme con mi Angelina. Nunca me abandona su espíritu.

Cuando nos despedimos, pensaba yo: ¡Una víctima menos! Ayer le apellidaban loco; hoy le reputan sabio; ayer era inútil para los demás; hoy se complace en suavizar el dolor ajeno, y emplea su inteligencia en bien de la humanidad. ¡Bien haya la escuela espiritista!

37
TRAS LA TEMPESTAD, LA CALMA

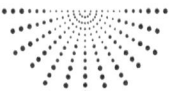

La vida es un compuesto de goces y amarguras, de lágrimas y esperanzas, de risueñas ilusiones y de terribles desengaños. Ora densos nubarrones que presagian horribles tempestades, ora vislumbramos bellísimos horizontes, que anuncian días alegres y tranquilos.

Cuando entramos en el período de nuestras pruebas o expiaciones, presentimos, sin poderlo remediar, la horrísona tempestad de las vicisitudes que, unas tarde, han de poner al espíritu en trance de zozobrar; y cuando la prueba termina, el espíritu ve brillar en lontananza un rayo de sol que le devuelve la tranquilidad perdida.

Sin esa mezcla de flores y espinas, no sabríamos apreciar la existencia en su valor verdadero.

De ese modo filosofábamos una hermosa tarde de estío por la orilla del mar, en unión de una amiga íntima.

La Naturaleza parecía sonreírnos, convidándonos a la meditación.

Contemplamos por unos instantes la nívea espuma del oleaje, ante el cual parece que se abisma el pensamiento, y luego mi amiga Ernestina, espíritu profundamente pensador, habló en estos términos, contestando a mis reflexiones:

—No hay duda que tras la tempestad viene la calma. Si cada individuo estudiaría detenidamente, no a la humanidad, porque esto es imposible, sino al corto número de los amigos y conocidos, en todos ellos hallaría la prueba palpitante de este aserto. No hay dolor agudo que sea, que no tenga más tarde su lenitivo, si el espíritu es ávido de progreso. Y en corroboración, voy a contarte dos episodios que yo misma he presenciado y que quizá puedan servirte para uno de tus artículos periodísticos...

En un pintoresco pueblecillo de la provincia de Granada, vivía un matrimonio con una hija, amada con fraternal delirio. Cuando conocí a esta familia, Rosa, la niña, contaba catorce primaveras; era extremadamente hermosa y tenía un talento precoz, muy superior a su edad y a la escasa educación que recibía, puesto que sus padres eran pobres y no contaban con otros recursos que el escaso jornal que producía al marido su humilde oficio de albañil. Tan linda, tan cariñosa con todos y tan inteligente era Rosa, que los autores de sus días estaban orgullosos de poseer un tan preciado tesoro de bellezas y virtudes.

Aquella hija modelo era el encanto de la vida de sus padres: a los dos amaba con igual ternura; a los dos prodigaba las mismas caricias; por los dos se desvelaba de igual modo, y de día en día, aquellos tres seres amorosos parecían sublimarse con la intensidad de sus afectos.

Como las tempestades generalmente se forman en pocos segundos, sin darnos apenas tiempo para prevenirnos, sucedió que un día de fiesta Rosa salió al campo con sus padres y varias amigas de la infancia, para celebrar el día de su cumpleaños con una merienda. Habían pasado el día con toda felicidad, y ya se disponían a volver a sus casas, cuando la presencia de un lobo les llenó de terror. Rosa lanzó un grito y cayó sin sentido junto a la fiera, que hambrienta, se abalanzó sobre su víctima y la despedazó, antes que su padre, que se había alejado de los demás, pudiera defenderla.

Pintar el desconsuelo de los padres de Rosa fuera imposible: los grandes sentimientos, esos agudísimos sentimientos que penetran en el alma como la hoja de un puñal, no tienen traducción en el lenguaje. El suyo fué tan profundo, tan desgarrador, que rompió todas las fibras de su sensibilidad: vivieron algunos meses como autómatas, sin conciencia de su situación, cuidados por unos buenos amigos que se compadecieron de ellos al verlos en tan miserable estado físico y moral.

Mas como todo tiene su fin en este mundo, un día los padres de Rosa rompieron en copioso llanto, y con las lágrimas volvieron al conocimiento de la vida.

Dolorosísimo fué su despertar recordando el desastroso fin de su idolatrada hija; pero a las violentas agitaciones del dolor, sucedieron las tranquilas y consoladoras emociones de la esperanza, nacidas de un hecho raro e inexplicable entonces para los atribulados padres, pero natural y sencillo para los que tenemos algunas nociones de la vida espiritual.

Rosa, espíritu de luz que amaba efusivamente a sus padres, se comunicó con el suyo, quien a pesar de no saber escribir, obtuvo mecánicamente por escrito comunicaciones consoladoras. Por ellas supieron que su hija vivía, porque el espíritu es inmortal, y que su desastroso fin había obedecido a una ley justa, puesto que en otra existencia ella se había complacido en arrojar a las fieras a uno de sus esclavos, en un arrebato de cólera.

Así recobraron la perdida calma dos seres que parecían condenados a eterna desesperación, y a quienes el conocimiento del Espiritismo hizo después más llevaderas las vicisitudes de la existencia.

Pasemos ahora a mi segunda historia, que, aunque sencilla, corrobora el mismo tema, esto es, que después de grandes pesadumbres vienen horas de calma y de consuelo, que si para algunos no llegan, es porque se obstinan en ir contra las corrientes naturales, forjándose ellos mismos los hierros que han de oprimirlos y abrumarlos.

Tenía yo una amiga de la infancia, alegre y bulliciosa como los pajarillos de la selva, sencilla como un niño y hermosa como una flor. Era Aurora, toda amor y sentimiento. Huérfana desde su más tierna edad, crióse entre sus parientes, permaneciendo por último al lado de una tía que había quedado paralítica y contaba con una pequeña pensión, que apenas bastaba para su subsistencia.

Aurora, buena como pocas, aceptó agradecida la hospitalidad de su tía, a la que cuidó con todo el esmero posible, aprovechando además las horas que le dejaban libres sus deberes, en algunas labores delicadas, con cuyo producto aumentaba la escasa renta de su anciana tía; pero, a pesar de los grandes esfuerzos que hacía, en más de una ocasión se vio en el caso de no poder cubrir las necesidades domésticas. Sin embargo, Aurora vivía tan resignada en su humilde posición, que nunca dio importancia a las vicisitudes por que pasaba: era verdaderamente el consuelo de su tía, y ésta la bendecía desde el fondo de su alma.

Comoquiera que la existencia humana, aunque parezca deslizarse entre flores, no se halla exenta de abrojos, llegó un día en que Aurora sintió necesidad de amar, y amó con ese amor del alma, que todo lo purifica; pero desgraciadamente aquel sentimiento purísimo fué a confundirse con una pasión falaz, que en poco tiempo destruyó una a una sus más bellas esperanzas. Sintióse mi joven amiga profundamente herida en lo íntimo de su ser; pero, dulce hasta el heroísmo, jamás de sus labios salió un reproche para el hombre que se había complacido en fingirle un amor que estaba muy lejos de sentir, puesto que al mismo tiempo que juraba amarla, se disponía a contraer matrimonio con otra joven, enlace que más tarde se realizó.

Aurora estuvo próxima a perder el juicio a consecuencia de aquella infamia: todas cuantas penas sufriera hasta entonces le parecieron alegrías al lado de aquella amarga decepción. ¡Pobre Aurora! Más de una vez, estrechando mis manos con febril agitación, me había dicho:

—¡Ay, Ernestina! No tengo otro remedio que renunciar a mi único amor, y al morir éste mueren todas mis esperanzas de felicidad sobre la tierra.

Yo, algo más acostumbrada a los desengaños del amor, procuraba serenarla y alentarla. Decíale que perseguir un imposible es correr voluntariamente a la desesperación y a la muerte; que después de días obscuros y tormentosos, brilla el sol y nos acarician los céfiros; que los caminos de la felicidad son desconocidos, y que viene cuando menos lo pensamos, si sabemos hacernos superiores a las pruebas.

Era mi amiga un espíritu débil y ávido de progreso; escuchó mis consejos y buscó en la reflexión la calma que nunca había hallado fuera de esa excelente consejera del alma, que siempre la guía por los hermosos senderos del deber.

Más tarde unióse en matrimonio a un hombre que, sabiendo apreciar debidamente sus virtudes, ha sido para ella un amoroso compañero que hace dichosa su existencia. Aurora correspondió a tanto cariño como saben corresponder las almas generosas, viendo embellecidos sus días, rodeada de sus hijos.

Calló Ernestina; y reflexionando nosotras acerca de su relato, convinimos en que, efectivamente, tras de la tempestad viene la calma, siempre que el espíritu la busca.

38
¡QUÉ ALMAS TAN BUENAS!

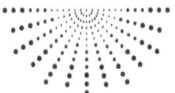

I

Estoy tan acostumbrada a oír contar historias de robos, de homicidios, de estafas y falsificaciones en todos sentidos, que cuando me hablan de una acción generosa, por sencilla que sea, se me ensancha el alma.

En la clase popular se encuentran mujeres que viven sin saber que hubo un Cervantes, un Lord Byron, un Camoens, pero tienen un corazón de oro. En todas las clases hay mujeres abnegadas y buenas, pero para mí tiene más valor la florecilla del campo que la aristocrática camelia, porque mientras la segunda crece rodeada de cuidados al abrigo de las inclemencias del tiempo, la primera sufre los rigores de la intemperie y ofrece su perfume generosamente.

Conozco a una mujer casada, cuyo esposo, de carácter brusco y egoísta, del jornal que gana no entrega a su esposa más que una insignificancia cada semana para los menesteres de la casa. Francisca se las ve negras para arreglarse con tan escasos recursos, pues además tiene una hermana imposibilitada para trabajar, que vive a su sombra, y ella misma carece de salud.

A pesar de tantos inconvenientes, revela la bondad de su alma con obras caritativas.

Nacida en un pueblo pequeño, para ella la gente de su pueblo es su propia familia, y siempre que algún paisano suyo sufre, Francisca es la primera en acudir a su socorro.

Hace algún tiempo supo que un muchacho de su tierra se encontraba en el hospital de la ciudad donde ella vive, aquejada de una terrible dolencia; el infeliz está loco, bien que es tranquila su dolencia. Francisca va con su hermana todos los días a ver al enfermo, y recordando que al pobre mozo le gustaban mucho las uvas, cada día le compra algunas de las más baratas.

—Mira —dice a su hermana—, nosotras almorzaremos pan solo, y así puedo emplear el dinero del almuerzo en uvas para el pobre enfermo, ¡que satisfaga un gusto siquiera!

—Está bien —contesta su hermana—, pero la gente es tan desagradecida, que estoy segura que su familia no se acordará de lo que haces.

—¿A mí qué me importa? Yo no hago el bien porque me aplaudan. Yo creo que obrando bien y haciendo el bien, se empieza a gozar en la tierra algo de la felicidad del cielo.

¡Qué alma tan buena! Su alma gemela la conocí en Madrid, encarnada en un pobre ciego que pedía limosna en la calle de la Puebla. En aquella época salía yo muchos días por la mañana, y por temprano que fuera, veía al ciego sentado en una silla de tijera, y por la noche le encontraba en el mismo sitio.

II

Era el ciego de agradable figura, de edad regular, y vestía con limpieza, aunque pobremente. Sin saber por qué, me fué muy simpático, y al darle algunas veces limosna, le había preguntado algo de su vida. Supe que era viudo, sin hijos. Una noche que lloviznaba, me llamó la atención verle en el mismo sitio, y le dije:

—Pero, hombre, ¿cómo está aquí todavía?

—Es que hoy he recogido muy poco, y necesitaba más; pero, en fin, tiene usted razón, me iré.

—¿Vive usted muy lejos?

—En la calle de San Bernardo, a lo último.

—Yo voy por el mismo camino, le acompañaré, y bajo el paraguas no se mojará tanto.

—Muchas gracias, señora; el favor que me hace se lo agradecerá mucho mi niña, porque en cuanto llegue, se lo contaré.

—Yo creí que no tenía usted hijos. —Y no los tengo.

—Como dice... «Mi niña».

—Ya verá usted: hace dos años que murió mi mujer, y me reuní con un matrimonio que tenía siete hijos. El mayor de todos era una niña de diez años. Tomé mucha afición a las criaturas, porque son muy cariñosas. El padre se cayó de un andamio y murió en el hospital; la madre se mata trabajando para dar pan a sus hijos, y mi niña, como la llamo yo, mi Pepita, a pesar de su corta edad, pues ahora tiene doce años, es la encargada de cuidar a sus hermanitos y a mí. Su madre se va a trabajar a donde encuentra, y Pepita arregla la comida, repasa la ropa, vamos, es una mujer completa; y luego, que es lo mejor que tiene, es tan cariñosa, tan humilde, tan sufrida, que más bien parece un ángel. Se irá, porque es demasiado buena para la tierra. Hace ocho meses que enfermó, y sin embargo de no poderse tener en pie, aprovecha los momentos en que no tiene calentura y nos arregla lo más preciso. Le digo a usted que como mi niña no hay dos en el mundo.

Su madre, al verla tan enferma, la quiso llevar al hospital, pero Pepita se abrazó a ella, diciéndole:

—Madre, si me quieres, déjame morir aquí; en el hospital han muerto mis abuelos y mi padre; y yo quiero romper esa cadena muriendo entre mis hermanos: no me niegues lo que te pido. De todos modos, no he de tardar a morir, porque estoy muy delicada; dame, pues, ese gusto, madre mía.

Crea usted, señora, que se me partió el corazón al oírla, y aconsejé a la madre que no violentara su voluntad a la pobre niña. La mujer accedió a pesar suyo, porque, como la esperanza es lo último que se pierde, ella cree que los médicos pondrían buena a su hija; pero Pepita tiene una resolución tan inquebrantable de morir en su casa, que nos dijo una noche en que yo uní mis ruegos a los de su madre:

—No me sacrifiquéis: yo veo vuestra buena intención, pero si a la fuerza me hicierais ir al hospital, me mataría. Créeme, madre, mi enfermedad no tiene cura: la tisis de la miseria no tiene remedio; yo me muero de hambre; me falta hasta el aire para respirar, porque a los pobres todo se les quita. Hace tiempo que veo avanzar mi dolencia. Esta habitación ¡es tan pequeña! La ventanita de junto al techo le da el aspecto de una cárcel, y me ahogo aquí dentro.

—Pues en el hospital estarás en un salón muy grande —le decía su madre.

—Sí, pero el aire que allí se respira da la muerte. Allí no tendría a mis hermanitos que me quieren tanto, ni al pobre Felipe (ese soy yo), que me trae todas las noches un pastelillo; y cuando tengo mucha tos, me da pastillas de goma; me trata con mucho cariño, me cuenta historias, y nunca se duerme hasta que yo me duermo.

Aquí moriré amada, bendiciendo la suerte que no me ha negado una familia amorosa, ni un segundo padre en el pobre ciego, que pasa todo el día a la intemperie por comprarme lo que más me gusta.

Y en esto, Pepita dice la verdad. Mi mujer no me dio hijos, pero quiero a esa niña como si lo fuera.

—Hace usted una verdadera obra de caridad.

—No, señora; pago una deuda de gratitud. Cuando mi mujer murió, Pepita fué la que aconsejó a sus padres que me llevaran en su compañía. Me acompañaba por las mañanas y venía a buscarme por las noches. Mientras estuvo buena, fué mi ángel guardián, y yo, al darle ahora las pequeñeces que desea, no hago más que cumplir un deber.

Prometí a Felipe ir a ver a Pepita, y fui al día siguiente, a la hora que estaban comiendo. ¡Qué cuadro tan triste, tan conmovedor y tan consolador al mismo tiempo!

Felipe estaba rodeado de los siete niños, que le hablaban y le acariciaban. Pepita me impresionó extraordinariamente. Nunca he visto una niña tan preciosa. No obstante, en su palidez cadavérica y sus ojos hundidos, aparecía en su rostro una expresión divina. Me recibió con afectuoso respeto, y cuando habló de las bondades de Felipe, animóse su semblante y dijo con apasionamiento:

—Crea usted, señora, que es un santo para mí. Ha tenido proporción para entrar en el hospital de Incurables, muy bien recomendado, pues el capellán del establecimiento le conoce desde niño, por ser ambos de un mismo pueblo, y por no abandonarme sufre toda clase de privaciones. ¡Es un santo!

III

Seguí viendo a Felipe con alguna frecuencia. Una noche no le hallé en el sitio acostumbrado, y fui a ver a Pepita, creyendo fundadamente que estaría peor. No me engañé. La pobre niña agonizaba lentamente en medio de su familia. Aquel cuadro quedó indeleblemente grabado en mi alma.

Felipe, mudo, inmóvil, aterrado, estaba junto al lecho de la niña, que se incorporaba a intervalos, porque la fatiga la ahogaba; al tranquilizarse de nuevo, la pobre criatura consolaba a su madre y al ciego con sus palabras y caricias.

Quedé tan profundamente conmovida, que salí del aposento llorando con el mayor desconsuelo. Al día siguiente volví... Pero, ¡ay!, Felipe, varias mujeres y algunas niñas se encaminaban al cementerio acompañando el cadáver de Pepita.

Algunos días después encontré al pobre ciego en su puesto.

—Ahora sí podrá usted entrar en los Incurables.

—No, señora; allí dentro no sería útil a nadie, y aquí puedo servir de algo a mis semejantes.

—Pero si ya murió Pepita.

—Quedan sus hermanos, ¡pobrecitos! ¡Si usted viera lo que me quieren! Poco puedo hacer por ellos, pero más vale algo que nada.

Un año después de la muerte de Pepita, encontré al ciego, acompañado de un hermoso niño de cinco años; pregúntele cómo vivía, y me contó que la madre de Pepita había muerto, encargándole sus hijos; que había logrado colocar a dos de aprendices en una ebanistería, donde los mantenían, y que él ganaba el sustento para los cuatro restantes, confiando colocarlos a todos, sin encerrarlos en ningún asilo.

—¡Qué alma tan buena tienes, Felipe! —le dije con entusiasmo.

—¡Quía! No, señora: esto no es sino cumplir con la ley humanitaria. Y crea usted que estoy bien recompensado de mi sacrificio; porque estos niños me quieren mucho, y luego... la misma Pepita, cuya voz no pasa día que no oiga, viene a acariciarme y a darme grandes alientos.

—¡Cómo! ¿Es usted espiritista?

—Sí, señora.

IV

¡Cuánto consuelo experimenta el alma al ponerse en relación con esos espíritus tan buenos, que en medio de su miseria son millonarios!

Francisca y Felipe son dos almas gemelas, dignas de admiración por sus generosos sentimientos, por su abnegación y sacrificios: carecen de lo necesario, y aún encuentran medios para consolar a los que sufren.

No envidio la púrpura de los Césares, ni la gloria de los sabios; pero cuando encuentro seres virtuosos como Francisca y Felipe, me juzgo sin amor propio, y sintiéndome muy pequeña en comparación de esos espíritus de luz, envidio sus virtudes y exclamo melancólicamente: *¡Qué almas tan buenas!*

39
LOS JUGUETES

I

¿Qué son los juguetes? *Alhajillas curiosas y de poco valor, que sirven para entretenimiento de los niños.*

De este modo han calificado los hombres formales a esa caterva de objetos que llenan los escaparates de las quincallerías; pues sabido es que en esas tiendas de gran lujo donde se encuentran maravillas del arte para adornar salones y gabinetes, hay también, en abundancia, toda clase de juguetes, colocados con gusto artístico en los aparadores, donde se ven casas en miniatura, desde la cocina hasta la alcoba, desde el comedor hasta el salón de recepciones, ocupando todas las piezas las muñecas correspondientes y los muebles propios de cada habitación. Con frecuencia, cuando paso por una de esas grandes tiendas donde abundan preciosísimos juguetes, los miro con profunda atención, y digo para mí:

« ¡Qué gran papel desempeñan en la vida del hombre esas muñecas, coches, caballos, cajitas llenas de platitos de porcelana y lucientes cacerolitas de metal blanco! Estos objetos son los llamados, los elegidos, para despertar en él el primer deseo. Por ellos, se dibuja en sus labios una dulcísima sonrisa; por ellos asoman a sus ojos las primeras lágrimas, y por ellos, recibe los primeros golpes, que ocasionan al tierno ser los primeros arranques de la ira. »

Sabido es de todos que las niñas, antes de pronunciar el dulcísimo nombre de madre, ya quieren serlo, y miran con afán las muñecas, extendiendo hacia ellas sus bracitos y dando gritos de alegría, cuando una madre amorosa o una nodriza complaciente pone en sus manos una de esas muñequitas de ojos azules y rubia cabellera. Así también, al niño, antes de convertir en caballo el bastón de su abuelo, se le van los ojos tras los pacíficos bridones de madera o de cartón, que esperan, resignados, morir a manos de los Calígulas y Nerones de todos los tiempos, pues nadie más amante de la destrucción que los chiquillos, que con el afán de saber cómo está hecho el juguete, lo destrozan sin piedad, recibiendo en premio de su *científica curiosidad*, un leve castigo por parte de sus padres, malhumorados por haber gastado inútilmente su dinero.

¡En cuántas historias son los juguetes los primeros protagonistas!

El haber visto una hermosa muñeca traída de Nueva York y un tren de mercancías al cual servía de maquinista un niño de cuatro años, ha despertado en mi mente multitud de recuerdos, y entre ellos un sencillo episodio y una historia conmovedora.

II

Hace pocos meses dejó la tierra un niño cuando acababa de cumplir el sexto año de su vida terrestre. Habíale tocado en suerte un padre amorosísimo, que se convirtió en esclavo del pequeño tiranuelo. Era éste un espíritu rebelde, descontentadizo, caprichoso, hasta el punto de no querer a su madre más que a temporadas; pero todo le era dispensado, porque el pobrecillo casi siempre estaba enfermo.

Tendría cuatro años, cuando yendo un día con sus padres, vio en una tienda un velocípedo, que se empeñó en poseer. Contra su costumbre, el padre no accedió a los deseos del niño, que pronto se distrajo con la adquisición de otro juguete.

Transcurrieron dos años. El pequeño héroe de nuestra historia vivía en una ciudad puramente agrícola, donde no había ninguna tienda de juguetes de lujo, y habiendo caído gravemente enfermo, el día antes de morir dijo a su madre con el mayor cariño estas palabras:

—Mamá, hace mucho tiempo que te pedí un velocípedo, y no me lo compraste; tráeme uno, que quiero levantarme y me pasearé en él. Anda, mamá, que ya estoy bueno, y quiero un velocípedo, porque he de hacer un largo viaje.

Su pobre madre tuvo que salir de la estancia para dar rienda suelta a su llanto: sabía fijamente que su hijo iba a morir, y lamentaba no poder complacerle en lo último que deseaba.

Afortunadamente llegó una amiga suya en aquellos críticos momentos, y al informarse de lo que deseaba el enfermito, salió presurosa y volvió a poco rato con el objeto codiciado, con un velocípedo que poseía una pariente suya.

Lo llevaron inmediatamente al cuarto del niño, que al verle, hizo que le vistieran; con sin igual ligereza se sentó en el caballo, y sin nadie enseñarle, lo puso en movimiento y recorrió la habitación en todas direcciones, exclamando:

—Dejadme, dejadme, que me voy muy lejos.

Paseó todo el tiempo que quiso. Pasó después a su lecho, y a cuantos amigos entraban a verle, les decía alegremente que tenía ya su velocípedo para emprender el viaje que tenía proyectado e ir lejos... ¡muy lejos!

Y en efecto, a la mañana siguiente se fué a la eternidad.

En la breve existencia de aquel tierno ser, uno de sus episodios más interesantes fué el recuerdo que conservó del velocípedo que sólo viera una vez, y que utilizó para dar su último paseo en la tierra.

A su pobre madre le queda la melancólica satisfacción de haber satisfecho el postrer deseo de su hijo.

He referido el episodio. En otro artículo irá la conmovedora historia a que me he referido, tal como me la contó una amiga mía en una noche de invierno, sentadas ambas junto a la chimenea, ella esperando ansiosamente que llegase su marido, a quien adoraba, y yo tratando de distraerla para que se le hiciera el tiempo menos largo.

III

Siempre que veo una muñeca, me acuerdo de la historia a que aludo y contaré en otra parte, y creo que los juguetes desempeñan un gran papel en la vida del hombre. Ellos despiertan sus primeros deseos, desarrollan sus primeros afectos, avivan su curiosidad, y muchos sabios que hoy admira el mundo por sus maravillosos descubrimientos, ya revelaban en su infancia la precocidad de su inteligencia rompiendo sus juguetes para ver el resorte que los ponía en movimiento.

Todo en la creación está íntimamente relacionado: nada hay pequeño, nada inútil.

Si el descubrimiento de un planeta es el goce supremo del sabio astrónomo, un caballo de madera proporciona igual goce al pequeñito que lo desea con toda la ansiedad de su alma.

40
LA HISTORIA OFRECIDA

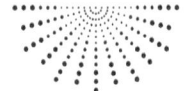

I

El gabinete en que me hallaba estaba amueblado con gran lujo; pero ni sus ricos cortinajes de raso azul, ni sus sillones dorados, ni su velador de palo de rosa con incrustaciones de nácar, que era una maravilla del arte, ni sus rinconeras que sostenían canastillas doradas llenas de flores, llamaban mi atención, porque todas mis miradas estaban fijas en una hermosísima muñeca que parecía una niña de dos años vestida con su traje de raso blanco y un sombrero de paja de Italia adornado con plumas *crema* y una mariposa de esmeraldas.

—¡Qué muñeca tan preciosa! —dije con entusiasmo—; no me canso de mirarla.

—Demasiado buena; porque tú ya sabes lo que es mi hija, que parece que tiene fuego en las manos —me contestó Celia— como mi Pepe es tan amante de sus hijos, no le duele gastar dinero en esas cosas. Con lo que él se gasta en juguetes, habría para hacer felices a dos o tres familias pobres.

—No hay hombre que no tenga algún defecto; más vale que a él le dé por ahí.

—Ya lo creo. Y no te figures que yo le acrimino, antes al contrario le ayudo en su manía. Si quieres verlo contento, que yo entre en su despacho a enseñarle tambores y fusiles para Manuel y Alfredo. Si le vieras jugar, te reirías. Los chiquillos van a esperarle a la puerta de la Audiencia, y él, en cuanto ve a sus hijos, se olvida de todo: coge a la niña en brazos y cruza la Puerta del Sol con Aurora en un brazo y la muñeca en el otro.

Al hablar de muñecas, voy a contarte la historia de mi casamiento, — que tiene sus ribetes dé novela, y te autorizo para que la publiques cambiando los nombres y el lugar de la acción.

—No temas, seré la discreción personificada.

—Ya sabes que a los catorce años me casó mi padre con un anciano millonario. A los dieciocho quedé viuda y dueña de una inmensa fortuna. Tuve, como puedes presumir, muchos adoradores, y mi mano muchos pretendientes. Era muy rica, y todos me halagaban; pero yo quería casarme enamorada, y ninguno de mis amadores había logrado interesar mi corazón.

Por entretenimiento, más que por virtud, entré a formar parte de varias sociedades benéficas, y una semana fui con otra señora a visitar a una pobre familia, compuesta de cinco individuos, tres de los cuales estaban postrados en el lecho del dolor. Mi compañera y yo nos sentamos, y a poco de estar allí, se oyó toser en el cuarto inmediato. Sin darme cuenta de lo que hacía, pregunté:

—¿Quién tose ahí?

—Un vecino —me dijeron—, un muchacho muy pobre y muy orgulloso; la tisis lo mata; no puede trabajar; y sin embargo, a nadie pide nada, ni quiere ir al hospital.

—¿Y en qué trabajaba?

—Estudiaba para abogado. Estaba en casa de un juez, que le quería mucho; pero murió aquel señor, y la familia puso en la calle al protegido. Siguió el pobre estudiando con mil apuros, y tanto ha trabajado para ganarse la vida, que se ha ganado la muerte.

—¡Pobre joven!

—Sí, es un infeliz; no tiene más falta sino el ser muy orgulloso: aunque lo maten, no dirá que se muere de hambre.

Mientras más me hablaban de él, más me interesaba aquel ser tan desgraciado. Volvió a toser con gran fatiga, y yo, levantándome como movida por misterioso resorte, salí y llamé a la puerta del cuarto del enfermo. Oí pasos, y el que es hoy mi marido y me hace la más dichosa de las mujeres, abrió la puerta y me preguntó con sequedad qué deseaba.

Quédeme cortada, sin acertar a responder; no hacía más que mirarle. Por fin, disimulando cuanto pude, le dije que buscaba quien se en cargase de dibujar varios manteles de altar, para bordarlos las niñas de un colegio del cual era yo fundadora. Ofrecióme la única silla que había en el cuarto, y él se quedó en pie apoyado contra una mesita. Un catre sin colchón, con la silla, la mesita y un cofre, constituía el mueblaje; se conocía que él estaba violento; pero trató de dominarse, y me preguntó si me corrían mucha prisa los dibujos. Yo le contesté lo mejor que pude, cuando de pronto, como el infeliz estaba de pie, y, según se supo después, hacía dos días que no tomaba alimento, le vi palidecer y caer, antes de poder yo sostenerlo.

Pedí auxilio, salieron los vecinos de las otras buhardillas, y a más de una mujer compasiva la vi llorar, diciendo al mismo tiempo:

—¡Pobrecillo! Se muere de hambre, pero él se tiene la culpa; es muy orgulloso.

Inmediatamente le hice llevar una buena cama; le mandé mi médico, y una de aquellas vecinas se ofreció para cuidarle. Por fortuna, no estaba tísico: lo que tenía era que se moría de inanición.

Yo estaba enamoradísima de él, y él de mí; pero con su dichoso orgullo, se callaba como un muerto. Le busqué una colocación en casa de un abogado, y a los seis meses no parecía el mismo: había resucitado. Yo estaba impacientísima, esperando que me dijeran sus labios lo que me decían sus ojos.

Así pasamos un año. Un día fué mi doncella a su casa a llevarle unos libros, y al volver me dijo:

—¿A que no sabe usted lo que tenía el señor García encima de su mesa? ¡Una muñeca!, una muñeca muy hermosa. Porque la toqué con la punta de un libro, me echó una mirada... y cogiéndola con gran cuidado, la puso sobre la cama.

Al oír estas palabras cogí la pluma y le escribí una carta llena de disparates, pidiéndole explicaciones por qué tenía una muñeca en su poder.

No sé los castillos que formé en mi imaginación. Yo quería a mi Pepe con delirio; el abogado en cuya casa trabajaba, lo quería como un padre: me decía que era lo más bueno que se había conocido; que era todo un caballero. No puedes figurarte lo que sufrí aquel día; los celos me devoraban. Yo pensaba: «¿Si será casado, y esa muñeca será recuerdo de alguna hija suya?» Llegó la noche, y vino mi Pepe muy serio y muy triste: por vez primera me habló de tú, diciéndome con voz conmovida:

—Celia, habrás extrañado que no te hayan dicho mis labios lo que habrás leído en mis ojos. Yo te amo como mereces ser amada, y mi única felicidad hubiera sido casarme contigo; pero grandes obstáculos nos separan: el primero, tu inmensa fortuna; el segundo... la historia de mi vida. Voy a dejarte por esta noche todo lo que más amo en la tierra: los fragmentos del diario de mi protector, que él mismo me entregó, y la muñeca, que vale para mí más que todos los tesoros de la tierra. Mañana volveré a recoger lo que es parte integrante de mi vida. ¡Adiós!

Y estrechando mi mano entre las suyas, me miró con profunda pena y se fue.

Yo me quedé que no sabía lo que pasaba. Ni me atrevía a tocar el rollo de papeles, ni a abrir una caja forrada de terciopelo verde que había dejado sobre mi mesita de labor.

Por fin, abrí la caja y saqué una muñeca preciosa, vestida con un traje de glasé azul, muy descolorido, y una gorrita de encajes, blanca, muy ajada. Al verla, sin poderme contener, me eché a llorar; cubrí de besos la muñeca, la apreté contra mi pecho, como si fuera una criatura la coloqué en mi falda y me puse a leer con avidez lo que ahora te leeré.

Levantóse Celia, salió, y a poco rato volvió con un legajo de papeles amarillentos, se sentó, y con acento conmovido, leyó lo siguiente:

II

« ¡Qué horrible es el crimen! Ayer Anselmo era un hombre honrado, educaba a su hijo en la religión, y todas las noches le hacía rezar por el alma dé su madre. Hoy es un asesino convicto y confeso: su tierno niño será mañana el hijo de un ajusticiado.

»¡Y cuán hermoso es Pepito! ¡Con su frente blanca como las azucenas y sus ojos negros y tristes como su porvenir!

»¡Cuánto quiere a su padre! ¡Qué inteligencia tan precoz! ¡Parece un viejo, y aún no tiene ocho años! ¡Pobre niño! ¡Cuánto perjudica a su salud el aire mefítico del calabozo! ¡Cuánto me quiere! ¡Cuánto me dice con sus miradas! ¡Con ellas me pide la vida de su padre!

»Pepito está enfermo: ¿qué haré yo para distraerle? Una idea me ocurre: voy a llevarle una compañera, ¡una muñeca! Él es muy pacífico; estoy seguro que le gustan más los juguetes de las niñas que los que usan los niños; con todo, le llevaré una muñeca y una caja de soldados de plomo...

»Hoy, al salir del calabozo, he llorado como un chiquillo. Pepito vio la muñeca, se abrazó a ella y la cubrió de besos. ¡Qué contento se ha puesto!... Sus ojos han brillado de placer: no sabía si llorar o reír; no encontraba sitio donde colocar la muñeca, y por último ha creído que sobre sus rodillas estaba mejor que en ninguna parte.

»Me dice Anselmo que desde que tiene los juguetes su hijo, come con más apetito, juega con los soldados de plomo para divertir a la muñeca; cuando se acuesta la coloca junto a él, y hasta en sueños le habla y le pregunta si le quiere mucho...

»¡Qué día el de ayer tan horrible! Mientras Anselmo estuvo fuera del calabozo para escuchar su sentencia de muerte, hice salir a Pepito con la muñeca y sus soldados, y le traje a mi casa, donde permanecerá. ¡Pobre niño! ¡Todo lo ha comprendido!... ¡Qué horror! Pero ni en medio de su angustia abandona a su muñeca, a su compañerita, como él la llama: la oprime contra su pecho y no exhala ni una queja.»

A estos fragmentos acompañaba esta carta:
« Celia: ya habrás comprendido que el hijo del ajusticiado soy yo. El mismo juez que dictó su sentencia de muerte, me sirvió de padre, me hizo tomar y usar otro apellido de mis antepasados, y mientras él vivió fui hasta cierto punto feliz, porque hallé en él un espíritu que supo comprenderme. Su muerte instantánea y el egoísta proceder de su familia conmigo, me hundieron en la miseria y en la desesperación. Al verme enfermo, acaricié durante algún tiempo la idea del suicidio: dos veces he querido morir, y en ambas, al besar por última vez a la compañera de mi cautiverio, mi muñeca, me pareció escuchar la voz de mi protector diciéndome: "¡Espera!", y he caído de rodillas llorando como un niño.

»Ya sabes la historia de la muñeca que te inspiró tantos celos; ella me recuerda los dolores y las alegrías de mi niñez.

»Abrazado a ella he dormido muchas veces: para mí es un objeto sagrado, que conservaré eternamente.

»Eres joven, bella y riquísima: olvídame, porque entre los dos media un imposible. Tú serás feliz, porque mereces serlo; y yo lo seré, sabiendo que eres dichosa.»

III

La lectura de esta carta me dejó como te puedes figurar. Si amaba a Pepe con todo mi corazón, desde aquel instante me pareció imposible poder vivir sin él; y lo primero que hice fué guardar la muñeca y escribirle una carta que le hizo venir más que aprisa.

Pero no se arregló todo como yo deseaba; tuve que esperar cerca de dos años. Lo que sí conseguí fué que dejase la muñeca en depósito. Él se licenció de abogado, y no sé cuándo se hubiera llevado a efecto nuestra unión, si un incidente extraordinario no hubiese quitado a mi Pepe los escrúpulos que tenía de casarse conmigo siendo él pobre y yo rica.

Ya estaba resuelta a hacer donación de mis bienes a varios parientes y quedarme pobre para casarme con Pepe, cuando una noche vino mucho más tarde que de costumbre, y al preguntarle por su tardanza, me dijo que había estado en una reunión espiritista; que le había complacido tanto, que iba a comprar libros y que estudiaríamos los dos.

Como yo no tenía más afán que complacerle, me faltó tiempo al día siguiente para comprar cuántos libros espiritistas encontré en las librerías de Madrid. Pepe lo tomó con tal entusiasmo, que organizamos un grupo familiar y obtuvimos muy buenas comunicaciones. Pepe resultó médium; pero los mismos espíritus aconsejaron que dejase de escribir, porque como es tan sensible, se conmovía demasiado.

Una noche, nunca lo olvidaré, tuvimos un susto horrible. Púsose él a escribir; estaba pálido como un difunto. Inspirado por el espíritu de su protector, escribió con rapidez estas palabras:

«¡Qué papel tan importante representan en la vida del niño los juguetes! ¡Hijo mío! Acepta los bienes de la tierra, que el buen rico es la providencia de los pobres; y cuando tengas hijos, haz que éstos lleven juguetes a los hijos de los encarcelados. Estoy contento de ti.»

Dejó Pepe de escribir, miró a todos lados como un loco, gritando: «¡Padre mío! ¡Llévame contigo!...»

Nos costó muchísimo tranquilizarle. Él decía que había visto a su protector y quería irse tras él. Enteróse de lo que había escrito, se cotejó la letra de la comunicación con el manuscrito que él guardaba, y era la misma.

Al fin se convenció de que era una insensatez rechazar la felicidad; y un mes más tarde fui su esposa.

En diez años que llevamos de casados, no ha existido una nubecilla que empañase el cielo de nuestra dicha. Pepe es buenísimo, y en algunos días del año vamos a muchas casas pobres a remediar cuantos infortunios podemos.

IV

Se oyó ruido de un carruaje que entraba en el patio, y Celia salió corriendo a recibir a su marido en la escalera, volviendo a poco rato con su esposo, que se dejó caer en un sillón diciendo:

—¡Qué bien está uno en su casa!

Celia no había guardado el manuscrito; su marido reparó en él, y miro a su esposa, la que le dijo:

—Ahora lo guardaré: se lo he leído a Amalia. Como ella escribe, le puede ser útil.

—Escriba usted —replicó Pepe con acento emocionado—; diga usted que la comunicación de los espíritus es una verdad innegable, y que los juguetes son media vida para los niños.

41
FLOR DE LIS

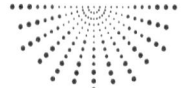

I

Conozco a una jovencita llamada Luisa, cuya historia es aún un libro en blanco. Hija de padres muy pobres, vive en medio de la más grande miseria; cinco hermanos menores la aturden a gritos, la molestan con sus exigencias y la hacen trabajar más de lo que puede. Cuenta Luisa dieciséis años; trabaja en un taller de ropa blanca, ganando un escaso jornal, que lo entrega a sus padres, los que no pueden dar a su hija bonitos trajes y otras cosas que desea la niña para realzar las gracias de su juventud.

Ayer me decía la madre de Luisa, casi llorando:

—¡Cuán atribulada vivo! Como Luisa trabaja tanto y no disfruta de nada, pues ni manta tiene en su camita, me ha dicho esta mañana: «Madre, ¿sabe usted qué estoy pensando? Que si yo me muriera, ganaba ciento por uno.» Y no sé, me miró de un modo tan extraño, que me dio miedo. Se ha ido a trabajar y estoy deseando que llegue la noche para volverla a ver. ¡Ay! ¡Qué desgraciados somos los pobres!

Sin darme cuenta, lloré por el porvenir de su hija, recordando la historia de otra joven.

II

Mi amiga Isabel se casó con Leoncio, empleado en el Ministerio de Hacienda, amándose extremadamente. En el banquete de la boda reinó una alegría general. Leoncio estuvo contentítisimo, y su esposa me decía por lo bajo: « ¿Querrás creer que tengo miedo de tanta felicidad? »... Al día siguiente la volví a ver; estaba risueña, pero creí vislumbrar alguna nube en el cielo de su dicha, y le dije al oído:

—¿Qué tienes? ¿Has sufrido algún disgusto?

—Sí... y no.

—Cuéntame, ¿qué te sucede?

—Una cosa muy rara. Anoche, cuando ya solos nos abandonamos uno en brazos del otro, de pronto Leoncio palideció, retrocediendo algunos pasos y murmurando con voz apagada:

—¿Flor de Lis?

Como puedes comprender, me asusté no poco, porque vi a Leoncio desfigurado, con el cabello erizado y los ojos casi fuera de sus órbitas. Yo no sabía qué hacer, y me daba vergüenza llamar a la doncella; corrí al tocador y empapé mi pañuelo en agua florida y se lo puse en la frente a mi esposo, el cual parecía un loco, hablando solo. Por fin se serenó, y al pedirle explicaciones de lo ocurrido, me dijo suplicante:

—Isabel, si me amas no me recuerdes nunca el suceso de esta noche.

No insistí en mis preguntas; nos acostamos, pero yo no pude dormir en toda la noche. Hoy, aunque él lo disimula, está triste, preocupado. Veremos en qué para todo esto.

III

Dos meses después, vino a verme Isabel, que se abrazó a mí llorando amargamente y diciéndome entre sollozos:

—¡Ay, Amalia! ¡Qué desgracia la mía!

Cuando la vi más tranquila, le pedí me explicara sus penas.

—Pronto están contadas: mi marido está loco.

—Eso no puede ser; ayer estuve hablando con él, y le encontré como siempre, cuerdo.

—¡Ah!, es que su locura es particular. ¿Te acuerdas de lo de la noche de mi boda?

—Sí, Flor de Lis...

—Pues con frecuencia se repite la misma escena. Casi todas las noches tenemos la misma historia: el día lo pasa perfectamente: va a la oficina, vuelve, y vamos a cenar con mis padres, y todos juntos al café, al teatro, donde yo quiera ir; pero al llegar a casa y entrar en nuestro cuarto y comenzar a desnudarnos, da principio la tragedia. Se agarra convulsivamente a mi brazo, repite frases incoherentes, y señalando a un rincón, me dice al oído.

197

—¡Reza, reza por el alma de Flor de Lis!

Vuelve a tranquilizarse, nos acostamos, él se duerme, y a veces soñando llama a Flor de Lis. Yo estoy molestísima disgustada. Cuando le interrogo, me dice:

—Isabel, no me hables de eso; a ti sola quiero en el mundo, que por tu amor he sido criminal; no me preguntes nada.

Todos estamos como sobre ascuas. Mi madre quiere que un médico alienista reconozca el estado de Leoncio, pero no me atrevo, por no saber cómo lo tomará mi marido. Por otra parte, veo que él no está bien: se le ve enflaquecer; así es que vivo en un infierno y a la vez en la gloria, porque él me quiere con delirio. Hoy le he dicho que venga a buscarme aquí, con ánimo de que le veas tú y me digas tu opinión, pero no te des por entendida de nada: ¡discreción!

Seguimos hablando del asunto, hasta que llegó un amigo mío, ferviente espiritista, médico eminente y gran observador de la fenomenología, a la que consagraba sus estudios más profundos. A poco rato vino Leoncio, y yo, de intento, hice rodar la conversación sobre Espiritismo.

Enrique, que es elocuentísimo, contó varias aventuras de sus viajes; habló de presentimientos, de apariciones, de venganzas, de obsesiones, y observé que Leoncio le escuchaba atentamente, hasta el punto que al decir Isabel: «Vámonos, que ya es tarde», su marido le replicó.

—Siéntate, siéntate, que lo que dice este caballero nos interesa a los dos.

Enrique siguió hablando y contestando a varias preguntas de Leoncio; éste, por último, le dijo:

—Nunca hice caso del Espiritismo, ni creo en él; pero si usted me lo permite, voy a contarle lo que me sucede. Pero antes referiré un episodio de mi vida de soltero.

Isabel miró a su esposo asombrada. Él la comprendió y le dijo gravemente:

—A grandes males, grandes remedios; yo estoy enfermo, sufro y te hago sufrir, y ya que la casualidad me presenta un hombre de tan profundos conocimientos como es este caballero, quisiera saber si estoy loco, o si estoy cuerdo. Comienzo, pues, mi confesión:

IV

De soltero no engañé nunca a mujer alguna; compraba el amor hecho. Una tarde vi a dos jóvenes que me llamaron vivamente la atención, en particular una de ellas, morena, pálida, con ojos retadores... Su compañera, blanca y rubia, era un tipo más vulgar, y hablaba y reía ruidosamente. Púseme al lado de ellas; comencé a decirles tonterías, y la rubia siguió la broma alegremente, mientras que la morena no me contestó ni una sola palabra. A mis palabras insinuantes me dirigió una sonrisa tristísima, que parecía la avanzada anunciadora de un raudal de lágrimas.

Su silencio hizo exclamar a la rubia, en son de mofa: « ¿Te has vuelto muda, Flor de Lis? »

Seguí la pista de aquella niña, y supe que era huérfana recogida por una pobre lavandera que la prohijó. Se llamaba María, pero por su afición a las flores de lis y el color granate, dieron en llamarla con el nombre de la aristocrática flor.

Trabajaba en una modistería de sombreros, y el fruto de sus labores lo entregaba íntegro a su madre adoptiva.

Flor de Lis consiguió despertar mi sentimiento. Durante dos años, todas las noches iba a buscarla al taller; la acompañaba a su casa, subía a su cuarto, y su madre adoptiva me recibía con el mayor cariño, sentándonos los tres y charlando familiarmente. Frecuentemente solía decirme Flor de Lis, a solas: « Yo soy poco para ti: te casarás con otra, lo sé; y, el día que tú te cases, me moriré. Tú lo eres todo para mí; yo para ti no soy más que un dulce entretenimiento. Siempre que te vas, pienso: ¡quién sabe si le veré más! »

Y la pobre niña tenía razón, pues nunca se me ocurrió hacerla mi esposa, ni tampoco me asaltó la idea de abusar de su inmenso cariño. A su lado me hallaba bien, y olvidaba teatros, reuniones, familia y amigos, sin preocuparme de nuestro porvenir.

Luchaba conmigo mismo, haciéndome el propósito de no volverla a ver, ya que no iba a ser mi esposa, pero instintivamente olvidaba todo plan forjado, y volvía, atraído poderosamente por el cariño de Flor de Lis.

Una noche, que era el santo de mi madre, se daba un gran baile en mi casa, y tuve que dejar de ir a ver a Flor de Lis. Aquella noche conocí a la mujer que hace dos meses es mi esposa. Isabel absorbió desde entonces toda mi atención, toda mi alma. Intenté varias veces escribir o visitar a Flor de Lis para explicarle mi vida y mis proyectos de casamiento con otra mujer, mas no lo hice, no me atreví a confesarle mis intimidades, sintiendo a la vez profunda lástima por ella, sabiendo lo buena y amorosa que siempre estuvo conmigo y lo mucho que me amaba.

En fin, me casé con Isabel, y cuando llegó la noche, en el momento de quedarme solo con mi esposa, se me presentó Flor de Lis, vestida de blanco, con el cabello suelto y una flor de lis sobre el corazón. Desde entonces, casi todas las noches se repite la aparición. No he tenido valor para preguntar si ha muerto: me encuentro asombrado, aturdido: no sé si estoy loco, o cuerdo.

¿Es que mi remordimiento me hace ver su imagen? ¿Es que su sombra me persigue después de muerta? ¿No se disgrega todo en la tumba? Yo vivo mal, y hago sufrir a Isabel, que es lo que más siento.

—Lo más probable es que Flor de Lis habrá muerto —dijo Enrique—. Mañana iremos Amalia y yo a ver lo que hay de cierto. Entonces, con conocimiento de causa, haré cuanto esté de mi parte por separar a usted de ese espíritu que sufre y hace sufrir.

Isabel quedó apesadumbrada al saber que su felicidad fuera la muerte de aquella pobre niña. Se empeñó en ser también de la partida, para saber lo que había sido de Flor de Lis.

V

Al día siguiente fuimos los tres a la calle de Embajadores y entramos en la casa que nos había indicado Leoncio. En el portal encontramos a dos mujeres, y mi amiga Isabel preguntó a una de ellas:

—¿Vive aquí Flor de Lis?
—Vivía, señora, vivía.
—¿Se ha mudado?
—Sí, al cementerio.
—¿Hace mucho que ha muerto?
—Más de dos meses.
—¿Y de qué murió? —pregunté.
—¡De pena! ¡Pobrecilla!
—¿De pena?
—Sí, señora; y a mí nada me extraña; ¡tenía que suceder!...
—¿Por qué? —balbuceó Isabel.
—Toma, porque los peces no viven fuera del agua, y Flor de Lis no vivía como viven los de su clase. Como era tan señorita, no quería ningún trabajador. Por eso se enamoró de un hombre sin entrañas, que la llenó de ilusiones la cabeza, y luego... ¡si te he visto no me acuerdo! Flor de Lis, como era muy reservada y sentida, se fué consumiendo, poco a poco, como candil sin aceite; y una noche, cosiendo, se quedó muerta... ¡Pobrecilla!

—¿Y Narcisa, su madre adoptiva? —preguntó Enrique.
—Hace quince días que murió en el hospital, maldiciendo al que la había dejado sin hija.

Isabel, oyendo esto, no pudo contener su llanto. Las dos mujeres la miraron con extrañeza, y Enrique puso fin a aquella escena, haciéndonos marchar más que de prisa.

VI

Al llegar a casa, encontramos esperándonos a Leoncio. Bastóle ver a su esposa para comprender que Flor de Lis había muerto, pues Isabel sollozaba sin consuelo.

Enrique se encargó de la curación de Leoncio. Isabel, sin poderlo remediar, siempre estaba triste, hasta que dio a luz a una niña preciosa, que volvió la alegría a mis buenos amigos. En recuerdo de la infeliz obrera, llamaron a la recién nacida Flor de Lis, amada con delirio por sus padres.

Enrique, como si presintiera un algo misterioso, cuando veía a Isabel con la pequeñita en brazos, murmuraba:

¡Qué misteriosa es la vida!

¡Cuántas, cuántas mujeres jóvenes y hermosas sienten frío en el alma, y mueren como Flor de Lis!

42
¡EL FRÍO!

Hablando con un médico acreditadísimo por sus éxitos científicos, amigo mío, se me ocurrió preguntarle:

—Alberto, ¿qué enfermedad causa más estragos en las mujeres?

—El frío.

—¡El frío!... pero, ¿en qué sentido?

—Fácil es de comprender: el frío del alma.

—Has dicho una gran verdad.

—Hija indudablemente de la experiencia, pues desde pequeño he visitado enfermos. Mi padre me adoraba como un ídolo, y siempre me llevaba en su compañía y me hablaba de las enfermedades, como podría haberlo hecho con un condiscípulo; así fué que llegué a conocer la medicina mucho antes que yo pudiera leer las consideraciones de Hipócrates sobre *La naturaleza del hombre, sus Pronósticos y Aforismos y los Comentarios*, que sobre ellos hizo Galeno.

Para mí, desde muy niño, estaba de más la terapéutica, y después me convencí de que, para los males del alma, no hay medicina en el mundo: acertado estuvo el poeta al escribir:

> « Ante la horrible tempestad del alma,
> las tempestades de la mar, ¿qué son? »

He estudiado todos los sistemas curativos, y veo que todos son insuficientes cuando el enfermo tiene ese frío interior, esa dolencia inexplicable que los poetas han querido bautizar con nombres retumbantes *como el mal del cielo, la nostalgia del infinito,* etc, etc.

Yo te aseguro, Amalia, que si fuera rico no visitaría a la mitad de las familias que me llaman, porque en cuanto entro en una casa, conozco si sus moradores viven en el trópico o en la región de las nieves perpetuas, y les diría claramente: « Señores, aquí sobra uno, y ése soy yo. » Pero, ya se ve, a mí me sucede lo que a los ministros de las religiones, que aun conociendo que defienden una caterva de absurdos, es su oficio defenderlos, y por la cuenta que les tiene, lo ejercen como si creyeran en ellos. Sin embargo, créeme, amiga mía, el visitar a ciertos enfermos me causa remordimientos, pues sé que con toda mi ciencia nada he de conseguir. Hace unos días se me murió una enferma, en quien empleé todos los recursos que me ofrecía la ciencia. Mi empeño en arrebatarla de la muerte fué completamente inútil. ¡Pobre Margarita!

Alberto, al decir esto, estaba profundamente conmovido, y le pregunté:
—¿Querías mucho a esa enferma?
—El segundo beso que recibió en este mundo fué de mis labios. Tenía yo diez años cuando ella nació; cuarenta inviernos ha permanecido en la tierra; y la mayor parte de ese tiempo la he tratado con bastante intimidad, sucediéndome con ella una cosa muy extraña. Yo la quería, estaba, se puede decir, enamorado de su cuerpo y de su alma; pude hacerla dichosa, y no obstante, nunca le revelé mi cariño. No creo en predestinaciones ni en las expiaciones que aceptáis los espiritistas; pero es innegable que hay seres que viven condenados a un perpetuo sufrimiento sin haberlo en su existencia merecido.

—¿Y qué explicación racional me das de ese efecto, cuya causa desconoces?

—No sé qué decirte, pero te aseguro que Margarita no pecó; si hay santas en la tierra, ella fué de las escogidas, y, o pagó culpas de otro, o se ofreció como víctima expiatoria; en fin, me confundo.

—Ya hay motivo.

—Los padres de Margarita vivían en continua guerra, y cuando ella nació, acabaron de desunirse, porque el autor de sus días, muy orgulloso de su noble y antiquísimo abolengo, deseaba un varón que perpetuase su raza, y la venida de Margarita le exasperó. La inocente criatura no recibió ni un beso de su padre; su madre, para evitarse disgustos, la entregó a una nodriza, que se la llevó a su casa. Más visitas hacíamos mi padre y yo a la pequeñuela, que su misma madre. Del padre no hay que hablar: jamás se tomó el trabajo ni de preguntar por ella. Mis alegrías eran de que mi padre me llevara los jueves a ver a Margarita. La niña, en viéndome, me tendía los brazos, y yo la paseaba, la enseñaba a andar, le llevaba golosinas, y era feliz jugando con aquella muñequita de carne y hueso. A los cuatro años volvió a su casa paterna, y desde entonces comenzó la infeliz a sufrir lo indecible.

Su padre la trataba con la mayor indiferencia; su madre, de carácter débil y apocado, sin fuerza de voluntad ni viveza de sentimiento, jamás tuvo en favor de su hija ninguno de los nobles arranques propios del amor maternal; y Margarita, que en casa de la nodriza tenía sonrosadas las mejillas y rojos los labios, al año de vivir con sus padres tenía los labios blanquecinos y las mejillas amarillentas, viéndose con frecuencia atacada por la fiebre.

Murió el padre cuando la pobre niña contaba diez años. Su madre, a los pocos meses de viudedad; casó en segundas nupcias con un jugador, que en breve tiempo las dejó reducidas a la miseria. Margarita hubo de entrar en una guantería, cuyos dueños explotaron su desgracia y su docilidad; la infeliz trabajaba de día y de noche en todo cuanto le mandaban, y a los veinte años parecía que tenía cuarenta. En sus labios no se dibujaba nunca una sonrisa, pero tampoco exhalaban una queja: únicamente cuando hablaba conmigo se animaba y me decía:

—Alberto, tú que sabes mucho y eres tan buen médico, ¿por qué no me quitas este frío interior que hasta en pleno verano me hace tiritar?

Sentíame impulsado a declararle mi amor, única medicina que necesitaba, pero... me quedaba mudo. Quizá mis ojos le decían lo que callaban mis labios, porque la infeliz añadía:

—Cuando tú me miras, se me quita el frío; mas como no me puedes mirar siempre, dame una medicina, Alberto, un remedio que tenga la virtud de tus miradas.

Así seguimos hasta que cumplió Margarita veinticuatro años. Una tarde, sonriendose tristemente, murmuró en mis oídos:

—Pronto comerás dulces de mi boda.

—¡¡Cómo!!... ¿Te casas?

—Sí; me casan. El hijo del amo es un perdido, y sus padres se prometen que casándolo conmigo reformará sus viciosas costumbres, pues parece amarme y me guarda multitud de atenciones que niega en absoluto a los demás.

—¿Y tú le quieres?

—No; pero se trata de una familia que me ha protegido, y cuando mi madre enviudó por segunda vez, se la trajeron a casa, han cuidado de su sustento y han sufrido sus impertinencias, hijas de su enfermedad. Yo no les puedo pagar sus favores sino accediendo a sus deseos. He aquí por qué me caso.

—¡Pero eso es horrible, Margarita! Tú no debes nada a esa familia. Si algo han hecho por ti, se lo has devuelto con usura, porque tú trabajo, tu buena dirección, tu interés por la prosperidad de la fábrica, merecían una crecida recompensa. Y en vez de una recompensa, van a sacrificarte, uniéndote a un hombre indigno, a quien nunca podrás amar.

—Es cierto, nunca le amaré. Pero si tengo hijos, ellos serán mí consuelo y mi esperanza.

Margarita entonces me miró como nunca me había mirado. Yo sentí una emoción violentísima; quise hablar... y enmudecí como de costumbre.

Algunas semanas después, asistí a su casamiento. Ella parecía un cadáver: ¡pobre mártir! Al año, creí que se moría para dar a luz a un niño; al año siguiente, otro nuevo pequeñuelo la puso a las puertas del sepulcro, quedando tan delicada, que no volvió a recobrar la salud.

Su marido siguió su vida de libertinaje. Ella llevaba la dirección del comercio, trabajando día y noche. Sus dos hijos salieron más malos que las víboras, iracundos, violentos, con perversas intenciones. Se complacían en sacar los ojos a los pájaros, en estrangular a los gatos y maltratar a los perros. Margarita no pudo tener ni el consuelo de verse amada por sus hijos. Luchó, hizo cuanto pudo, por dominar a aquellas pequeñas fierecillas; mas todo fué inútil: hubo que encerrarlos en un colegio, sometidos a una rigurosa disciplina, en vano también.

En tanto, el establecimiento prosperaba en manos de Margarita. Era la guantería de moda. Su madre, sus suegros, su marido, todos estaban contentísimos de Margarita; sin embargo, aquello era puro egoísmo. La infeliz era la última en acostarse y la primera en levantarse al trabajo, sin que nadie se preocupase de su salud, aunque la tos desgarrase su pecho, aunque la ahogase la fatiga.

Empeoró rápidamente y yo sufría mucho viéndola, porque la quería con todo mi corazón. Por amor a ella, no he puesto los ojos en otra mujer. ¡Cuánto he sufrido viéndola morir y mi impotencia en poder salvarla!

— ¿De qué sirve tu ciencia si me dejas morir de frío? —me decía tristemente.

Un mes antes de su fallecimiento propuse a su familia que la hicieran mudar de aires. Yo bien conocía que no había remedio para ella; pero quise que muriera fuera de su cárcel, respirando el aire de la libertad, rodeada de cariñosas atenciones. Me ofrecí a acompañarla, y todos, ella por verse libre y los demás por ahorrarse gastos, aceptaron mi ofrecimiento.

¡Pobre Margarita! Cuando ella se vio en el campo paseándose apoyada en mi brazo, por el bosque y sentándose conmigo al pie de los limoneros, libre de la mirada egoísta, codiciosa, de los suyos, creyóse transportada al cielo de sus más gratas ilusiones. Estaba asombrada de tanta felicidad.

—¿Cómo no se te ha ocurrido traerme antes a es te sitio? —me decía— ¡Aquí no tengo frío! ¡Aquí me encuentro bien!...

¡Pobrecilla! Estaba herida de muerte; la tisis de su alma iba devorando su cuerpo. El día antes de morir, sentados ambos junto a un estanque, me dijo solemnemente:

—¿Sabes qué pienso? Que Dios es muy injusto si el alma no tiene más que una existencia. Pocas horas me quedan de vida, y ahora comprendo que la ciencia era impotente para curar mi enfermedad. ¿Cómo habías de quitarme el frío que hacía tiritar mi cuerpo, si lo tenía en el alma?... Nadie me ha querido, y la indiferencia es una sábana de hielo para las almas que sufren y suspiran.

—Te he querido yo —murmuré.

—¿Y de qué me ha servido tu cariño? —replicó con acento—; ¡me has dejado morir sin compasión! ¿Qué habrá después de la muerte? Lo ignoro, pero miro al cielo y me parece que veo cataratas de luz. Aún no brillan las estrellas, y yo veo muchos cuerpos luminosos. Tú que tanto sabes, dime: ¿qué hay más allá de la tumba?

Margarita estaba transfigurada. Sus mejillas allá, siempre pálidas, estaban sonrosadas; en sus ojos irradiaban fulgores de esperanza; en sus labios húmedos y rojos entonces, se dibujaba sonrisa dulcísima. Tomó mi diestra entre sus manos, y mirándome apasionadamente, exclamo con voz casi imperceptible:

—¡Qué bien deben vivir los que no sienten frío!

Me costó trabajo llevarla a casa y conseguir que se acostara. Al fin me obedeció y se quedó dormida, mientras yo buscaba en los libros una ráfaga de luz científica... ¡Todo inútil! A la mañana siguiente me pidió una rosa blanca que había junto al estanque. Cuando la tuvo en su poder, la contempló tristemente unos instantes, y luego, deshojándola con nerviosa agitación, clavó sus ojos en los míos y me dijo con acento entre acusador y amoroso:

—¡Así has deshojado tú las más hermosas ilusiones de mi alma! ¡Por esto muero de frío!

Y cerró los ojos para siempre. Caí de rodillas, desesperado, maldiciendo mi irresolución. En el mes que viví cerca de Margarita comprendí cuánto valía su hermoso corazón. Yo hubiera podido ser feliz haciéndola mi esposa, y ella no habría muerto.

—¿Y su familia, ha sentido su muerte?

—Mucho; más no por amor, sino por egoísmo.

—¡Cuán gozosa estará ella por haber dejado la compañía de personas tan interesadas y frívolas!

—¡Qué quieres que te diga, Amalia! Yo creo que se muere, y en paz. En fin, no sé. No quiero meterme en honduras; bastante tengo con estudiar cuál será la mejor medicina para curar la enfermedad del frío; pues si te he de ser franco, cuanto más estudio el problema, más difícil me parece.

—Pues su solución es muy fácil... Decían los filósofos griegos que el gran principio de la sabiduría consiste en saber querer: si tú hubieras sabido querer a Margarita, el frío del alma no hubiera helado su cuerpo.

—Lo creo así; y no acierto a comprender por qué no me decidí a darle mi nombre.

—Porque indudablemente el frío del alma había de ser su expiación, y no podía ser dichosa.

El sol de las almas es el amor. ¡Desdichadas las que no reciben el ósculo del sol, porque se mueren de frío!

43
DOS MUJERES

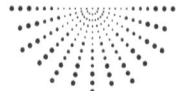

I

La mujer es, como el hombre, un espíritu imperfecto, pero perfectible.

Hace poco tiempo, en un mismo día, vi a dos mujeres que me impresionaron vivamente.

Para ir desde Gracia a Barcelona, tomé asiento en un tranvía, y en pos de mí, subió una joven hermosísima, que se sentó a mi lado. Era alta y esbelta, de formas bastante desarrolladas, pero de cintura tan delgada, que parecía increíble, siendo tan ancha de hombros, y tan abultada de caderas, pudiese tener un talle tan flexible y tan gentil. Blanca y sonrosada, caían sobre su frente con gracioso abandono, unos rubios cabellos rizados y peinados con artístico desaliño, descansando sobre sus hombros luengos rizos; en sus ojos azules relampagueaba cierta expresión entre picaresca y lasciva, y en su boca una de esas sonrisas tentadoras que hacen pecar al más ascético anacoreta.

Un traje de terciopelo negro aumentaba su belleza diabólica, y un sombrerito de graciosa forma, de igual color y tela que su vestido, adornado con larguísima pluma de cisne, completaban el lujoso y elegante atavío de aquella infortunada. Y digo infortunada, porque su aire desenvuelto, sus maneras provocativas, su semblante picaresco..., todo denunciaba a qué clase pertenecía. Aquella seductora muchacha era una copa de alabastro llena de cieno, a la cual se le podían aplicar versos de Eugenio Sellés:

> « ¡Montón de carne lasciva
> sobre un espíritu muerto! »

Al llegar a la Plaza de Cataluña, las dos bajamos, y por un breve espacio seguimos la misma dirección, ofreciéndome con tal motivo ocasión de ver una escena que acabó de persuadirme de lo que era aquella vampiresa. Dos jovencillos, dos pisaverdes, exclamaron al verla:

—¡Mira a Lola! ¿A dónde vas, mujer, con tanto rumbo y tanto lujo?

Y uno de los mozalbetes, tirándola bruscamente de uno de los rizos, la obligó a lanzar un grito, al cual respondieron ellos con una ruidosa carcajada. Seguí mi ruta, no sin volver la cabeza, para ver por última vez a aquella joven, que con toda su elegancia, su belleza y distinción, era la mofa de unos adolescentes mal educados que se complacían en atormentarla.

¿Qué es la mujer en el colmo de la degradación? El ser más repulsivo de la tierra. ¿De qué le sirve a aquella meretriz su hermosura, su buen gusto en el vestir? ¿De qué todos sus encantos?... Para ser juguete del hombre más tirano con la mujer comprada, que el niño con sus caballos de madera.

¡Pobre Lola! En tu seno, que sería fuente de vida si fueses honrada, ningún pequeñuelo calmará su sed. La mujer que vende su cuerpo, no se pertenece; una fiera tiene el derecho de ser madre; una ramera no puede mirar el cielo en los ojos de su hijo. Una esclava blanca vive más esclavizada que la negra; ésta, por el interés de su dueño, amamanta a su hijo, y mientras le mira, le duerme en sus brazos, escucha sus primeras palabras y sorprende sus primeras sonrisas, olvida su esclavitud; pero en el abismo de la prostitución, la mujer se convierte en cosa, su corazón deja de latir al impulso de nobles emociones; su pensamiento se petrifica... Y, ¿qué es la mujer sin sentimiento?, ¿sin el sacerdocio de la maternidad?, ¿sin la aureola del pudor, del candor y de la pureza? Un ser más innoble que el último irracional.

II

Tristemente preocupada, seguí mi camino. Interrumpí mis reflexiones para visitar a una joven casada y madre, que acababa de llegar a Barcelona, hija de una amiga mía.

¡Qué impresión tan dulce sentí al ver a la recién llegada! Se llama Ventura, y ventura rebosan sus bellos ojos. Hay algo en su frente que habla al alma; su voz de suavísimo timbre, parece que acaricia; a su lado se disfruta de un inexplicable bienestar. Involuntariamente, recordé a Lola y murmuré: « He aquí dos mujeres que parece imposible se hallen animadas de un mismo principio etéreo, de una misma esencia divina. Aquélla tan desenvuelta, tan incitante; ésta tan modesta, tan pudorosa; aquélla, a pesar de su lujo deslumbrante, no puede ocultar los harapos de su alma; ésta, con una sencilla bata gris—violeta, un pañuelo negro que envuelve su talle, y sus negros cabellos recogidos en un abultado rodete, es hermosa como la pureza, como un rayo de luz de la alborada. » Preguntándola si estaba contenta por haber terminado su viaje, me dijo:

—Sí, estoy contenta, porque he visto a mi madre; pero estoy aturdida entre tanta gente: me parece que estoy fuera de mi centro. ¡Vivía tan bien en mi retiro!... ¡Llevaba una vida tan tranquila!... Por las noches, después que acostaba al niño, me ponía a bordar, y mientras mi esposo me leía algún libro, pasábamos las horas felices.

—Se conoce que eres muy dichosa en tu matrimonio.

—¡Oh, sí, sí! Hace siete años que estoy casada, y nunca hemos tenido el más leve disgusto. Él siempre procura estar a mi lado; sin mí, no se sabe vestir; desde que me casé, solamente he salido tres veces sin mi esposo. ¡Estoy tan contenta en mi hogar!... En una isla desierta pasaría yo la vida feliz, sin acordarme del mundo, teniendo a mi madre, a mi esposo y a mi hijo conmigo.

Y al decirlo, Ventura envió a los suyos una mirada dulcísima, acariciadora, acompañada de una sonrisa celestial.

Mi joven amiga es el tipo perfecto de lo que debe ser la mujer casada. Estoy conforme con que las mujeres se instruyan, y si es posible, sigan una carrera literaria, tomando parte en el movimiento universal de la vida inteligente; pero cuando encuentro una mujer como Ventura, en cuyos ojos se lee un poema de amor; cuando aspiro el perfume de esas almas que exhalan deliciosa fragancia en el recinto de la familia, y que, cual tímidas palomas, no quieren extender el vuelo lejos de su palomar; cuando veo esas mujeres que parece han descendido a la tierra para recordar al hombre que hay otros mundos mejores, exclamo con íntima convicción: « Estas flores tan delicadas como la pudorosa sensitiva, no deben salir de su habitual invernadero: luchen en el mar de la vida los espíritus destinados a la lucha; mas las almas que vienen a sonreír, a gozar de los purísimos afectos familiares, no han de exponerse al embate furioso de las olas: que el huracán de las pasiones humanas deshoja las flores del sentimiento y de la esperanza.

III

Aquel mismo día, después que salí de casa de Ventura, fui a ver a una amiga que rechaza el Espiritismo, niega la comunicación de ultratumba y reza ante varias imágenes. Contéle mis impresiones. Cuando una mujer siente mucho, necesita hablar, aunque sea con su sombra.

—Vamos a ver —le dije—, explícame qué solución dan tus creencias católicas a esta misteriosa contradicción. Las dos mujeres de que te hablo provienen de la omnipotencia de Dios, son hijas de la sabiduría del Eterno, y, sin embargo, mientras Lola es una degradada, corrompida, causa de perdición por su seductora belleza, sin corazón ni sentimiento, Ventura es un alma angelical, purísima, consagrada al amor de los suyos, sonriendo tranquila bajo la dulce protección de su esposo, y siendo modelo de virtudes. ¿Por qué, si las dos vienen derechamente de la mano del Altísimo, una de ellas es el ángel caído, viviendo entre tinieblas, y la otra el arcángel de la luz? ¿Por qué, si ambas nacieron inocentes, escribe la una su historia con cieno y la otra con divinos resplandores? ¿En dónde está la justicia de Dios?

—Yo no me meto en esas honduras, ni en esas averiguaciones; acepto las cosas como las he hallado, porque aunque yo cavile, no cambiarán las cosas.

—Pues haces mal, muy mal, por cuanto si no cambia el ser de las cosas, cambia con el estudio la apreciación que hacemos de ellas. Yo creería que Dios era injusto, si no supiera que el progreso del espíritu es indefinido; yo negaría su justicia, si creyera que Lola no tenía más vida que la presente; pero como creo que su vida es más larga, creo también que el enorme peso de su cruz la abrumará un día, obligándola a exclamar:

« ¡Señor!... ¡Señor!... ¡Yo quiero llegar hasta Ti! ¡El desprecio del mundo me persigue! ¡Soy el árbol maldito que no produce fruto! ¡De mí se alejan el niño y el anciano, y el hombre joven me arrastra a sus orgías para luego abominarme y maldecirme! ¡Señor!... ¡Señor!... ¿no habrá misericordia para mí? »

Y alguien le dirá:

« ¡Levántate y sígueme, que para Dios todos los espíritus son herederos de su gloria! No hay mancha que no borre la expiación. »

Así comprendo que Dios es justo, dando a todos sus hijos el mismo patrimonio: el trabajo y el progreso, y la eternidad como campo de las oraciones, donde las humanidades libran sus batallas, conquistan sus reinos, que son los innumerables mundos donde encarnan los espíritus para luchar los unos, para enseñar los otros, para reposar aquéllos. Al número de los últimos pertenece Ventura, que por esta vez ha venido a la tierra a sonreír.

Mi pobre amiga se encogió de hombros, se sonrió y me dijo:

—Cada loco con su tema: en cuanto a mí, en teniendo con qué vivir no me preocupa la suerte de los demás. Adiós, Amalia que te vaya bien.

IV

Indudablemente, en este planeta nos reunimos multitudes de espíritus condenados a dolores perpetuos, a trabajos forzados, y es preciso que empleemos nuestra actividad en mejorar las condiciones de este presidio. Por mi parte, haré lo posible por engrandecer y purificar mi espíritu. ¡Quiero vivir! ¡Quiero elevarme a la altura mayor que me sea posible!

¡Feliz el alma que viene a este mundo en las condiciones que rodean a Ventura! La mujer convertida en pudorosa violeta, exhalando perfumes de amor entre su esposo y sus hijos, es uno de los más hermosos símbolos de la felicidad terrestre.

¡La mujer que ama es una plegaria viviente, una oración purísima del alma!

44
¡CONSUELO!

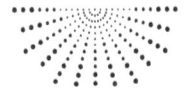

Nada me causa más tristeza que un niño grave y juicioso, porque veo en su frente una marca misteriosa, un jeroglífico que descifrado dice así: *¡Me iré pronto!* Y aunque ya se sabe que el que se muere gana ciento por uno, el dolor de la ausencia de un ser querido, es terrible. Por mi parte, confieso ingenuamente que, efecto quizá de las muchas amarguras que han acibarado mi vida, me falta valor para presenciar la desesperación de una madre llorando ante una cuna vacía o que sirve de lecho mortuorio a un tierno hijo.

Las lamentaciones de la familia, las alabanzas de los amigos, son escenas que me trastornan y me conmueven de tal modo, que me va siendo imposible presenciarlas. Pues bien, a pesar de mi excesiva sensibilidad, que ha llegado a ser un grave defecto, privándome en ocasiones de ser útil a los que sufren, hace algunos días que, habiendo muerto una niña, al contemplar su cadáver y besar su frente, murmuré con melancólica satisfacción: ¡Gracias a Dios que te has ido, pobre mártir!

Volví a besar su frente helada, miré sus ojitos, piadosamente cerrados, cuyas largas pestañas daban sombra a las blancas mejillas, y noté el buen gusto con que habían recogido sus negros cabellos, sobre los cuales descansaba un lazo azul. Habíanle puesto su mejor vestido y un velo blanco cubría todo el cuerpo que reposaba en una camita de hierro.

Junto al lecho había una mesa cubierta con un tapete blanco de *crochet*, y sobre ella dos candelabros con velas encendidas. Las luces alumbrando a los muertos me producen una impresión inexplicable: no he podido nunca comprender por qué los restos humanos se han de rodear de blandones, que hacen aún más triste el aspecto del cadáver. Volví a besar a la niña.

Salí de aquel aposento, no triste y desconsolada, sino tranquila serena, al ver la cesación de un sufrimiento.

La niña habíase llamado Consuelo, y el primer consuelo que recibió su espíritu fue, sin duda, el separarse de su cuerpo, que por espacio de siete años había sido su cárcel.

Consuelo no era una niña como las otras; por eso en el mundo no hizo más que sufrir. La pobre no tuvo infancia.

Sus padres fueron un hombre de una familia distinguida, pero que por sus vicios, sus desaciertos y locuras, estuvo más de once años en presidio, y una mujer frívola, que no supo medir el hondo abismo donde se lanzaba al casarse con un hombre de tan malos antecedentes. Uno de los frutos de esta unión fué Consuelo, que por la falta de salud de su madre no pudo recibir de ésta su primer sustento. Por consiguiente, ni sus primeras sonrisas, ni sus primeros balbuceos alegraron a los autores de sus días, ni fué su madre la que la enseñó a dar los primeros pasos.

Cuando Consuelo entró en su casa, ya era una niña melancólica y grave, que sabía apreciar el cuadro de su triste hogar. Halló a su madre, joven aún, casi siempre enferma por el continuo sufrimiento, llevando una existencia lánguida y monótona, cosiendo día y noche y descuidando muchas veces el arreglo de sus hijos, que los pobres, ya es sabido, dan la vida por la vida. Consuelo, sentadita en su silla, contaba cuatro años, y ya tenía la discreción necesaria para no quejarse nunca ni pedir un poquito de pan, aunque fueran las dos de la tarde y no hubiese tomado alimento alguno.

Educada en la escuela de la desgracia, humillada por el infortunio, cuando se sentaba a mesa ajena, aunque viera ante sus ojos los más de delicados manjares, nunca se atrevía a formular un deseo, y cuando le preguntaban:

—¿Qué quieres, Consuelo?, ¿qué postre te gusta más?

—Lo que usted quiera —contestaba la niña, sonriendo con particular dulzura.

A los ojos de los que la conocían era un ángel; a los míos era, además de un ángel, una mártir, porque quitarle a la niñez la espontaneidad, la travesura, las exigencias, es despojarla de todos sus atributos de vida. El niño ha de jugar, ha de ser revoltoso, ha de tener instantes de alegre locura, ha de irradiar en sus ojos la luz divina de la satisfacción del alma.

¡Ay de los niños que al dejar la cuna aprenden a ocultar sus deseos! ¡Cuán desgraciados son! Se asemejan a la fruta que sin madurar cae del árbol: así como ésta no tiene sazón, aquéllos no tienen alegría... ¡Pobrecitos!... ¡Pobrecitos!...

Consuelo, por su buen carácter, era querida en todas partes; más como el pan de la limosna alimenta, pero no nutre, y vivir de limosna es poco menos que morirse de hambre, así la reflexiva niña, que comía con frecuencia el pan de la caridad, iba languideciendo, agonizando lentamente.

Un día, sintió un dolor agudo en la garganta; sin embargo, nada dijo a su madre ni a la noble y buena familia que en aquellos días les daba generoso albergue. Vino la noche, y al reñirla su madre porque había hecho menos *crochet* que de costumbre, Consuelo lloró silenciosamente, y llevándose las manos a la garganta, dijo que le hacía mucho daño.

Siete días luchó con la horrible enfermedad de las anginas diftéricas, sufriendo inexplicables dolores, sobrellevados con estoica resignación, y sonriendo dulcemente a cuantas personas se acercaban a preguntarle si estaba mejor. Dos horas antes de morir, estando sola con su madre, incorporóse Consuelo y dijo con visible afán:

—Mamá, dame los dos caballitos de plomo, que quiero jugar un ratito ahora que nadie nos ve.

Su madre le llevó los dos caballitos, y la pobrecilla estuvo jugando muy contenta, hasta que sintió pasos: dejóse caer entonces en su lecho, púsose del modo que el médico ordenaba, y una hora después exhaló su último suspiro, sin la menor fatiga, siendo sinceramente llorada por cuantos la conocieron.

La desgracia, o sea mi expiación, me ha hecho ser muy observadora; así es que no juzgo por las apariencias, sino por las manifestaciones espontáneas del espíritu. El último día de Reyes que Consuelo pasó en la tierra, comprendí cuánto sufría y disimulaba la pobre niña.

Vino a verme en dicho día; acompañada de su madre. Traía una muñeca que le habían regalado los Reyes Magos, pero Sus Majestades no se habían cuidado de vestirla, y Consuelo la abrigó con un pañuelo blanco de seda, demostrando viva satisfacción su simpático semblante. Pero vino también otra niña, con una muñeca muy bien vestida, contando que los Reyes le habían traído muchos juguetes, entre ellos una mesa tocador, un estrado y una cocina.

Volví mis ojos a Consuelo y sorprendí en los suyos una de esas miradas que encierran toda una historia: contemplaba a su muñeca, pequeña y desnuda, con tan profunda tristeza, que nunca olvidaré la triste expresión de su mirada.

¡Qué diferencia entre ella y la otra niña! Consuelo tan triste, sin atreverse a formular un deseo, sin tener la sombra de su padre; y la otra, alegre, risueña, juguetona, adorada de sus padres, que viven como para adivinar sus caprichos.

¡Pobre Consuelo! Su último deseo de jugar con los caballitos aprovechando el instante de estar sola con su madre, demuestra que sentía lo que sienten todos los niños, quedando probado que era más que un ángel, una mártir de la miseria, que afortunadamente dejó la tierra.

¡Ay de los niños que lloran en silencio!...

¡Consuelo!... Como yo sé lo que es vivir sin vivir, no lloro tu desaparición de la tierra. El que no tiene una familia amorosa; el que como tú cruza el mundo implorando con dulce e inteligente mirada una limosna, ¿qué puede esperar aquí, sino una vida de penalidades y de lágrimas?

¡Adiós, pobre mártir! ¡En el espacio habrás hallado tu verdadera casa, y espíritus que te habrán hecho de padres amorosos, hallando un refugio en su seno!

¿Qué has sentido, Consuelo? ¡Con cuánto horror habrás contemplado desde ahí este valle de dolores! ¿No es verdad?

Poco tiempo estuviste aquí, pero los espíritus de tu temple, en un segundo viven siglos. ¡Fueron tan tristes tus primeros años!

45
¡SUSANA!

I

Voy a referir a grandes rasgos una verídica historia, que ha dormido en mi mente algunos años y que quizá hubiera permanecido inédita muchos más, si un incidente, al parecer casual, no hubiese dado vida a mis aletargadas reminiscencias.

Por espacio de dos o tres meses, he visto todas las mañanas, temprano, a una niña de unos diez años, llamada Antonieta, que estaba sirviendo en una vaquería: venía a traerme un jarro de leche, y me llamaba la atención la rudeza de sus modales, pues Antonieta, al verme, ni siquiera me daba los buenos días. Endeble y raquítica, tenía toda la vida en los ojos, cuya mirada era dulce y triste. Dirigíale yo siempre frases cariñosas, y ella no hacía más que sonreírse.

Una mañana, viendo algunas rosas sobre una mesa, lanzó una exclamación de gozo, y desde aquel instante Antonieta me fué mucho más simpática, porque comprendí que el amor de lo bello hacía latir su corazón.

Su desamparo me causaba profunda lástima. ¡Pobre niña! ¡Para ella no hay infancia! ¡En su rostro no resplandece la alegría de los niños dichosos! Débil hoja seca, ¿a dónde la llevará el huracán del infortunio?...

Una mañana, a la hora en que Antonieta solía venir, llamaron a la puerta, y en vez de la niña, encontré a un hombre.

—¿Y la niña? –Pregunté—, ¿está enferma?

—Ya no está en casa —contestó con desabrimiento el recién llegado.

Esta contestación me hizo dañó. Y pensando con tristeza en la pequeña peregrina, me acordé de otra niña y murmuré: « ¡Susana! ¿Cómo tu nombre había podido borrarse de mi memoria? »

Conocí a Susana en Madrid, ocupando la misma posición social que Antonia. Veíala todas las mañanas y conversaba con ella unos minutos. Cuando por vez primera le hablé, contaba Susana nueve abriles. Rosas preciosísimas eran sus mejillas, blanca su nevada frente, rojo clavel su diminuta boca, finas turquesas sus azules ojos, madejas de oro su abundantísima cabellera, lirio gentil su flexible talle.

Era una niña preciosa, hija de padres desconocidos. Sus amos se la encontraron abandonada en el establo, envuelta en trapo viejos, entre los cuales hallaron un papel en que se leía lo siguiente: « Esta niña tiene seis meses: se llama Susana; recogedla por el amor de Dios. »

Justamente la dueña de la vaquería lloraba la muerte de un hijo suyo, y se quedó con Susana, que creció a su lado sin encontrar familia adoptiva algo que se pareciese al cariño maternal; antes al contrario, golpeábanla con frecuencia y le echaban en cara su nacimiento.

La pobrecita me confiaba sus penas quejándose amargamente de su triste vida. Hablando no parecía una niña, sino una mujer entrada en años haciendo tristísimas reflexiones y lamentando no tener en el mundo nadie que la quisiera.

Un día vino más contenta que de costumbre, y me dijo alegremente:

—Ya he encontrado quien me quiere.

—¿Sí?... ¿Y quién es?

—Un pobre viejo, muy viejecito, que pide limosna; y como en casa sobra leche, me han permitido mis amos que le diera un buen vaso. ¡Si usted viera qué contento se ha puesto! ¡Pobrecito! Todas las tardes vendrá: dice que me quiere mucho.

Desde entonces, Susana no dejó de hablarme del anciano mendigo, que durante algunos meses recibió de la cariñosa niña pruebas inequívocas de afecto, pues no sólo le daba el vaso de leche, sino también parte del pan que le servía a ella de merienda. Una mañana vino muy preocupada, diciéndome:

—Ayer no apareció el abuelito, y esta noche he soñado que se había muerto. No sé si sabré explicarme: veíale muerto y vivo al mismo tiempo; mientras un cura rociaba su cuerpo con agua bendita, yo le veía cerca de mí y fuera de su cuerpo. Desperté sobresaltada, con un miedo... que no me atrevía a moverme. Esta madrugada, al ir al establo, el abuelito estaba junto a la vaca negra; quise gritar y no pude... ¡Si se habrá muerto y necesitará alguna misa!

Susana esperó en vano la vuelta del pobre viejo, a quien continuaba viendo en el establo. Mandó celebrar, creyéndole muerto, una misa en sufragio de su alma, misa de un valor inestimable, pues en ella gastó la niña todos los ahorros de su vida, que consistían en diez reales, y a pesar de su enorme sacrificio, el espíritu del viejo siguió haciéndose visible.

«—¡Cosa más particular! —exclamaba Susana.

Véole siempre en el mismo sitio en que él solía sentarse.

Ya no me da miedo; antes bien, me hace compañía. ¡Pobrecito!, ¡me quería mucho! »

II

Por aquel entonces, tuve que trasladarme a otro barrio distante, y con tal motivo, perdí de vista a Susana. No dejé de sentirlo, porque su infortunio, sus sentimientos y su belleza la habían hecho por extremo interesante y simpática a mis ojos.

Pasaron dos años. Yendo una tarde por el Prado, vi a dos mujeres que a todos llamaban la atención por sus trajes lujosísimos, su hermosura y sus maneras desenvueltas. Las miré con triste curiosidad, como lo hago siempre con las infelices que comercian con su cuerpo, y en una de ellas creí reconocer a Susana.

Era, en efecto, mi antigua conocida, la infortunada niña que por espacio de tres años me había contado sus muchas penas y sus escasas alegrías. Su elegancia me causó profunda pena, porque aquellas ricas galas denunciaban su deshonra.

Dos veces volví a encontrarla aquella tarde dando vueltas por el Prado. Comprendí que me había conocido, y noté que evitaba mis miradas. ¡Pobre Susana!, aún quedaba en ella un resto de pudor.

III

Un año después, fui a visitar a una enferma en el Hospital de la Princesa, y al atravesar una sala oí una voz que pronunció mi nombre... Volví la cabeza, y vi a una mujer sentada en su lecho, haciéndome señas para que me acercase. Era una joven pálida, demacrada, cadavérica. Alargóme con efusión la mano, mientras me decía visiblemente conmovida:

—¡Cuánto me alegro de verla! ¿No me conoce usted? ¿No se acuerda de Susana?

Si ella no se hubiera dado a conocer, de seguro que no la habría conocido. Nada quedaba de su hermosura: parecía un esqueleto. Sólo su mirada conservaba algo de la dulce expresión que la caracterizara en otro tiempo.

—¡Tú aquí! —exclamé tristemente.

—Sí, señora, en mi casa: ¿no sabe usted que el hospital es la casa solariega de los pobres?

—Mas..., si no me engaño, hace un año, te vi en el Prado con el lujo de una gran señora.

—¡Aquel lujo era mi mayor miseria!

Y Susana comenzó a sollozar desconsoladamente. Procuré calmarla, y le rogué que me confiase sus penas.

—Breve es mi historia —replicó—. Cuando dejé de ver a usted, hacía poco que se había muerto el abuelito, único ser que me ha querido en el mundo. Continué viéndole, no sólo en el establo, sino en todas partes. Mis amos se hicieron cada día más crueles: pegábame por costumbre el ama; pegábame la hija por envidia, porque ella era soberanamente fea. Tan mal me trataron y de tal modo me aburría, que una noche abandoné la casa, y desesperada, me fui resuelta a suicidarme. Anduve sin saber adónde dirigirme. Un hombre se me acercó, le conté mi infortunio... y... caí en el fango, para no levantarme jamás. No por esto se apartó de mi lado el abuelito: siempre le tenía cerca de mí, envolviéndome con su mirada, impregnada de compasión y de tristeza: a veces parecía que lloraba. En cambio, desde que me han traído al hospital, me mira con expresión de inefable alegría.

Yo no entiendo esto y no me atrevo a referirlo a nadie, para que no digan que estoy loca y me encierre en el manicomio; pero la verdad es que el abuelito no me deja y que su compañía me sirve de muchísimo consuelo, especialmente durante las eternas noches en que el dolor y la tos no me dejan cerrar los ojos. A veces conozco que me habla, por el movimiento de sus labios; pero yo no oigo sus palabras.

—Ruega a Dios que te permita oírle.

—No me atrevo a pedir nada a Dios: me parece que no ha de querer escucharme.

—¿Por qué no ha de querer? ¿No eres hija suya? Confía en su justicia y en su misericordia. Pídele oír lo que te dice el abuelito; que eso te consolará mucho. Adiós, hasta el domingo, que volveré a verte.

Seis domingos consecutivos fui a ver a Susana. El mal es iba royendo su cuerpo, pero el sentimiento engrandecía y purificaba su espíritu, que llegó a adquirir extraordinaria lucidez. La última vez que la visite me dijo que al día siguiente dejaría la tierra, que así se lo había dicho el abuelito, en cuya compañía iría a bañarse en un océano de luz.

Cuando fui al domingo siguiente, encontré vacía la cama de Susana. Una de las enfermas me dijo:

—Murió como una santa, diciendo que estaba rodeada de ángeles, y que un hermosísimo anciano, radiante de luz, se la llevaba en sus brazos. Y bien puede ser, ¡pobre muchacha!,¡ era tan buena¡... Aquí todos la lloramos.

IV

¡Cuántas jóvenes hay en el mundo como Susana, que no tienen infancia, que llegan atormentadas por las privaciones y por un trabajo superior a sus fuerzas, a esa edad en que la mujer se complace en ser bella, sin una madre cariñosa que las aconseje y guíe, y sin un padre que las proteja y ampare! ¡Cuán fácil es en estas condiciones su caída!

Susana, en medio de su desventura, puede considerarse dichosa, puesto que su estancia en la tierra fué breve. Su buen sentimiento le atrajo la protección de un espíritu que, agradecido a sus bondades, la acompañó constantemente en su penosa jornada y la preparó para el solemne tránsito a la vida de ultratumba.

¡Adiós, Susana! Una pobre niña me ha hecho recordar tu historia, que será tal vez la suya. Una amarga melancolía, una tristeza indefinible embarga mi ánimo; no sé si es un presentimiento. ¡Que los buenos espíritus guíen a la niña desamparada!

46
LA CASITA DE UNA JOVEN POBRE

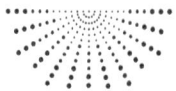

I

La visión de un palacio exteriormente y luego su fastuoso interior, no deja la dulce impresión en el alma que me ha proporcionado la visita que hace algún tiempo hice a la casita de una joven pobre. Era ésta de humilde apariencia, habitada por una familia espiritista, compuesta de padre e hija, más una niñita que habían recogido del arroyo. El padre está todo el día trabajando en una fábrica, y Pepa se queda ocupada en los quehaceres domésticos.

Cuando fui a verla, hacía pocos meses que había perdido a su madre. Pepa, tratando de sonreírse, y con voz entrecortada por los sollozos, al recuerdo de su buena madre, exclamaba:

—Mi madre siempre me decía: « Hija, no te avergüences de ser pobre; mira en tu prójimo a tu hermano; sé una mujer de tu casa; que en todos los rincones se vea la limpieza; no seas descuidada ni manirrota. » Como no olvido tan buenas advertencias, mire usted cómo tengo la cómoda.

Y con inocente vanidad fué abriendo los cajones uno por uno, y en todos reinaba el orden más perfecto. Todo limpio y bien doblado. En el lujo de los pobres hay poesía: nada más poético que la limpieza y la modestia.

Me enseñó toda la casa. Cada mueble, cada objeto, tenía su historia, y cada historia era un poema de cariño familiar. El canto de un pajarillo me hizo salir a un pequeño patio, donde había algunas plantas y un habitante del aire encerrado en una jaula. El día tocaba a su fin. Las cumbres de las montañas veíanse coronadas con rayos luminosos: los últimos reflejos del sol las cubrían con su manto de púrpura y oro. Pepa, sintiendo la melancolía del crepúsculo vespertino, quedó silenciosa, mientras yo la contemplaba diciendo para mí:

—¡Cuánto atrae la sencillez y la virtud! Al lado de esta pobre joven, ¡qué bien me encuentro!

Me hizo subir a su cuarto, donde tenía la cama y una mesa con muchos libros. Estuve algunos instantes asomada a un pequeño balcón, desde el cual se veían huertos y jardines, y al salir de aquella casita me pareció que salía de un santuario. En verdad, ningún templo más venerado que aquella mansión pacífica, habitada por seres virtuosos, que rendían amoroso culto a la memoria de una mujer, en otro tiempo el alma del hogar.

II

Recientemente visité a otra joven, espiritista también, que vive en más humilde morada. Todo su mueblaje consiste en un lecho, una mesita y dos sillas; nada más.

—¡Qué pobre es todo esto! ¿No es verdad? —me dijo Luisa—. Pero yo me encuentro muy bien en mi cuartito. Desde las cinco de la mañana hasta las siete de la tarde trabajo en el telar; después ceno, ayudo a mi hermana en algunas faenas domésticas, y a las diez me retiro a mi cuarto, donde ya duerme mi hermanita, la más pequeña: la contemplo algunos instantes y me pongo a leer o a escribir, hasta que el sueño y la fatiga me rinden. Me duermo y tengo sueños muy agradables. Soy feliz relativamente, porque nada turba mi conciencia.

Oyendo hablar a Luisa, siempre me causan profunda emoción su inocencia, su pureza y su sencillez. Le beso su frente con cariño maternal, sintiendo en esos instantes lo que siente el espíritu cuando eleva una santa plegaria al infinito.

III

Al salir del cuartito de Luisa, recordé involuntariamente otra casita que vi en un cuadro, en un bellísimo paisaje que estaba colocado en una galería de pinturas. Era un lienzo de grandes dimensiones. Veíase en primer término una casita con una ventana, que tenía un marco de hiedra, y apoyada en él una joven, cuya negra cabellera caía en desorden sobre sus hombros. La expresión de su rostro era dulce y triste; su mirada parecía dirigirse con afán a un tortuoso camino sombreado por copudos y frondosos árboles. El autor del cuadro, que está casado con una amiga mía, notó la profunda atención con que yo miraba su obra, y acercándose, me dijo:

—Parece que ese cuadro te gusta más que los otros.

—Sí; cuanto más lo miro, más me agrada este lienzo. Esa mujer es viva, siente; su semblante irradia la emoción de su alma.

Y sorprendiendo a mi amigo con los ojos llenos de lágrimas, murmuré:
—¿Has vivido en esa casita, no es verdad?

—Sí —me contestó el artista—. Ese cuadro encierra una historia, y te la voy a contar, porque sé que ha de interesarte.

Nos sentamos frente al paisaje pintado y comenzó su relato:

—Han transcurrido desde entonces diez años. Un verano fui a un pueblecillo a restablecerme de una enfermedad. Como tenía escasos recursos, me hospedé en esa casita que estás viendo, habitada por el tío Juan, su hija Ana María y sus hijos Ginés y Pascual. Era una familia verdaderamente patriarcal. Todos eran analfabetos, aun cuando los cuatro eran inteligentes, y daba gusto hablar con ellos. En las horas de calor subía al cuarto de Ana María, me sentaba junto a la ventana y tomaba vistas, que dibujaba en mi álbum, lo que excitaba vivamente la atención de mi joven compañera. Nunca he sido más feliz. Unas veces leyendo, otras meditando, y más que todo hablando con Ana María, se me pasaban las horas como segundos.

Jamás se me ocurrió decirle que la amaba, ni yo mismo me daba cuenta del sentimiento que me hacia grata su compañía: sentíame bien a su lado, y nada más.

Aquella casita me encantaba: era pobre, muy pobre, pero tan aseada, tan pulcra, tan poética... Una parra daba sombra a la puerta; la hiedra adornaba el marco de su única ventana. En el huertecillo había frutas, legumbres y flores en abundancia, todo regado y cultivado por Ana María.

Cuatro meses viví en aquel oasis bendito. A primeros de octubre, me escribió mi maestro diciéndome que me esperaba cuanto antes, pues se me presentaba ocasión de ganar honra y provecho, pintando algunos cuadros.

Leí la carta a aquella familia, y noté que les hizo profunda impresión. Ana María se retiró a su cuarto; cuando volvió a bajar, conocí que había llorado. Aquella noche fué para mí la noche más triste. La idea de volver a la ciudad, donde todo es farsa y comedia, me hacía amar a aquella familia que tanto se amaban los unos a los otros. Pero comprendiendo que de abismarme en estas reflexiones sufriría más, resolví marcharme al día siguiente, día que no olvidaré jamás.

Ana María parecía un cadáver; su padre me abrazó diciéndome:

—Adiós, hijo, que Dios te perdone como yo te perdono todo el mal que sin querer me has hecho.

—¡Yo!... —murmuré turbado.

—Sí, hijo, tú: al tiempo, al tiempo; ¡anda con Dios! Ven, hija, ven.

Y se llevó tras de sí a Ana María, que se movió automáticamente, se detuvo, lanzó un grito y cayó como herida de un rayo. Quise levantarla; y su padre no me dejó, diciendo:

—Vete, vete, que este mal no tiene remedio.

Los dos hijos del tío Juan me acompañaron largo trecho, y al despedirme me rogaron que les escribiera, que el señor cura les leería mis cartas.

Tuve un viaje tristísimo. La imagen de Ana María estaba fija en mi mente. Comprendí que yo había despertado su corazón, aunque nada había hecho por mi parte para turbar la paz de su alma inocente y pura como la luz de la mañana.

Llegué a Madrid, y creyendo que mis cartas podrían tal vez avivar en el corazón de la pobre muchacha una llama que yo deseaba ver extinguida, preferí no escribir y pasar por un ingrato. Ana María se vengará —me dije— casándose con el sobrino del cura, y vivirá tranquila.

Comencé a trabajar, a luchar con la miseria, y fui olvidando el pueblecillo, la casita y sus pacíficos habitantes.

IV

Habrían pasado ocho meses, cuando una noche, al entrar en mi cuarto, lancé un grito, mezcla de sorpresa y de terror. Acababa de ver a Ana María sentada junto a mi mesa, en actitud triste y meditabunda. Extendí mis brazos, y al ir a abrazarla se desvaneció la sombra.

Yo nunca había creído en apariciones, pero aquella noche hube de creer por fuerza. En la que menos yo pensaba, era en aquella infeliz. Justamente me preocupaban muy distintos pensamientos: había jugado y perdido, e iba dado a todos los diablos. Aquella aparición me sorprendió tanto, que no pude pegar los ojos en toda la noche. Al día siguiente escribí al cura del pueblecillo pidiéndole noticias del tío Juan, contándole lo que me había sucedido. A correo seguido recibí la carta contestación, que decía así:

« Sr. D. Luis Medina: En mal hora vino usted a este pueblo. Hasta que usted llegó, el tío Juan y sus hijos eran la envidia de sus convecinos; desde que usted se fue, Ana María no levantó cabeza: todos los días venía a preguntarme si había tenido carta. Para aumento de males, a su hermano mayor lo reclamó el Estado, y cuando el sargento se llevó a los quintos, ella cayó en cama para no volver a levantarse.

»En su última confesión me preguntó si sería pecado guardar en un escapulario una rosa blanca que usted le había dado. Díjele que no, y la enterraron llevando sobre el pecho su amado recuerdo.

»El tío Juan está como alelado; su hijo menor se va a casar, y creo que sólo sus nietos podrán devolverle su pérdida avería. Usted vino a recobrar la salud: ¡quién le había de decir que su venida haría la desgracia de una familia!... ¡Pobre Ana María!, le quería a usted con delirio. No es extraño que se le haya aparecido: murió llamándole. Por ella y por usted queda rogando s. s. s.,

»*Félix de Urrutia.* »

Esta carta me impresionó profundamente. Lloré como un niño, y aunque tarde, me arrepentí de mi ingrato proceder.

Deseaba ver a Ana María, pero no volvió más a aparecérseme. Su muerte me causó profunda pena, y en cuanto me fué posible fui a visitar al tío Juan, quien, abrazándome, exclamó:

—¿Te acuerdas? ¿Te acuerdas de lo que te dije al marcharte?... ¡Mira el tiempo lo que me ha traído! ¡Pobre hija mía! Las mujeres le decían que estaba embrujada, porque desde que te fuiste no parecía ella. ¡Mira cómo está todo...!

Efectivamente, la casita no parecía la misma: el huertecillo estaba seco, las paredes ennegrecidas. Fui con el tío Juan al cementerio para ver el sitio donde reposaba el cuerpo de Ana María. Después, con ardor febril, me puse a trabajar para copiar aquel melancólico paisaje.

Aunque nunca he creído en apariciones, desde que vi a Ana María, cambié algo de parecer, y cuando trasladé al lienzo aquella pobre casita; evoqué desde el fondo de mi alma el espíritu de la doncella. Si es cierto que los muertos pueden aparecerse —decía en mi interior—, asómate a esa ventana, Ana María: mira el camino que tantas veces he cruzado pensando en ti; que yo te vea como entonces. Aún no había concluido de formular mi deseo, cuando vi aparecer en la ventana la figura de la joven. ¿Qué pasó por mí? No lo sé; pero hice el boceto de mi mejor paisaje. Ese cuadro me dio a conocer como artista y a él debo toda mi celebridad.

La casita de una joven pobre, que así se llama ese cuadro, ha sido admirada y elogiada por renombrados pintores.

—¿Y aún está en pie esa casita?

—Sí; todos los veranos voy a visitarla. Ahora vuelve a estar risueña. Los nietos del tío Juan corren por el huerto y juegan con su abuelo; pero a pesar de todo, para mí aquella casita está vacía.

—Es porque el vacío lo llevas en el corazón.
—¡Es verdad! Aun cuando mi esposa es un ángel de bondad y mis hijos me sonríen, siempre me miro ese paisaje y murmuro con melancolía ¡Qué ingrato fui!

47
¡UNA FLOR SIN ABRIR!

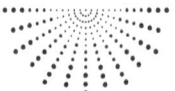

Entre las muchas dolencias que atormentan al cuerpo humano, una de las más terribles es la tuberculosis, que, por regla general, escoge a sus víctimas entre los jóvenes de ambos sexos. Tiene, sin embargo, esta dolencia, cierta poesía: muchos escritores han contado en sus novelas la muerte de alguna joven tísica, en el momento de engalanarse para ir a un baile, o cuando ha concluido de colocar sobre sus sienes la corona de azahares de desposada, o de escribir en su libro de memorias el itinerario de larguísimo viaje de recreo.

Es enfermedad que embellece a veces a sus víctimas, animando de un modo particular la expresión de sus ojos, que adquieren una brillantez fosfórica, extraordinariamente luminosa.

En un viaje que hice a Tarrasa conocí a una niña de dieciséis años, presa de tan implacable dolencia. Durante algunas horas permanecí constantemente a su lado, estudiando en su frente y en sus ojos el porqué de su martirio.

Sin ser bella en toda la acepción de la palabra, despierta las simpatías y atrae los corazones. Es blanco su cutis, transparente, ligeramente sonrosadas sus mejillas, una dulce sonrisa mueve sus labios, y en sus ojos, en la expresión de su mirada, se lee un amoroso idilio...

Hija de una familia obrera, su traje era humilde, y sus hermosos cabellos rubios recogidos en largas trenzas con las cuales se había formado un artístico círculo, estaban semiocultos por un pañuelo de seda de vivos colores que cubría su cabeza. A pesar de lo avanzado de la estación calurosa, en junio, estaba sentada delante de la ventana, recibiendo con placer los rayos del sol.

—¿No te molesta el calor, Dolores? —le pregunté cariñosamente.

—No —me contestó, en voz tan imperceptible, que apenas pude oír— Me gusta mucho el sol, creo que él me va a volver la salud. ¡Cuán bueno es el sol! ¿No es verdad? A todos quiere lo mismo. ¡Yo le quiero mucho, mucho!...

Entró su madre, la miró como miran las madres a los hijos que se les van a ir, y Dolores le dijo:

—Madre, quiero que me compres un ovillo de lana suiza, crema o grana, para hacerme una corbata, y así la tendré preparada para el invierno. ¡Son tan bonitas!... ¡Corre..., tráeme lo que te pido, que quiero aprovechar el tiempo!

La madre salió de la habitación para que Dolores no la viera llorar; yo la seguí, y la pobre mujer se dejó caer en una silla, murmurando con profunda resignación:

—¡Señor! Si ha de ser tuya, llévatela; pero no la hagas sufrir, porque me van faltando las fuerzas para resistir una agonía tan larga.

—¿Ha oído usted, señora? ¿Ha oído cómo hacía planes para el invierno? ¡Y todos los médicos me dicen que a la caída de las hojas se agotará su vida! ¡Qué pena me da oírla! ¡Válgame Dios! ¡Hace tantísimo tiempo que la veo padecer!

—¿Desde cuándo?

—¡Ay, señora, desde que nació!... ¡Su nombre no podía ser más apropiado, Dolores! Crea usted que continuos dolores ha sufrido desde la edad de seis meses, en que comenzó a padecer toda clase de enfermedades, sufriendo operaciones dolorosísimas.

—¡Pobrecita!

—Bien puede usted decirlo: ¡pobrecilla de mis entrañas! Y para remate enfermó del pecho. Cuantos médicos la han visto, han dicho que no tiene cura, y sin embargo, ella sigue confiada en que se pondrá buena, que es lo que más me parte el corazón de pesadumbre.

—¿Ha tenido amores?

—No, señora; pero se conoce que le hubiera gustado tenerlos; porque cuando ve a los jóvenes que van al baile con sus prometidas, o de paseo al campo, los mira... y no deja de mirarlos hasta que los pierde de vista. Nadie ha podido quererla, porque a una muchacha siempre enferma... ¿quién la va a querer?

Y la pobre mujer se cubrió el rostro con las manos para ahogar sus sollozos. Cuando se calmó algún tanto, prosiguió su relato, y nada más triste que la historia de Dolores. Volví después al lado de la enferma, en el instante que una tos pertinaz desgarraba su pecho. Sentéme a su lado, contemplando largo rato aquella flor sin abrir, abrasada por su mismo fuego febril.

¡Cuánto me dijeron sus ojos! Vi en ellos una larga serie de deseos no satisfechos. Miraba a las otras jóvenes que la rodeaban, con el mayor cariño, les hablaba con ternura, y no obstante ser muy dulce su mirada, notábase en ella esa envidia dolorosa, oculta, inexpresable, que siente el desgraciado ante la felicidad ajena.

¡Cuánto me hizo sentir la mirada de aquella niña! ¡Cuánto compadecí su infortunio!

Besé su frente pálida, humedecida por un sudor copioso, y al besarla, Dolores se estremeció de alegría: había nacido para amar y anhelaba ser amada.

Por la noche la estuve contemplando sentada junto a su lecho, y al verla tan flacucha, tan enferma, tan rendida de fatiga, pero con aquellos ojos tan brillantes, tan animados; al comprender la terrible lucha que sostenía aquel espíritu con su cuerpo, me dije con amarga ironía:

« ¿Quién podrá dar una explicación satisfactoria de por qué esta pobre niña, blanca paloma sin hiel, ha de haber sufrido desde que nació, sin gozar las santas alegrías de la infancia, ni los delirantes placeres de la juventud?

»¿Por qué esos ojos tan dulces, tan expresivos, que prometen un cielo de amor, no han encontrado otros espejos del alma, que reprodujeran la expresión apasionada?

»¿Por qué esos labios, secos por la fiebre, no han recibido el ósculo de otros labios húmedos por la emoción sedante, lubricante del amor?

»¿Por qué esa joven que presiente los goces de la vida, se va de la tierra mirando con dolorosa envidia a las otras jóvenes que viven gozando plenamente de las ilusiones juveniles?

»¿Qué culpa ha cometido en esta existencia, si antes de balbucear el dulce nombre de madre tuvo que llorar de dolor, víctima de agudos sufrimientos? »

Cuando besé por última vez la frente de Dolores, tuve que apartarme de ella rápidamente para que no me viera los ojos arrasados de lágrimas.

¡Yo no sé qué es más triste, si ver agostarse una flor antes de abrirse, o verla deshojada sin que una mano piadosa recoja los pétalos secos!

¡Dolores! Sólo una vez te he visto, y probablemente dejarás la tierra sin que mis labios vuelvan a besar tu frente. Cuando estés en el espacio y te des cuenta de que vives, préstame tu inspiración, cuéntame lo que sufriste en este mundo al sentirte morir sin haber vivido, puesto que no has amado, o mejor dicho, no has sido amada, y tú deseabas serlo.

Sí, sí; tú has sentido, tú sientes la necesidad de querer. ¡Pobre Dolores! Todo el perfume de tu alma ha quedado guardado en su capullo.

Cuando estés en el espacio, dime tus penas, que deben haber sido muy grandes. Cuéntame si en esas regiones viven las almas como tú has vivido aquí; si también hay seres cuya existencia se asemeje a una flor sin abrir.

¡Dolores!..., ¡tú no has vivido en la tierra; dime si sonríes en la eternidad!

48
LA MISIÓN DE UN NIÑO

Hace poco tiempo dejó este globo un niño de tres años, hermoso como los querubes, inteligente como el genio, cariñoso y expresivo como el amor.

¡Tres primaveras le ofrecieron sus rosas!
¡Tres estíos sus sazonados frutos!
¡Tres otoños sus hojas secas!
¡Tres inviernos sus nieves, sus lluvias y sus vientos!

Y en tan breve plazo, vino a regenerar a una familia. ¡Cuán hermosa la misión de este niño! ¡Cuán venturoso el destino del pequeño Antonio!

Su joven madre, la simpática Aurelia, siendo una niña casi, ciñó a sus sienes la simbólica corona de azahar y vistió sobre la blanca túnica de las desposadas el casto velo de las vírgenes. Un hombre le juró amor eterno al pie de los altares, y Aurelia abandonó el hogar paterno, marchando al extranjero con su esposo, que escrito está en los sagrados libros: la mujer, por seguir a su marido, dejará a su padre y a su madre, precepto divino que deja entrever la inmensa sabiduría humana al crear la familia por el medio más dulce, por el amor recíproco, por ese amor superior a todos los amores, destinados a convertirse en una verdadera religión humanitaria.

Mas ¡ay!, en este planeta el matrimonio no es cadena de flores para la generalidad, porque el hombre confunde lastimosamente el deseo con el amor, y muchísimas veces se unen los cuerpos sin que se aproximen las almas.

La bendición del sacerdote une las diestras de los contrayentes, enlaza sus destinos; pero a los espíritus no hay ministro del Señor en la tierra que los una: su unión se verifica cuando han progresado lo bastante para sentir una necesidad imperiosa de adorarle amándole en un ser, viviendo de su aliento, adivinando sus deseos, fundiéndose dos almas en una.

Esos son los matrimonios del espíritu, cuyo lazo es verdaderamente indisoluble: su unión es eterna; se disgregan los cuerpos, pero las almas quedan tan íntimamente enlazadas, que se siguen a través de los siglos, porque su amor es su vida, su progreso, su redención.

Aurelia, desgraciadamente, fué esposa de su esposo, sus más poéticas ilusiones, sus más encantadores ensueños, tuvieron que desvanecerse ante la prosa más repugnante, ante la realidad más amarga.

Mujer espiritual, de gran sentimiento, revelando su frente la elevación de su alma y sus ojos el océano de ternura, que guardaba en su corazón, se encontró sola en tierra extraña, sin un ser amigo que la protegiera; pues el hombre que la había unido a su destino vivía encenagado en todos los vicios, sin acordarse de la noble joven que llevaba su nombre y a la cual había jurado amor eterno...

¡Cuánto, cuánto se abusa de la palabra eternidad! ¡Pobre Aurelia! ¡Blanca paloma que dejó su nido y se encontró sola en la inmensidad de su dolor!... La buena educación que había recibido le sirvió para ganarse la subsistencia y mantener a su marido durante cinco años; y cuando vio perdida su fortuna, cuando sus joyas pasaron una a una a poder de los prestamistas, cuando las privaciones continuas alteraron profundamente su salud, cuando la desesperación la hizo pensar en la muerte como en el único refugio para dejar de sufrir, sintió en su ser una emoción extraña: lágrimas dulces rodaron por sus pálidas mejillas; parecióle escuchar el débil vagido de un niño, y cayendo de hinojos murmuró con acento conmovido:

—¡Gracias, Señor! ¡Voy a realizar mi sueño más querido! ¡Voy a ver tu cielo en los ojos de mi hijo! Sí, sí, no me engaño; no es ilusión de mi ofuscada mente; ¡voy a ser madre!... ¡Madre, sí, madre...! ¡Voy a tener un ser a quien amar, en quien depositar la inmensa ternura que guardo en mi corazón!

Y desde aquel momento sagrado, que formó época en la vida de Aurelia, ésta se propuso vivir para su hijo, rodearle de todos los placeres que sueña una madre apasionada para hacer sonreír a su pequeñuelo. Comprendió que había terminado su misión como esposa, puesto que su esposo, a pesar de los tiernos cuidados que ella le dispensaba, concluyó por vivir en los garitos, en las tabernas, en los lupanares y en las cárceles.

Aurelia tembló por el porvenir de su hijo, y le quiso poner al abrigo de su antiguo hogar, volviendo al lado de sus padres, que la recibieron con los brazos abiertos, y entre sus caricias, sus preguntas y sus lágrimas, Aurelia dio a luz a un niño, que fué recibido con palmas y olivos. Su madre, sus abuelos, su bisabuelo, todos los individuos de la familia acariciaron al recién nacido, especialmente una hermana de Aurelio, la dulce Anita. Ésta y Andrés, su prometido, prodigaron al pequeño Antonio vivísimas demostraciones cariñosas, a las que el niño no tardó en corresponder, revelando tan extraordinaria inteligencia, que propios y extraños le admiraban y adoraban.

Aurelia no vivía más que para el hijo de sus entrañas: creíase completamente feliz cuando le estrechaba contra su corazón y le contaba sus cuitas. Tenía en él un amigo y un consejero, por más que parezca inverosímil que un niño, a los tres años, pueda dar consejos: aconsejaba a su madre con la mayor prudencia cuando veía que ésta trabajaba demasiado.

Si alguien, creyendo a Aurelia desgraciada, le dirigía frases compasivas, replicaba ella con el acento de la verdad:

—¡Yo!... ¡Desgraciada yo!... No, no; soy dichosa, creedme. Cuando vuelvo a mi casa y abrazo a mi hijo, no hay nadie en la tierra más feliz.

Aurelia, librepensadora por instinto, vivía sin ideal religioso, aunque había pasado su infancia en un convento. Habíanle después hablado del Espiritismo, más no había prestado atención: era tan dichosa, que adoraba a Dios en su hijo, sin fijarse en religiones ni filosofías.

Una noche, al volver a su casa, encontró a su niño dormido en los brazos de Anita: le pareció que respiraba con dificultad, pero su hermana le dijo:

—Desecha todo temor: está tranquilo.

Y las dos jóvenes, sin saber por qué, cubrieron de besos al pequeñuelo, que se manifestaba algo inquieto.

Al día siguiente, Aurelia llamó al médico de su familia. Acudió el doctor, miró al niño y dijo a la pobre madre:

—Prepárese usted a sufrir la pérdida de su hijo está herido de muerte; lo mata la difteria.

Aurelia se quedó petrificada; tres días después murió su hijo.

La pobre madre había permanecido al lado de su pequeño Antonio hasta los últimos momentos; pero su cuerpo no secundó los deseos de su espíritu, y en el instante en que Antonio estrechaba las manos de Andrés y exhalaba el postrer suspiro, la infeliz madre había salido de la habitación mortuoria.

—¡Señor! —exclamó la pobre madre al salir—, aparta de mis labios este cáliz; ¡me faltan las fuerzas para apurar la última gota!

Cuando la llamaron para que viera el cadáver de su hijo, toda su familia creyó que Aurelia se entregaría a la desesperación más horrible. Cuál no sería, pues, la estupefacción general, viéndola entrar en el aposento, mirar a su hijo con melancólica tranquilidad y exclamar con profunda convicción:

—¡Desde ahora soy espiritista!

—¡Se ha vuelto loca! —murmuraron sus parientes.

—Os equivocáis —replicó Aurelia con serenidad—; nunca estuve más cuerda; nunca he visto tan claro como ahora. ¡Mi hijo! ¡Aquella inteligencia privilegiada! ¡Aquel ser amorosísimo!... Aquella obra perfecta de la creación, ¿ha perdido en breves horas su entendimiento, su memoria, su voluntad?... ¡Imposible! ¡Imposible! Del que fué mi Dios en la tierra, debe haber quedado algo más que ese cuerpo rígido que se va descomponiendo por segundos, y que llegaría a causarnos repugnancia, si los enterradores no vinieran por él dentro de poco. El inmenso amor que nos unió, no lo encendió el soplo divino para extinguirse tan pronto: hay algo más allá que la tumba. ¡Ni hijo vive!... ¡Ese cuerpo no es él! ¡Esa materia inerte no es aquella inteligencia poderosa! Yo buscaré a mi hijo y lo encontraré...

Desde aquel día se dedicó a leer las obras espiritistas, encontrando en *El Libro de los Espíritus* la solución de muchísimos problemas que la religión no le había descifrado. Y no sólo creyó Aurelia en la comunicación de ultratumba, sino que su hermana Anita y Andrés también creyeron, por el afán que tenían de comunicarse con Antonio, con aquel niño que tanto y tanto habían amado.

Aurelia me dijo que desde que había perdido a su hijo era más buena para todos, más resignada, más creyente en la inmensa justicia humana y divina.

Tenía la más profunda convicción de que su hijo no se separaba de ella, y ese íntimo convencimiento le da fuerzas para sobrellevar la melancólica existencia.

Al revés de la mayoría de las madres, que cuando pierden a su único hijo no ven ya sin pena a los hijos de los demás. Aurelia siente un amor tan grande por los pequeñitos, que su mayor placer es rodearse de ellos y como es maestra de instrucción primaria, deposita los raudales de su cariño en las tiernas criaturas que ponen a su cuidado.

En la mujer, después de la misión de madre. La más hermosa, la más benéfica, es la de maestra y Aurelia la cumplía admirablemente, convencida de que su adorado Antonio ve todos sus actos.

A cuantos quieren escucharla, les dice que a su hijo debe su regeneración, que por él se ha detenido a reflexionar, que por él ha meditado las vicisitudes de su azarosa existencia, que por él ruega a su hijo, que por él, en fin, se resigna a todo, a todo, menos a creer que ha perdido a su Antonio para siempre.

¡Cuánto me impresionó el relato de Aurelia! Ella que vivía muriendo, al besar la frente de su hijo resucitó y ni aun su muerte consiguió borrar la divina impresión que había recibido al estrecharle en su seno maternal, que quiso perpetuar difundiendo su amor en todos los pequeños seres que la que la rodean para hacerse digna de la protección del ángel que durmió en sus brazos amantísimos de madre.

¡Oh! ¡Antonio! ¡Cuán hermosa fué tu misión en tu corto tránsito por la tierra!

49
EZEQUIEL

I

Hace muchos años que estudio la humanidad. En ese tiempo he tenido ocasión de conocer a varios espiritistas cuya vida es un ejemplo de virtudes morales y sociales; y sin embargo, hay ignorantes o impacientes que dicen:

—¿Y de qué sirve el Espiritismo? ¿Qué bien ha reportado a la sociedad? ¡Ninguno!... Todo sigue de la misma manera; los mismos espiritistas son juguete de las malas pasiones.

Cuando oigo éstas o parecidas frases, el recuerdo de algunos seres virtuosos que han debido su progreso al estudio del Espiritismo me hace exclamar: « Moderad vuestra impaciencia; aprended a leer en la frente del hombre, y si sabéis escudriñar, veréis y os convenceréis de que por el Espiritismo muchísimos árboles secos se han cubierto de hojas, de perfumadas flores y de abundantes y sazonados frutos. »

Espiritistas he visto cuyas virtudes me han inspirado respeto y entusiasta admiración, sintiéndome tan bien a su lado, que cuando he tenido que separarme de ellos, las lágrimas han llenado mis ojos.

Almas generosas engrandecidas por las sublimes máximas del Espiritismo son las que me han hecho pensar en mi porvenir; las que, con su vida ejemplar, me han inducido al progreso.

Pregunta la generalidad, sin saber lo que se dice: «¿Qué ha hecho el Espiritismo?»

—Dar la salud a muchos enfermos del alma —les contestamos—, dar la resignación a innumerables desesperados; dar la felicidad relativa a los que por las especiales circunstancias de su vida nunca pudieron soñar en ser dichosos. Como útil enseñanza, y siguiendo mis estudios del natural, bosquejaré la figura de un hombre que hace algunos años conocí en San Sebastián, ferviente propagandista del Espiritismo con sus palabras y con sus hechos.

II

Antes de conocerle personalmente, tenía noticias de Ezequiel por otros espiritistas, que lo pintaban como modelo de buenas costumbres y de incansable actividad.

Siempre me han gustado los buenos trabajadores; así es que, cuando en una reunión espiritista tuve ocasión de saludar a Ezequiel, sentí verdadera satisfacción al estrechar su mano.

Ezequiel de Góngora jamás hace alarde de sus virtudes. Durante algún tiempo le traté con intimidad, y cada día descubría en él alguna virtud oculta. Enemigo acérrimo de la murmuración, cuando delante de él se chismografiaba, aunque se tratase de cosas de poca monta, comenzaba por fruncir el entrecejo; su mirada límpida y tranquila perdía su dulce serenidad, retratándose en sus ojos el disgusto, una sonrisa amarga se dibujaba en sus labios, y hacía cuanto le era posible por mudar de conversación. Si ésta era entre amigos de confianza, decía claramente que el asunto no era de su agrado, y si entre desconocidos, su obstinado silencio revelaba su mortificación interior, traduciéndose en su muda protesta. Si alguna vez, hablándose de los pobres, se describía el goce que siente el alma al hacer una obra buena, y él, dejándose llevar de aquella suave corriente, contaba algún rasgo de su generosidad quedábase después triste y pensativo. Interrogándole un día sobre esto, me contestó:

—Estoy disgustado de mí mismo, porque he hablado más de lo que debía. Hay cosas que nunca se deben decir: con que el que da y el que recibe lo sepan, basta.

He dicho en otros varios artículos que no acostumbro juzgar a las personas por sus actos ostensibles; pues, a veces, el hombre llega hasta el sacrificio del heroísmo, por orgullo, por hacerse superior a los demás.

Donde se conoce la verdadera elevación del sentimiento y la grandeza del alma, es en la vida íntima, cuando el hombre se presenta en toda su desnudez y lo que habla no es escuchado más que por uno o dos amigos de su mayor intimidad: entonces se manifiestan su bondad y sus defectos sin artificio alguno. A semejanza de las violetas, que exhalan su perfume escondidas entre el follaje, Ezequiel levanta el velo que oculta sus hermosas aspiraciones y deja entrever las virtudes de su alma, en el silencio del hogar, entre sus más caros amigos.

Una tarde, al entrar en un salón donde había varios espiritistas, los unos hablando y los otros escribiendo, observé que Ezequiel estaba parado delante de una niña de unos doce años. Sus ojos, animados por dulce expresión, estaban fijos en ella con cariño paternal, a la vez que le dirigía frases afectuosas explicándole cómo la comunicación de los espíritus no le debía inspirar ningún temor. En su rostro resplandecía la ternura.

Y contemplándole, pensaba yo: ¿Quién será Ezequiel? ¿Qué historia guardará su existencia? ¿En el límpido cielo de sus ojos no habrá relámpagos de ira? ¿Las nubes del enojo nunca habrán empañado su brillo? ¿Qué fué ayer?... Hoy es un buen apóstol de la buena nueva. La austeridad de sus principios le pone a cubierto de la crítica; la maledicencia no puede cebarse en él; cuantos le conocen dicen que vive consagrado al bien y a la propaganda de su ideal: ¿habrán transcurrido todos los años de su existencia de igual manera? ¿Habrá disfrutado siempre de esa dulcísima tranquilidad que revela su semblante?

Cerré involuntariamente los ojos, y sin embargo, mi espíritu continuaba viendo a Ezequiel, pero no con sus cincuenta y dos años encima y sus escasos cabellos grises, sino joven, arrogante, coronada su espaciosa frente de abundantísimo cabello. Sus ojos pardos lanzaban rayos de ira y de venganza; en su boca, medio oculta por un largo bigote, se dibujaban volterianas sonrisas; y todas sus actitudes y ademanes revelaban la desesperación y la soberbia. Volví a levantar mis párpados y Ezequiel continuaba hablando dulcemente con la niña. ¡Qué contraste! ¡Qué diferencia entre uno y otro cuadro, entre la realidad que contemplaba y la anterior creación de mi fantasía! A la fogosidad indomable había sucedido la majestuosa calma; al escepticismo, la fe; a las contracciones del odio, las expansiones del amor. Las huellas del tiempo y del dolor habían borrado en el rostro de Ezequiel las de la juventud y la soberbia.

¿Será ilusión de mis sentidos —me preguntaba—, o realmente habrá en la historia de mi amigo páginas tristes, de esas que el hombre quisiera poder borrar con nerviosa mano para olvidar todo recuerdo? No me atreví a interrogarle, pero a los pocos días, en ocasión que nadie podía oírnos, le referí mi entrevisión. Ezequiel me escuchó atentamente, meditó algunos instantes, como si evocara todos sus recuerdo, lejanos, y luego, con voz apagada que se fué animando gradualmente me habló así.

III

—Razón tienes en hacer tus estudios filosóficos en la humanidad: en cada hombre hallarás abismos insondables; por mucho que te esfuerces, nunca llegarás al fondo. No he podido eximirme de la ley general: tengo mi historia, con sus episodios de novela y sus trágicos sucesos, sucesos que no te referiré con todos sus detalles, ciñéndome por hoy a bosquejarte uno de los cuadros de mi actual existencia.

Retrocedamos veinte años. Entremos en un palacio, crucemos patios, galerías y penetremos en un gran salón, donde veremos pasearse solo, desde las ocho de la tarde a igual hora de la mañana, a un hombre joven dominado por una terrible idea que hierve en su cerebro. Aquella idea ha apartado de sus ojos el sueño: la noche ha transcurrido en un minuto. Luego abandona el palacio, y anda, anda doce horas seguidas sin descansar ni fatigarse. Es que el espíritu de la venganza se ha apoderado de su alma y de su cuerpo. Tenía un dios en la tierra, su orgullo, este orgullo había sido cínicamente ofendido por una mujer, y sólo con sangre podía lavarse la afrenta recibida. A medida que se acercaba a su venganza, se decía interiormente:

« La muerte lo borra todo; los muertos no hablan; el fuego purifica. Pues bien, entraré cautelosamente; sorprenderé a la infame y a su cómplice; heriré, mataré, pegaré fuego a la casa y moriré entre las llamas, sobre los restos de aquellos que tuvieron la osadía de ofenderme. »

Estos horribles pensamientos fueron los que germinaron en mi mente aquella noche memorable; porque aquel hombre, Amalia, era yo. Tales eran veinte años atrás mi orgullo, mi carácter en una palabra. Las condiciones de mi espíritu. Las circunstancias, más poderosas que mis instintos y propósitos, frustraron mis planes de venganza. Hoy, gracias al Espiritismo, ruego en mis oraciones por aquellos que me ofendieron, después de haberlos perdonado con toda la efusión de mi alma.

El Espiritismo es luz y vida; ¡dichosos nosotros, amiga mía, que hemos llegado a ver la luz de la verdad!

Las tormentas de mi vida no han pasado sin dejar huellas profundas: motivos especiales me obligan a vivir solo, sin haberme creado una familia; pero vivo feliz con la tranquilidad de mi conciencia, auxiliando a los desgraciados en lo que humanamente puedo, ajustando mis acciones al credo de mi doctrina, que consiste en hacer el bien por el bien mismo. Por eso con ardor infatigable propago la buena nueva, sabiendo, como sé, por experiencia propia, que sólo el estudio y la práctica del Espiritismo podrán regenerar a la humanidad.

Al hablar así, Ezequiel estaba transfigurado: el recuerdo de sus pasadas desventuras había dado más animación a su semblante, más vibración a su acento. Lentamente se fué apagando el brillo de sus ojos, y Ezequiel volvió a ser el hombre grave y reposado que sólo piensa en practicar el bien.

IV

A vosotros los impacientes, los que preguntáis: ¿Qué ha hecho el Espiritismo?, os contestamos: Leed; en nuestros estudios del natural todo es verídico; el anterior relato demuestra los inmensos beneficios que puede reportar el Espiritismo a los hombres.

50
¡QUIÉN SABE!

Estando un verano en el pueblo de C..., fui una tarde a pasear con mi amiga Regina por la carretera. Anduvimos más de lo que pensábamos, y cuando quisimos volver a casa comenzó a llover tan copiosamente, que no nos quedó otro remedio que guarecernos en una choza, por las rendijas de cuyo techo caía el agua en abundancia.

—Aquí estamos mal —dije yo—; más vale que echemos a correr y pidamos hospitalidad en aquella casa grande que desde aquí se ve.

—Ni pensarlo —dijo Regina—; yo prefiero que me caiga encima toda el agua del diluvio universal antes que llamar a una casa donde se reúnen las brujas y los hechiceros.

—¿Qué estás diciendo, criatura?

—Lo que oyes.

—No te comprendo.

—Pues bien claro hablo. Te digo que no quiero nada con la gente de esa quinta, y mucho menos con la dueña, la hipocritona de Adelaida que con su cara de santa y su vida ejemplar es capaz de revolver a Roma con Santiago.

—Déjate de simplezas: si estamos aquí más tiempo enfermaremos de tanta humedad. Vamos a aquella casa, y cuando pase el chubasco nos iremos al pueblo.

—Te digo que yo no entro allí.

Al pronunciar Regina estas palabras, el viento se llevó la techumbre de la choza, y quieras que no, la llevé a remolque a la casa vecina, en cuyo espacioso zaguán había más de veinte personas, a quienes, como a nosotras, las había sorprendido el chubasco.

Siguió lloviendo largo rato, y lo hubiéramos pasado muy mal si Adelaida, acompañada de dos criados, no hubiese venido a invitarnos a entrar en su salón del piso bajo, donde pudimos sentarnos y esperar tranquilamente a que pasara la tempestad.

Como ya Regina había despertado mi curiosidad, traté de hablar con Adelaida, y me encontré con una mujer finísima, de un trato excelente, bastante instruida y sin pretensiones de ninguna especie: estaba en el otoño de la vida, y, por alguna que otra palabra, conocí que, a pesar de ser propietaria, era uno de los muchos desheredados que hay en la tierra.

Esto bastó para que me fuera simpática. Comprendió ella perfectamente la buena impresión que me había causado, y al cesar la lluvia, cuando todos nos disponíamos a regresar al pueblo, Adelaida me estrechó la mano diciéndome:

—Venga usted a verme, que no le pesará. Ya que tanto le gustan las flores, podrá usted coger todas las que quiera, porque abundan en el jardín y en el invernáculo. Tengo, además, una buena biblioteca, que pongo a su disposición.

Le prometí volver, y no esperó Adelaida mucho tiempo mi visita, pues al día siguiente por la tarde emprendí el camino, no obstante las amonestaciones de Regina, que me decía:

—Parece increíble que una mujer como tú se deje embaucar por cierta clase de gente. Tú no sabes lo que es Adelaida: no te diré sino que anda en tratos con el diablo, llama a los muertos, y las almas de los difuntos obedecen su mandato y acuden a su llamamiento. Todos los jueves se le reúnen otras brujas como ella, y dicen que se oyen lamentos... que espantan. No sé cómo tienes valor de ir a semejante casa. Ni cuentes con que yo te acompañe; irá contigo uno de los mozos, que siempre un hombre impone más respeto. Y creo que no estaré tranquila hasta que estés de vuelta.

Me reí de sus vanos temores y emprendí la marcha deseosa de ver el jardín y la biblioteca de Adelaida. Antes de llegar a su casa, salió ella a mi encuentro, diciéndome cariñosamente:

—La esperaba; mis presentimientos no me engañan. Estaba segura que vendría usted a verme. Por el modo como me miraba ayer, comprendí que le habían contado mil disparates sobre esta casa y con referencia a mí, ¿no es cierto? La joven que iba con usted es muy buena muchacha, pero dice todo lo que oye decir, y sé que la pobrecilla me tiene mucho miedo. No lo niegue usted.

—Hablemos de otra cosa:

—No, no; de esto mismo; es lo más oportuno y conveniente ¿No le han dicho que aquí, de noche, se oye ruido de cadenas y lamentos...y?

—No tanto, no tanto; lo que sí me han asegurado es que semanalmente recibe usted a sus amigos, y que a veces la reunión es muy numerosa.

—Es muy cierto; y nunca es tanto como yo quisiera, porque mi mayor placer sería reunir en torno mío a centenares de espiritistas.

—¿De espiritistas?

—¿No ha oído usted hablar del Espiritismo?

—Sí, algo; pero no he prestado atención.

—¿Por qué?

—Porque lo azaroso de mi existencia me ha impedido ocuparme hace algún tiempo en cosa alguna que no se relacione con la prosa de la vida.

—En lo poco que hablamos ayer, comprendí que usted debe sufrir mucho; por eso insistí en que viniera a verme: para hacerla partícipe de la dicha que yo disfruto, que es inmensa en algunas ocasiones.

Entramos en la casa; me la hizo recorrer toda y, por último, nos sentamos en la biblioteca. Tomó Adelaida las obras de Allan Kardec, y me dijo:

—Quiero que aproveche usted los días que le quedan de estar por aquí, leyendo estos libros, en la seguridad de que encontrará en ellos lo que yo encontré.

—¿Y usted qué encontró?

—La paz del alma.

—Mucho encontrar es.

—Pues no crea que exagero: a Kardec debo el no haber perdido el juicio.

—¿De veras?

—Y tan de veras. Usted juzgará y se convencerá de que sólo el Espiritismo podría hacerme vivir tranquila, dadas las condiciones excepcionales de mi existencia.

Perdí a mi madre al nacer, y mi padre fué tan bueno para mí, que no se volvió a casar. Me llevaba con él a todas partes: yo era su compañera inseparable. Tendría yo unos doce años, cuando una mañana me dijo: « Arréglate: iremos al hospital, que es obra de misericordia visitar a los enfermos. »

Nunca olvidaré aquella mañana. Espesa niebla dejaba caer una lluvia menudísima, y las salas del hospital estaban más tristes Y más sombrías que de costumbre. Mientras mi padre hablaba con los médicos... ¡Ah!, se me olvidaba referir lo principal. La noche anterior yo había soñado que al pasar un riachuelo casi seco, y estando ya en medio de su cauce, las aguas habían crecido como por encanto, y me sentía impelida por la corriente, sin poder llegar a ninguna de sus orillas.

Yo llamaba a mi padre, a mi buena nodriza; pero nadie acudía ni atendía mis clamores, cuando vi venir andando sobre las aguas, como si éstas fueran un terso cristal, a un joven hermosísimo, que salvando la distancia que de mí le separaba, me estrechó contra su pecho, diciéndome apasionadamente:

« —¡No quieras a nadie más que a mí, porque hace muchos siglos que te quiero! »

Me dejó en tierra y desperté, pero quedó tan grabada en mi miente la imagen de mi salvador, que me parecía que lo estaba viendo, sin embargo de estar bien despierta. Era un joven moreno pálido, con abundante y negra cabellera que descansaba sobre sus hombros en sedosos rizos; sus ojos eran muy grandes, y en su frente se veía una profunda y cárdena cicatriz.

Cubría su gentil y apuesto talle una ropilla de terciopelo negro. Volví a dormirme, y de nuevo le vi en mi sueño, rodeado de muchos caballeros. Me abrí paso hasta él, y estrechándome otra vez contra su corazón, me repitió las mismas palabras que antes susurrara en mis oídos.

Sentado este precedente, le diré que mientras mi padre hablaba con los médicos, yo me acerqué al lecho de un enfermo. Vi su rostro y me quedé asombrada: era el joven de mis sueños: su misma belleza, sus mismos ojos, su misma cicatriz, sus mismos cabellos negros descansando en su almohada. Su boca, sombreada por un fino bigote, se entreabría para lanzar hondos gemidos.

Sin saber lo que hacía, me incliné hacia él y abrió los ojos, me miró, se pasó la mano por la frente, y haciendo un gran esfuerzo, se incorporó y me dijo:

—¿Quién eres? Yo te he amado y te amo.

Y dicho esto, reclinó la cabeza y cerró los ojos. Pregunté a uno de los médicos quién era aquel joven:

—¿Y a ti qué te importa? —contestó mi padre.

—Mucho —contesté. Y les conté mi sueño.

—¿Qué podrá ser eso? —preguntó mi padre, intrigado.

—¡Quién sabe! —contestó el médico—; hay entre las almas relaciones misteriosas que la ciencia humana aún no ha podido definir.

Yo a los doce años no era una niña: era una mujer. Salí del hospital, meditabunda, y a la mañana siguiente volví allí con mi Padre, corrí presurosa al salón donde había visto al joven de mis sueños Y encontré que su lecho estaba vacío.

—¿Ha muerto? —pregunté ansiosamente.

—No —me contestaron— Vino su familia por él. Es un chico de muy buena casa, pero muy loco, pendenciero, jugador, ladrón de honras, que causará la muerte de su pobre madre. Se llama Rafael de Girón.

A pesar de ser muy niña, tomé muy por lo serio aquellas palabras de « *No quieras a nadie más que a mí* ». La imagen de Rafael estaba fotografiada en mi mente, y ningún hombre, ninguno, me parecía tan hermoso como él.

Tuve una gravísima enfermedad, y dormida y despierta, durante la noche veía a Rafael sentado junto a mi lecho. Recobré la salud y le seguí viendo, pero no con tanta frecuencia.

Así pasaron diez años. Graves trastornos políticos dieron a mi patria días de luto. Militares comprometidos en trabajos revolucionarios, y arriesgada empresa. Varios días seguidos hubo fusilamientos; impelida por una fuerza misteriosa, quise ver cómo los últimos condenados a muerte se dirigían al lugar de las ejecuciones. Mi padre, por complacerme, accedió a mis deseos, y me procuró un balcón cerca del la misma cárcel.

Tres reos habían de morir. Pasó el primero, hombre de edad mediana, de aspecto vulgar, pequeño y fornido; pasó el segundo, di quien se contaba actos de heroicos valor; llego el tercero, y al verle, los ojos y el alma se me fueron hacia él. Era Rafael de Girón, el joven de mis sueños, el enfermo del hospital, el único hombre que yo había amado y cuyo recuerdo vivía consagrada, Sin saber lo que hacía, grite al verle pasar; « ¡Rafael! ¡Te amo! » El volvió la cabeza, me miró, y una sonrisa divina ilumino su pálido semblante; algo hablo que no llego a mis oídos entre el rumor de la multitud y el redoble de los tambores. Después… después… no sé, no recuerdo. Cuando desperté, había transcurrido más de un mes. Encontréme en mi lecho, rodeada de mi padre y otros parientes; pero a quien vi primero fué a Rafael, que me miraba con la mayor ternura.

Recobré por completo la salud y seguí viéndole. Mi padre creía que mi razón estaba perturbada, más al fin hubo de convencerse de la integridad de mis facultades mentales cuando un amigo le habló del Espiritismo y le dio explicaciones de por qué, después de muerto, seguía yo viendo al único hombre que he amado.

Murió mi padre y me consagré por completo al estudio del Espiritismo, anhelando siempre obtener comunicaciones con Rafael.

—¿Y las ha obtenido?

—Nunca. De mi padre, sí; de mi madre también; de él… jamás. Frecuentemente le veo en sueños, y nunca se despide sin repetirme las palabras que oí de sus labios la víspera del día que le vi en el hospital.

Pérdidas de cuantiosos intereses, graves dolencias y otras muchas penalidades han amargado mi existencia; pero en la comunicación de los espíritus he hallado tanto consuelo, que no me conceptúo desgraciada.

—¿Y no ha preguntado a los espíritus qué lazo la ha unido y une a Rafael?

—Sí, repetidas veces; pero nada he podido saber:

—¡Qué historia habrá entre los dos!

—¡Quién sabe!

—Le prometo que voy a estudiar las obras espiritistas, porque me interesa todo lo que me ha referido.

—Sí, Amalia, estúdielas. El Espiritismo da la clave de muchos misterios.

¡Desgraciado del hombre que en sus horas de soledad no dice! *¡Quién sabe!* Tengámosle compasión, porque es un ser desventurado que no tiene recuerdos ni esperanza.

51
LAS CASITAS BLANCAS

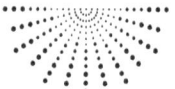

La felicidad, esa hada misteriosa que siempre va delante del hombre con el brazo extendido señalando un punto al que nunca llega el mísero mortal, esa figura encantadora y tentadora no la he visto vagar por los salones de los regios alcázares; por esto no me seducen esas moles de mármol, esas moradas suntuosas, cuyos moradores, o viven hastiados de goces, o recelosos de una traición; y más que mansiones de vivos, me parecen soberbios mausoleos donde se disgregan lentamente las vanidades mundanas.

¡Cuántos crímenes se han cometido en los palacios!... ¡Cuántos seres han nacido bajo doseles de púrpura, y, por el abandono de sus padres, fruto del vicio y de amores clandestinos, han ido a morir en los hospicios, en las cárceles o en el caldaso!

Los palacios y los manicomios me hacen el mismo efecto: unos y otros son semilleros de espíritus en turbación.

En cambio, cuando veo un pueblecito de la costa, con sus casitas blancas, en cuyas puertas aparecen niños jugueteando, y más adentro mujeres haciendo encajes o arreglando redes, me detengo conmovida y contemplo con delicia aquel cuadro de la inocencia y del trabajo.

Allí no se ven rostros sombríos, ni ha podido penetrar la tisis del hastío, cumpliéndose el divino mandato de « ganarás el pan con el sudor de tu frente ».

En mi último viaje a Badalona, donde abundan las casitas blancas y las calles solitarias y alegres, detúveme algunos momentos a la entrada de una calle, pensando en que aquellas viviendas debían contener, como los nidos, avecillas de la dulce paz. ¡Cuán dichosos, murmuré, los que pueden terminar su existencia en este lugar de reposo!

Cuando me encuentro en uno de esos parajes tranquilos, recuerdo las grandes ciudades con horror. Me asusta la lucha incesante de la vida, la inquietud sobre el día de mañana, el recuerdo de las ingratitudes, el presentimiento de los desengaños, la zozobra que acompaña a todas las empresas, la incertidumbre, el temor y la duda, que son los mayores enemigos de la paz del alma. ¿Y eso es vivir?, pienso con espanto. No; es torturar la imaginación; es exprimir la inteligencia y dejarla sin jugo; es convertirse el hombre en verdugo de sí mismo; es suicidarse lentamente.

Para vivir, se necesita quietud, tener ilusiones de color de rosa, ser optimista y escribir con flores y caracteres de oro las hojas del presente que dejó blancas el pasado.

Mas, ¡ay!, ¿quién tiene en blanco las hojas del pasado? Quizá nadie en la tierra, que no se necesita cometer grandes crímenes para tener crueles remordimientos.

¡Se hace daño con tanta facilidad! ¡Se piensa mal con tanta frecuencia! ¡Se falta de tantos modos!..., que la mayoría de los humanos no tenemos derecho a ser felices.

En las casitas blancas, nidos risueños y tranquilos oasis, no pueden entrar los agitadores de otras épocas y los descontentos del presente. No pueden disfrutar dulce reposo los que promovieron desórdenes, ni pueden sonreír los que hicieron derramar mares de llanto.

Si por el presente se ha de juzgar del pasado, el mío debe haber sido muy borrascoso, y nunca se ama tanto la dulce calma, como cuando un abismo insalvable nos separa de ella. Por eso yo, errante peregrino, sin hogar ni patria, me detengo melancólicamente impresionada en esos pueblecito cuyas casitas de nieve contemplo con delicia, murmurando: Dichosos los moradores de esos nidos, donde sin recuerdos tristes ni presentimientos sombríos ven acercarse el día de su muerte, seguros de que una mano piadosa cerrará sus ojos y arrojará flores sobre su tumba. En cuanto a mí, extranjera en esa tierra de la tranquilidad, ¡nadie me conoce!... nadie me dirá: « Ven a reposar de tus fatigas en mi hogar. » Miro a los niños con ternura, pero éstos no me acarician; antes, temerosos, se acercan al regazo de sus madres: aquí soy planta exótica que nunca tendré raíces.

¡Adiós, casitas blancas! ¡Nidos de amor! ¡Oasis en el desierto de la vida! ¡Guardad bajo vuestro techo humilde a aquellos que son merecedores de sonreír en paz! Yo me vuelvo a mi fatigosa lucha, pero antes quiero reposar un momento a la orilla del mar, contemplando el espejo del infinito, evocando mis recuerdos gratos y pensando en los seres que me aman... Mas, ¡ay!, ¿quiénes son?...

Y me senté en la playa, buscando en mi pensamiento el oasis del cariño.

Permanecí algunos instantes meditabunda y evocando después al espíritu que me guía en mis trabajos, escribí lo siguiente:

« Amado espíritu, deja que te consagre un recuerdo aquí, donde vine a escuchar el murmullo de las olas.

»Hoy he pasado por el lugar apacible donde oí tu voz querida. ¡Cómo aumentó sus latidos mi corazón! ¡Cuántos dulces recuerdos se agitaron en mi pensamiento! ¡Qué sensación tan pura estremeció todo mi ser!

»¡Padre Germán! ¡Espíritu de amor! ¡Adalid del progreso! ¡Obrero infatigable! ¡Cuánto te he debido!... ¡Cuánto te debo... y cuánto te deberé en el porvenir!

»¡Con qué constancia, con qué amorosa solicitud me envías tu benéfico fluido, y con él raudales de inspiración! ¡Cuánto has engrandecido mi pensamiento! ¡Cuánto has iluminado mi conciencia! ¡Qué parte tan activa has tomado en mi regeneración! ¡Cuánto te amo! Por ti he vislumbrado el infinito y presentido esa vida de grandes sensaciones, cuyas horas han de deslizarse en las suavidades puras de la paz y en las inefables felicidades del amor.

∼

»¡Por ti siento yo en mi mente
algo grande, algo sublime!
Por ti mi alma se redime
de su amarga esclavitud,
abrigando el sentimiento
de una compasión profunda,
mientras que mi ser se inunda
de entusiasta gratitud.

∼

»Por ti en la Naturaleza
hallo más vida y encanto;
por ti se enjuga mi llanto,
pues me enseñaste a esperar;
y al calor de esa esperanza
que me brinda sus consuelos,
supe presentir los cielos
en las orillas del mar.

∾

»Espíritu, que en mi vida
de lágrimas y dolores
has derramado las flores
de tu hermosa inspiración,
acepta de mi cariño
un recuerdo puro y santo:
tanto yo te debo... tanto...
que has sido mi redención.

∾

»No me dejes: con tu ayuda
seré un sabio entre los sabios,
y vengaré los agravios
de los siervos del dolor;
para el náufrago indeciso
seré puerto de bonanza,
difundiendo la esperanza
entre raudales de amor.

∾

»Presiento una nueva vida
y adivino el infinito,
y en las olas veo escrito
lo que no puedo expresar;
mi espíritu se agiganta,
se engrandece y toma vuelo,
y encuentra en la tierra un cielo
en las orillas del mar.

∾

»Soy hoja seca, perdida
en la arena del desierto:
para mí, todo está muerto;
¡pero tengo inmensa fe!
Creo en la supervivencia
del alma que hoy triste llora;

creo que hay siempre una aurora
detrás de cada *¿por qué?*

»¡Padre Germán!, tú que siempre
en mis trabajos me guías,
que sabes mis agonías
y mi continua aflicción,
no me dejes en la lucha
sola con mi pensamiento:
¡Inspírame! ¡Sé el sustento
de mi pobre corazón!»

Mientras estuve escribiendo estos versos, me sentía casi feliz: me parecía que mi frente era acariciada por un soplo suave, y que murmuraban en mi oído palabras de amor.

Los instantes transcurrieron veloces; las horas pasaron rápidas, y tuve que abandonar aquel paraje delicioso de ensueño y de ilusión.

A las almas que han luchado con la adversidad, les es grato reposar algunos instantes en un lugar de dulce calma; y como siempre se desea lo que no se puede poseer, veo en mis sueños una casita blanca como un copo de nieve, en la cual se va extinguiendo mi existencia como se extingue la luz al declinar el día.

Acaso sean los sueños las realidades del porvenir. ¡Quién sabe! Quizá cuando vuelva a la tierra sonreiré gozosa en una de esas casitas que tantos atractivos tienen actualmente para mí.

¿He vivido alguna vez en ellas? ¿Viviré mañana? Todos los deseos se satisfacen con el transcurso de los siglos. La verdadera ciencia de la vida se encierra en dos palabras: confiar y esperar.

Confiemos en la justicia y esperemos en el progreso de nuestro espíritu.

52
MIS IDEALES

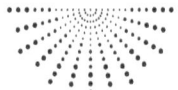

Ni los antiguos sabios de la Grecia, ni los grandes pensadores de nuestros días, han podido escribir, ni definir una obra tan perfecta, tan llena de episodios interesantes y de sucesos conmovedores, como encierra ese volumen divino llamado hombre.

Ni Voltaire con su profundo estudio del corazón humano, ni el célebre Rousseau con su *Contrato Social*, ni el inolvidable Lord Byron con sus nostalgias sublimes y sus pesimismos desconcertantes; ni el autor del *Quijote*, Miguel de Cervantes Saavedra; ni el primer poeta y filósofo del siglo XIX, Víctor Hugo, ninguno ha llegado a idear una tragedia con escenas tan emocionantes como se encuentra en la historia de algunos seres: que nunca la inventiva humana tiene tan vivos colores como la amarga realidad de la vida.

Yo he leído mucho, muchísimo en este mundo. A los diez años conocí el valor de lo que leía, y durante cuatro lustros he hojeado toda clase de libros, llegando a familiarizarme tanto con las novelas, crónicas, memorias, impresiones, historias y relatos de viajes, que al comenzar a leer un volumen, por el prólogo deducía cuál sería el epílogo, hasta hacérseme monótona la lectura, y decir, como aquel indiferente del cuento, que cuando iba al teatro, se dormía tranquilo y al despertarse preguntaba a sus amigos: « ¿Se casó, o se murió? » Así discurría yo al comenzar la lectura de un libro, hasta que decidí buscar la fuente de la historia humana en la frente del hombre y en la sonrisa de la mujer.

Cada ser humano que conozco, me sirve de modelo para mis estudios; y así como los médicos de nuestros días hacen sus experimentos de inoculación en distintas especies, y hasta prueban el efecto de sus medicinas en sí mismos, como lo hizo Samuel Hahnemann, el fundador de la homeopatía, y otro sabio cuyo nombre no recuerdo en este momento, que probó en sí mismo el efecto que producía el cloroformo, yo estudio, leo y tomo apuntes en esas criaturas que, si se las mira atentamente, se ve que llevan en su rostro un jeroglífico trazado por el lápiz del dolor.

El haberme dedicado a la propaganda del Espiritismo, me ha hecho conocer a muchísimos desgraciados. Algunos de ellos me han contado espontáneamente su historia; en otros me ha costado el trabajo de ir leyendo línea en las arrugas de su frente, en la expresión de sus ojos, en la inflexión de su voz y en la amarga sonrisa de sus labios; y he creído en verdad del Espiritismo, más que por sus fenómenos, por las influencias moralizadora que ejerce sobre el carácter, las costumbres y las pasiones humanas. Este fenómeno, producido por la comunicación de los espíritus, es superior en grado máximo a todos los aportes, apariciones, escritura directa y demás manifestaciones de los seres de ultratumba.

Nada es más difícil en la tierra que cambiar el modo de ser del hombre; hay vicios tan arraigados y malas costumbres tan inveteradas que dominan en absoluto, y todo lo más que en una existencia se consigue, es avergonzarse de ellas y tratar de ocultarlas. Esto ya es algo, comienza por evitar el dar mal ejemplo; pero dista mucho de ser lo suficiente para regenerarnos; mientras que la comunicación de los espíritus logra en algunos hombres lo más difícil, extirpar de raíz pequeños defectos que suelen pasar inadvertidos para el mundo pero que no por esto dejan de producir un daño inmenso al que los tiene.

Se nos dirá tal vez que la mayoría de los espiritistas tienen las mismas debilidades y flaquezas que los demás hombres, ¿quién lo duda?

El Espiritismo no ha venido a hacer santos; ha venido a operar una reforma grande, profunda, trascendental, y por esta razón su trabajo es lento; que mientras más gigantesca es la obra, más tiempo se necesita para llevarla a cabo; debiéndose también considerar que el Espiritismo encuentra a la humanidad sumergida en la más humillante degradación. Porque ¿qué mayor envilecimiento para el espíritu que comprar su salvación por un puñado de oro, o creer que el acaso acumuló las moléculas que componen su cuerpo de igual manera que el simún amontona los granos de arena en el desierto?

Las religiones han empequeñecido al hombre; la falsa ciencia le ha enorgullecido, y el Espiritismo tiene que luchar con los ignorantes y con los fatuos, o sea con los tontos de buena fe y los mentecatos envanecidos con su afán de saber. Entre tanta cizaña tiene que implantar el ideal de la justicia, grande y justa, y despertar en el hombre el sentimiento de su dignidad, haciéndole comprender que no hay más cielo ni más infierno que nuestras obras, buenas o malas.

Tiene que demostrar el Espiritismo al obcecado materialista, que su *yo* pensante no es un poco de fósforo que en mayor o menor cantidad llena las cavidades de su cerebro, puesto que éste, en un momento de crisis, queda inerte, la masa cerebral pierde su vibración y la rápida descomposición de la materia orgánica disgrega el cuerpo, mientras que el entendimiento y la voluntad que le hicieron funcionar siguen vibrando, el yo sobrevive revestido de otra envoltura menos grosera, pensando, sintiendo y queriendo.

Como se ve, el Espiritismo está llamado a verificar una revolución completa en todas las clases sociales, en todas las esferas de la vida, en todas las inteligencias, y obra tan colosal, no se puede consumar en un corto número de años: que le cuesta mucho al hombre separarse de vicios que le complacen y de religiones que le tranquilizan con sofismas que parecen verdades mientras no se analizan a la luz de la razón. ¿Hay nada más cómodo que pecar, confesarse, recibir la absolución de nuestros pecados, y volver a pecar en la seguridad de que la bendición de un sacerdote ha de abrirnos las puertas del cielo?

¿Y qué diremos de los materialistas, que nada encuentran en la creación superior a ellos, creyéndose modestamente el cerebro del Universo?

¿Y dónde hay seres más felices que los indiferentes, que no se preocupan por nada?

Decirles que estudien y averigüen por qué nacieron, es exigirles un inmenso sacrificio. El estudio del Espiritismo viene indudablemente a destruir la paz de algunas existencias que se deslizan en la molicie; flores inodoras, árboles improductivos.

El Espiritismo viene a despertar grandes remordimientos, a destruir muchas ilusiones engañosas; es el microscopio con el cual vemos nuestras ocultas miserias; como son nuestra envidia, nuestro solapado amor propio, nuestra falsa modestia, nuestra sorda murmuración, nuestra escondida avaricia y otros innumerables defectos, consecuencia natural de las anteriores causas, que en gran número pasan inadvertidos en la sociedad, como pasan a nuestra vista los millones de infusorios que se agitan en una gota de agua.

Para estudiar el Espiritismo, se necesita que el espíritu esté preparado para ello, bien por el progreso adquirido, bien porque sus muchos desaciertos le hayan colocado al borde del abismo, y tomando en serio el adagio *a grandes males, grandes determinaciones*, se decida a cauterizar las profundas llagas que le hacen vivir muriendo.

Es indudable que se necesita mucho valor para *leer* uno en sí mismo;

por eso abundan los espiritistas convencidos, y escasean los que hacen firme propósito de corregirse de sus vicios cuanto les es humanamente posible; mas es innegable que el verdadero espiritista, el que se propone ir por la senda del progreso, llega a poseer virtudes que forman en torno suyo una esplendente aureola, para lo cual cuenta con convicciones profundas, de que la generalidad carece.

Mucho ha de influir eficazmente en el hombre dotado de buena voluntad y de regular criterio, obtener por sí mismo o por otro comunicaciones razonadas, en las cuales le aconsejen los espíritus el cumplimiento estricto de su deber, y sin falsa adulación le den el parabién por sus buenos deseos, y sin acritud le reconvengan cuando caiga, diciéndole que son muchos los seres que toman parte en sus penas y en sus alegrías. La certidumbre de ser amado y constantemente protegido es un valioso estímulo para la virtud y el progresó espiritual, estímulo que casi sólo los verdaderos espiritistas pueden tener; porque son los que tocan la realidad de la vida, libro inédito que enseña más que todos los volúmenes que se guardan en las bibliotecas de la tierra.

Ahora bien: ¿es beneficiosa la influencia del Espiritismo? ¿Estamos locos los que creemos que cuando se vulgarice su estudio muchas almas enfermas recobrarán la salud, y muchos crímenes dejarán de cometerse?

No somos locos, no; los días de la luz se acercan; la aurora del progreso ilumina el horizonte del porvenir. Los espiritistas son los centinelas avanzados, cuyo ejemplo estimula y dice: « Luchad, luchad con denuedo, y venceréis vuestras imperfecciones como las hemos vencido o tratamos de vencerlas nosotros. ¡Querer es poder! Seguid nuestras huellas y os llevaremos por un sendero de flores que nunca se marchitan, al conocimiento de las verdades supremas. »

¡El infinito nos espera! ¡En nuestra patria no habrá aurora ni ocaso: en ella brillará siempre el sol esplendoroso del amor universal!

53
LAS LEYENDAS RELIGIOSAS

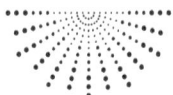

Una amiga mía muy ilustrada y ávida de saber más, me pide un estudio sobre el mahometismo, del que ha oído hacer grandes elogios a unos viajeros orientales, que le encantaron con descripciones pintorescas del profeta Mahoma y de sus ritos y costumbres idólatras. Yo, que antes de profesar el Espiritismo fui católica, luego protestante y más tarde leí el fundamento de todas las religiones, acabé por abandonarlas todas, porque no hay una religión que no se crea la verdadera y no considere falsas y perjudiciales a las otras. Pero en honor de mi amiga, hablaré de Mahoma, al cual dedico este artículo.

Los fundadores de las diversas religiones esparcidas por el mundo, gozan de mayor o menor interés de actualidad, según las vicisitudes porque atraviesan las razas y los pueblos.

Una leyenda mahometana refiere que el profeta cortó una vez la luna en dos partes y se escondió la mitad de ella en una de las mangas de su traje. Poco después el jefe de los creyentes juntó las dos mitades y restableció la luna a su estado ordinario.

Cuando las querellas entre Alí y los tradicionalistas amenazaron con arruinar por medio de interminables cismas la unidad religiosa, los fieles exhumaron la piadosa leyenda, deduciendo de ella que la división de la luna había sido una profecía bajo la forma simbólica, y que la juntura de las dos partes del astro no podía menos de ser también otro simbolismo profético.

¿Quién fue, pues, ese gran impostor que sólo en su país es profeta? ¿Cuál fué la carrera de aquél a quien llaman Misericordioso, Conquistador,

Mensajero de buenas noticias, Sello de las profecías y otras denominaciones hiperbólicas por el estilo?

Mahoma, según la tradición común, nació en el año 569 de la era cristiana. Señales y prodigios numerosos precedieron y siguieron a su aparición.

« La noche en que vino al mundo —*dice el Hyat—ulkuloob*— fueron edificados en el paraíso setenta mil palacios de perlas, los cuales son conocidos por el nombre de *palacios del nacimiento*. El pez—monstruo que se llama *Tamoosá*, pescado de setecientas mil colas, que lleva en sus lomos setecientos mil toros, cada uno de ellos más grande que el Universo, armados con sendos cuernos de esmeralda, y los cuales toros rebotan y brincan sobre la masa enorme, que ni siquiera se da cuenta de que los lleva encima, el pez—monstruo se entregó a tales transportes de alegría, que si el Todopoderoso no lo hubiese calmado, habría hecho volcar positivamente el mundo. »

El profeta recibió la corona de la exaltación religiosa; se revistió con las ropas del conocimiento divino, ciñéndolas a su cuerpo con el cinturón del amor de Dios y se calzó las espuelas del respetuoso terror...

Contaba apenas tres años, cuando dos mensajeros celestes le abrieron por el costado, le extrajeron el corazón, sacaron de él las gotas negras del pecado original, lo llenaron con la fe, la ciencia, la luz profética, y al fin volvieron a colocar el corazón en su sitio.

Mahoma fué educado por su abuelo, uno de los guardadores hereditarios del templo de la Meca, donde iban en peregrinación los fieles de los más lejanos países.

Las ceremonias que Mahoma presenciaba diariamente ejercieron gran influjo en su espíritu. Sin embargo, no aprendió jamás a leer ni a escribir.

Ese hombre fué el que realizó la gran obra de fundir en un solo pueblo las diversas tribus de su nación; el que sacó a dichas tribus de sus soledades y las constituyó en un imperio que lindaba a la vez con las fronteras de la China y con las columnas de Hércules, abarcando un espacio tan grande, que no lo recorrieron jamás igual las águilas romanas con su poderoso vuelo.

Mahoma fué al principio factor o agente comercial, encargado de llevar mercancías de caravana en caravana y de una a otra feria.

Una viuda riquísima llamada Cadirjah le confió sus negocios y acabó por hacerlo su esposo. No teniendo necesidad de trabajar para vivir, Mahoma no se ocupó en otra cosa que en libertar a su nación del yugo de la idolatría.

Aleccionado por un judío converso al cristianismo, tomó aversión a los trescientos sesenta ídolos de Caaba y llegó a poseer la convicción de la unidad del Ser Supremo.

Convencidos sus parientes y amigos de que el fuego, el viento, el aire, las estrellas, el agua y el sol, eran dioses, motejáronle de insensato.

Sólo se es cuerdo en el mundo a condición de agitarse y hablar como la gente que en él vive. La sociedad no aprecia al hombre que cambia el curso de las tradiciones. Al contrario, le resiste cuanto puede, a imitación del perezoso cuyo sueño matinal se interrumpe.

Como todos los profetas, Mahoma tuvo extraordinarias visiones, y le acometían ataques epilépticos, que sólo por exceso de devociones pueden explicarse.

La primera conversión que hizo fué la de su esposa Cadirjah. En un esclavo llamado Zeid recayó la segunda. Al cabo de tres años tenía ya cuarenta conversos.

La persecución tuvo principio.

Mahoma invitó a su tribu a una conferencia, y se declaró enviado del Altísimo para restablecer lo que él llamaba la única religión verdadera, la que siguieron Adán, Noé, Abraham, Moisés, Jesús y todos los profetas.

El nuevo dogma fué ganando terreno; las clases humildes lo acogieron con alegría. Los propios judíos, a pesar de que aguardaban siempre al Mesías, no por esto rechazaban las pretensiones de Mahoma. Volviéronle solamente la espalda cuando autorizó a los suyos para comer carne de cerdo y de camello.

Hasta el duodécimo año de su predicación no se realizó el famoso viaje de Mahoma al cielo. La tradición de este viaje nocturno se parece mucho a las revelaciones de Swedenborg. El profeta va guiado por el ángel Gabriel, « quien lleva a su alrededor 10.000 saquitos llenos de almizcle y azafrán, y el cual posee quinientos pares de alas, separadas cada una de ellas por un espacio de quinientos años de viaje. »

En la primera esfera Adán sale al encuentro de los viajeros. Llega después Jesuf o Josef, con quien departen alegremente. En el sexto cielo encuentran los peregrinos a Moisés, el cual les dice: « Los israelitas creen que yo soy el bienamado del Altísimo; pero este hombre le es más querido que yo mismo. »

La mayor parte de las maravillas que encuentran Gabriel y Mahoma tienen un sentido característico, como por ejemplo, un ángel « con la mitad del cuerpo de fuego y la otra mitad de nieve ».

Otros ángeles construían palacios con ladrillos de oro y de plata. El Profeta vio que se cruzaban de brazos y al preguntarles la razón de aquello, contestaban: « —Esperamos que nuestros gastos sean satisfechos. —

¿Qué gastos? —Las devociones de los creyentes: cuando ellos cesan de orar, nosotros suspendemos el trabajo. »

Mahoma exaltaba a sus soldados con la grandiosidad de sus pensamientos y la magnificencia de sus promesas.

« La espada –dice— es igualmente la llave del cielo y de la tierra. Quien la ponga al servicio de la santa causa, obtendrá recompensa en la tierra, y cada gota de sangre vertida, cada privación, cada peligro, será registrado allá arriba. El que caiga en el campo de batalla, alcanzará el perdón de todos sus pecados y será transportado a los cielos para saborear eternos placeres. »

Perseguido Mahoma por los koreishitas, corrió un día gran peligro. Refugióse en una caverna del monte Ther, y cuando los que le perseguían llegaron a la boca de la cueva, halláronla obstruida por una acacia que había brotado súbitamente. En las ramas de este árbol, dos palomas habían hecho su nido y una araña había tejido su tela.

Las apariencias de tranquila soledad engañaron a los perseguidores, los cuales se marcharon por otro camino.

Con historias semejantes se enardece la imaginación de los pueblos, se les lleva al combate y se les explota en interés de algunos.

Mil doscientos años después de la *Egira*, los mahometanos habían conquistado 36.000 aldeas, ciudades o fortalezas, destruido 4.000 templos cristianos y edificado 1.400 mezquitas.

En poco tiempo, relativamente, se habían hecho dueños del África, convirtiendo a los moros, quienes a su voz invadieron a España.

El imperio de los creyentes se extendía desde el Atlántico hasta el Japón; atravesaba el Asia y el África, comprendía la Península Ibérica y penetraba en Francia hasta el río Loire.

El derrumbamiento del poder mahometano ha sido largo, pero ya toca a su término.

Inglaterra domina a los musulmanes en la India y los ataca ahora en el Sudán briosamente; Rusia tiene la mitad del Asia; Francia, la Argelia... Y tal vez España realice algún día en Marruecos su misión civilizadora*.

El profeta que hizo un viaje tan delicioso al cielo, debiera, en interés de los creyentes, bajar ahora a la tierra.

En estos conflictos religiosos hay una cosa que entristece, particularmente al pensador, y es, la imposibilidad de pertenecer a una religión sin hallarse condenado por todas las restantes. ¡No hay remedio!

Las muchedumbres ignoras son como los niños adolescentes al salir de

---

* *Este artículo escrito hace más de cuarenta años, es una profecía que se cumple actualmente con la guerra de España en Marruecos.*

la primera infancia, que adoran los cuentos de hadas, las historias inverosímiles, las novelas más disparatadamente fantásticas, y forman su imaginación con leyendas y mitos que quedan grabados por mucho tiempo o para siempre en su fantasía.

Millones de años ha, si no son siglos, que la China cree en Confucio. El reformador chino tiene una leyenda tan especial, que bastará indicar las circunstancias de su poético nacimiento: « Una mujer virgen, *fecundada por los rayos del sol,* no sabe cómo explicar su situación extraordinaria. Sintiendo acercarse la hora de su alumbramiento, la joven abandona su aldea y camina, camina... hasta caer abrumada de cansancio a orillas de un gran lago. Allí da a luz al niño Confucio. Una flor de loto se entreabre, y la inocente madre deposita al recién nacido en la corola. Aquella flor cierra de nuevo sus hojas, y el profeta halla en aquel estuche oloroso nutrición abundante, hasta el día en que puede salir para dedicarse a catequizar a sus semejantes. »

¿Puede darse una historieta más simple, a la vez que inverosímil y dulcemente poética?

¿Y el Espiritismo? ¡Ah!, el Espiritismo viene a barrer todos los sofismas, todos los mitos, todas las leyendas, todos los personajes proféticos que se han valido de su influencia y ascendiente sobre las masas para convertir la superficie de nuestra tierra en un lago de sangre y una necrópolis. El Espiritismo no engaña a los niños con subterfugios de arte, ni ofusca a los hombres con promesas de placeres materiales. Pasó ya el tiempo de atraer a los salvajes y dominarlos con la seducción brillante de un collar de cuentas de vidrio y con espejitos, cascabeles y chucherías vistosas. El Espiritismo es luz y verdad, realidad y sentimiento, progreso y perfección, ilustración, educación e instrucción. Las leyendas religiosas no igualan, ni llegan a tener la poesía real y verídica de los fenómenos del Espiritismo.

Jamás religión alguna soñó grandezas y maravillas como las descripciones de los cielos, vistos a través del telescopio, por nuestro Camilo Flammarión. Nunca poesía alguna pudo compararse a la potente imaginación de un Víctor Hugo, de un Salvador Selles, cantores del sentimiento, del espíritu, del infinito, de la vida eterna. Nuestro ideal no quiere ídolos, santos, altares, templos, ritos, dogmas, sacerdotes mercenarios, ni liturgias sagradas. Cada hombre es el representante de su conciencia; cada mujer la sacerdotisa de su hogar. La razón, el alma del mundo; y el amor universal, la religión del porvenir de toda la tierra, eslabón de la cadena interminable de los mundos que ruedan por el inacabable espacio.

Nada de guerreros ni de héroes, de verdugos ni víctimas. El Espiritismo es paz, trabajo, orden, progreso y estudio de todas las cosas. Es arte, inspiración, aspiración sublime de perfeccionamientos, hasta presentar una civilización nueva, superior mil veces a todas las civilizaciones conocidas.

Creo haber contestado a mi amiga, y sabrá comparar entre la farsa religiosa de todas las sectas y la gran religión natural del Espiritismo, fuente de futuras glorias.

54
LA LUCHA DE LA VIDA

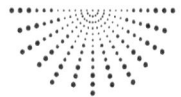

Con razón se ha dicho que la vida no es otra cosa que una continua lucha.
¡Oh, sí!, lucha en la que el espíritu trabaja constantemente por sujetar sus pasiones: si vence, gloriosa es la victoria, seguro el progreso, claro el horizonte, risueño el más allá de la tumba; pero si sucumbe, dolores seguirán a su derrota; llanto será su patrimonio y remordimientos su porvenir; lágrimas en la tierra, sombras y vacío en todas partes.

Venimos para sufrir, y nos abruma el sufrimiento; la miseria nos aterra y las riquezas nos fascinan; aborrecemos el trabajo y amamos la indolencia; somos pródigos en el vicio y mezquinos en la virtud; socorremos al necesitado, las más de las veces por compromiso u orgullo; nos gusta mucho hablar de las faltas ajenas, pero tenemos sumo cuidado en no mentar las propias; amamos al que nos habla la verdad; nos revestimos de humildad con el fuerte y abusamos en demasía con el débil; en una palabra: somos el egoísmo encarnado.

Míseros pigmeos de la creación, pretendemos ser otros tantos semidioses. Incapaces de gobernarnos cada uno de por sí, nos creemos aptos para gobernar, cuando menos, una nación. ¡Ah, triste condición humana! Mientras fijes tu planta en la movediza base del orgullo, tu hundimiento será seguro, y tu progreso irrealizable: tú trabajo será continuo y fatigoso, porque tu inteligencia, obscurecida por el vicio y el error, no sabe apropiar los colores al gran cuadro de la vida. Las primeras pinceladas de este cuadro las damos al venir a la tierra a encarnar; queda en imperfecto boceto en los primeros años de la infancia, y es nuestro deber acabarlo cuando llegamos a la edad de la reflexión.

Ahora, la cuestión está en terminarlo bien o mal.

Permítaseme simbolizar en dos imágenes alegóricas la empeñada lucha de la vida:

Representa la primera una simpática joven, de cuyo rostro parece que emanan efluvios celestiales; viste con sencillez y modestia suma; en una mano lleva un ramo de olivo, símbolo de paz, y con la otra agita un blanquísimo lienzo que tiene inscrito el siguiente lema: « Soy la Virtud, emisaria del espacio, que vengo a traer a la humanidad Paz, Amor y Progreso. »

Es la segunda imagen una hermosísima matrona, que viste un traje deslumbrador por su magnificencia; con su mirada, avasalla; con su majestad, impone; con su sonrisa cautiva y convida a los placeres y a la orgía; lleva una red en una mano y un ramo de mirto en la otra; ofrece toda clase de goces materiales; su ocupación favorita es escarnecer la virtud, burlarse de la inocencia, reírse del candor...

Esta es la vida; y estas las imágenes que tenemos delante para terminar el imperfecto boceto de nuestro espíritu.

¿Qué colores nos apropiaremos, los modestos de la Virtud, o los excitantes del Vicio?

El Vicio nos halaga con su astucia, nos deslumbra con sus bellas perspectivas, nos muestra caminos anchurosos, nos dice que disfrutemos, que no pensemos ni filosofemos, porque la filosofía lleva a la actividad y la actividad fatiga. La Virtud, oyendo los pecaminosos consejos del Vicio, se entristece por el atraso de la humanidad, y con amante y cariñosa voz exclama: « ¡Pobres reclusos de la tierra!, seguidme; no os durmáis en la ociosidad y en los placeres, porque así os estacionáis; yo os daré paz y progreso; trabajad, trabajad, que el trabajo robustece el cuerpo y vigoriza el alma. La actividad en el bien es emanación divina y causa de perfección: la indolencia enerva el espíritu y le deja sin fuerzas para rechazar las sugestiones corruptoras. Los hijos de la indolencia no atesoran sino vicios: siembran cizaña y no pueden recoger otra cosa que miserables abrojos: miran los placeres con fruición, escuchan al Vicio con arrobamiento y huyen cautelosos de mí, que les digo la verdad. ¡Desdichados! »

Así habla la Virtud; pero nosotros, sordos a su dulce voz y ciegos a la luz de la razón, tomamos por modelo el Vicio y sus abigarrados colores, quedándonos altamente satisfechos de poder dar con ellos alguno; brochazos. De tiempo en tiempo el remordimiento lucha con la conciencia, y nos asalta la idea de retocar el cuadro antes que termine el plazo de su conclusión; entonces el espíritu entabla una titánica lucha con sus pasiones; pero como éstas han adquirido un grado superior de desarrollo, dominan al espíritu, que sucumbe a causa de su debilidad. En este estado, llega la última hora, y el gran cuadro de nuestra vida no representa sino un cúmulo de imperfecciones; y como es de todo punto preciso el que este cuadro sea perfecto, no tenemos otro remedio que, más tarde, volver a empezar de nuevo; y he aquí la continua lucha de la vida, iniciada por nuestras faltas y prolongada por nuestra apatía en el progreso.

Luchemos, pues, con serenidad; seamos los valientes defensores del progreso; no cesemos ni un instante en combatir el vicio; sea la ciencia espiritista el rayo devastador de la ignorancia y nosotros verdaderos espiritistas, esto es, lógicos y racionalistas, pero jamás fanáticos, pues desgraciadamente el fanatismo ha sido y es la lepra del alma, que embrutece la inteligencia, y la epidemia de las humanidades. El Espiritismo racional es una partícula desprendida del infinito, soplo purísimo del amor, que, penetrando en nuestras almas, nos ha hecho sentir algo de la felicidad eterna.

55
VALOR DEL TIEMPO

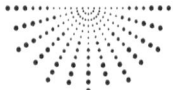

Venimos a la tierra con el deseo de progresar, con el firme propósito de trabajar y emplear el tiempo provechosamente; mas el orgullo nos estaciona, la indolencia nos hace huir del trabajo, y he aquí que pasamos toda una existencia sumidos en el error, envueltos en la ignorancia, consagrados a la superstición, o víctimas de cruel escepticismo.

Colocados en la escabrosa senda de la vida, no sabemos a dónde dirigir los pasos. Nuestra vida se extiende al infinito, como queriendo buscar un más allá; contemplamos el espacio indefinido y sonreímos: bajamos los ojos a la tierra, y una nube de tristeza envuelve nuestro ser; la soledad nos aterra; el inmenso vacío que hallamos en derredor, nos aflige; el valor nos falta, y abandonándonos completamente, caemos desfallecidos bajo el peso de nuestra misma debilidad. Y entre tanto, ¿qué hemos hecho?

En provecho nuestro, nada, pero sí en nuestro perjuicio, puesto que hemos perdido un tiempo precioso, el cual, mientras hemos estado en la inacción, ha corrido veloz, para no volver jamás.

¡El tiempo! ¡Oh! Si supiéramos el valor que tiene en la tierra, no desperdiciaríamos ni un segundo de tiempo. Nos afanaríamos en armonizar las horas; trabajaríamos con regularidad; nuestros trabajos serían más provechosos y la vida nos sería más ligera; nunca aparecería en nuestro semblante ese tinte melancólico del fastidio, prueba inequívoca del mal uso que muchas veces hacemos del tiempo precioso. Y si no, ved al sabio que se afana en descubrir nuevas ciencias; al pensador filósofo que transmite al papel sus saludables máximas; al rico caritativo que deja temprano su mullido lecho para ir en busca de la indigencia y enjugar sus lágrimas;

al honrado trabajador que, después de emplear el día en ganar el sustento de su familia, aún roba algunas horas de la noche al descanso de su cuerpo para dedicarlas a la instrucción de sus hijos, al estudio, o alguna práctica útil en favor de sus semejantes; ved a estos seres siempre tranquilos, serenos, y ¿por qué? Porque su conciencia no les acusa de ociosos; porque trabajando para los demás, se forman su patrimonio, se crean una gran propiedad para la vida futura y van labrando el verdadero progreso de su espíritu.

El tiempo, ha dicho Franklin, es la tela de que está hecha la vida: y es muy cierto. Esta tela, bien aprovechada, nos daría felices resultados, porque nos pondría al abrigo de los malos pensamientos y sería el más eficaz preservativo contra el fastidio.

¡Cuán pocos son los seres que saben apreciar el valor del tiempo y distribuir las horas con minuciosa y severa exactitud! ¡Nos quejamos de la corta duración de la vida, y nosotros mismos la abreviamos con la dilapidación deplorable de todos sus instantes!

La humanidad habla constantemente del valor del tiempo, y sin embargo, la mayoría no hace otra cosa que *pasar el tiempo*, visitas de etiqueta, atenciones de sociedad, mesas de juego, teatros sin reformas de costumbres, lecturas frívolas e inmorales, son las más de las veces los recursos de que echamos mano para libertarnos del inmenso tedio que nos abruma.

Bueno es un rato de expansión cuando ya se ha cumplido con los principales deberes; porque después del cotidiano trabajo, el espíritu aspira con fruición la brisa que viene a acariciarle, y aquellos momentos de descanso o libertad le reaniman y le dan nuevas fuerzas para empezar de nuevo su trabajo; pero esos seres que pasan las horas muertas muellemente reclinados en un diván, recreándose en las espirales que forma el humo de su cigarro, a semejanza de los turcos, o los que con el nombre de jóvenes del gran mundo o aristócratas de salón, se levantan de la cama, se van al tocador, de éste a la mesa, de allí al casino, después al teatro, luego al baile, de aquí al *restaurant*, en donde después de haber devorado suculentos manjares, y regado los manteles con el espumoso *champagne* salen medio beodos, congratulándose de aquella brutal orgía, donde en su concepto, han pasado el tiempo agradablemente, ¿podrán decirnos las ventajas que les reporta ese modo de emplear el tiempo?

¡Oh!, nos responderán que han ido a divertirse solamente, y que con esto no han perjudicado a nadie; pero esto no basta.

No hemos de contentarnos con no hacer daño; hemos de procurar hacer bien. Por ejemplo: el que perjudica a otro en lo más mínimo, emplea malísimamente el tiempo; el que no hace bien ni mal, lo pierde lastimosamente; y el que se afana por cumplir con su deber y ser útil a sus semejantes, éste es un espíritu que sabe apreciar el tiempo en su verdadero valor; comprende lo fugaz que es la vida, lo doloroso que es el viaje por la tierra, e incansable en su deseo de progresar, no desperdicia ni un segundo; es el gran matemático de la vida, que sabe aprovechar los minutos que marca el reloj de su existencia; sabe muy bien que la tierra es una tumba y el cuerpo estrecha cárcel donde el espíritu se encierra para sufrir su condena.

Si ha sabido cumplir con su deber, siendo la actividad su compañera, cuando se cumpla el plazo de su existencia o de su expiación, la derruida cárcel quedará enterrada en la mísera tumba del planeta tierra, y el espíritu, entonando un himno de alabanzas a la creación, remontará su vuelo a las regiones etéreas, en busca de su ansiada libertad, en busca de progreso sin fin y en busca de más prósperos destinos.

¡Oh! ¡Lástima da ver a infinidad de seres cómo dejan transcurrir las horas sin acordarse del que sufre, sin enjugar una lágrima, sin socorrer al necesitado, sin vestir al desnudo y sin amparar al huérfano! ¡Cuántas horas perdidas! ¡Qué tiempo tan precioso inútilmente empleado! ¡Ah!, ¡pobre humanidad, cuán lento es tu paso para el bien! No parece sino que mil cadenas te sujetan; pero para el vicio, ¡ay!, eres cual ligera nave que se desliza rápida por la superficie de las aguas...

¡Hora es ya de que el Espiritismo nos alumbre con sus rayos, y nos enseñe a comprender el valor del tiempo!

¡Espiritistas! Luchemos con valor; no nos arredren las miserias de la vida; que alguien vela por nosotros. Aprovechemos el tiempo en corregir nuestros defectos, en ser dóciles y virtuosos, en amarnos como hermanos y en llevar un rayo de luz a la humanidad para que progresemos todos.

56
EL FANATISMO Y SUS CONSECUENCIAS

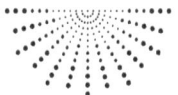

Siguiendo el curso de nuestra filosofía espiritista, fecundo manantial de inspiración en donde la inteligencia humana puede entregarse sin recelo, alguno al estudio de las cosas, vamos a hacer algunas observaciones sobre esa fatal epidemia que tanto perjudica a la humanidad y a la que grandes pensadores y sabios filósofos dieron el nombre de fanatismo u obstructor de las inteligencias.

Fanatismo, en su verdadero sentido, es alucinación del espíritu, demasiada credulidad en todo, pobreza moral, atmósfera que envenena, costumbre que relaja, velo que ofusca la razón, prisión donde el espíritu gime cautivo sin desarrollo moral e intelectual, sin luz, sin aire, sin vida, sin más porvenir que el error, sin otro horizonte que las sombras y sin más extensión que el reducido círculo de una costumbre rutinaria o una obcecación sin límites.

En todas las creencias hay grandes verdades y gravísimos absurdos; ahora sólo falta saber distinguir éstos de aquéllas. El espíritu que ya ha adquirido un gran progreso, tiene mayor desarrollo intelectual, y por consiguiente, mas conocimiento para recoger lo bueno y repudiar lo que no se ajusta a la bondad y a la armonía. Pero el pobre que por su inactividad en progreso ha dejado desfallecer su inteligencia sumiéndola en un caos de preocupaciones y errores, no puede tener el necesario discernimiento para separar la verdad de la mentira, lo justo, de lo injusto. Y el fanatismo, imperando en él, le subyuga, le tiene maniatado de su inteligencia la luz de la razón, le convierte en un ser rutinario e intransigente, hasta con los hechos más reales y positivos.

¡Ah! ¡Lástima da ver a la multitud de seres dejarse llevar por un cúmulo de frases dictadas por espíritus tan atrasados como ellos, sin pararse en averiguar los grados de verdad o mentira que encierran! Véseles arrastrados por la impetuosa corriente de la superstición y adheridos a las sombras, cual los topos, entre las cuales consumen estérilmente la actividad de su alma sin poder arrancar la tupida venda que les ciega.

Lo hemos dicho otras veces y no nos cansaremos de repetirlo: el fanatismo es un mal crónico en la tierra, que necesita muchos siglos de progreso para su completo exterminio. Es el constante auxiliar del error, que subyugando a los espíritus excesivamente crédulos, los lleva a la impotencia para el bien y al cumplimiento de los más recomendables deberes; de aquí nacen con frecuencia la discordia en las familias y la relajación de los vínculos amorosos y sociales. Donde la adhesión a una creencia se convierte en fanatismo, no es posible su discusión razonada, porque el fanatismo ciega y la discusión degenera en inmoral pugilato. Y no crean nuestros lectores que aludimos a una sola creencia, sino que nos referimos a todas en general, sin exceptuar la nuestra; pues en todas ellas existen millares de fanáticos que las desacreditan y dificultan el progreso.

Dos clases hay de fanáticos: el instruido y el ignorante. El primero es mucho más temible; porque apoyándose en su instrucción, representa un papel más importante en la sociedad y una influencia más activa. Créese un Aristóteles o un Séneca, y nadie es capaz de hacerle desistir de sus preocupaciones y constante obcecación; así es que, en sus discusiones son intransigentes, antilógicos en sus razones, y despóticos con los demás, a quienes juzgan inferiores. El orgullo les domina en tan alto grado, que no quieren ser aconsejados, sino consejeros; no se creen enfermos de inteligencia, sino con profundísimos conocimientos para recetar a la humanidad toda, y sus recetas son un veneno activo que, cayendo sobre inteligencias enfermizas e ignorantes, las dispone a creer todos los absurdos imaginables y poner en práctica cuantos errores pueda crear el atraso de ciertos espíritus. De este modo, los unos, merced a su falsa sabiduría, esparcen la confusión; y los otros, víctimas de su ignorancia y excesiva credulidad, forman el grueso del ejército del fanatismo, dispuestos siempre a repeler con la fuerza toda idea regeneradora y progresiva.

Del fanatismo nace la intolerancia; de ésta, el desorden, y de aquí el gran equilibrio social y las continuas luchas que, tanto tiempo vienen siendo el azote de las humanidades. El fanatismo es el detractor del progreso, el sarcasmo de las religiones y el opresor de las inteligencias.

Nosotros los espiritistas amamos la razón, porque ésta es hija de la verdad; y la verdad es purísimo destello del amor infinito.

Amamos el progreso indefinido, porque en pos de él venimos a la tierra, y detestamos el fanatismo, porque se opone a la civilización, al desarrollo moral e intelectual, a la verdad y a la luz.

57
AMOR DEL ALMA

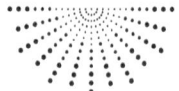

Quisiera tener la elocuencia de Cicerón o la fecunda inspiración de Safo, para que este artículo correspondiese al título que lleva; quisiera que mis frases fuesen un conjunto armónico, dulce y poético, que transformándose en bellísimas flores saturaran el ambiente con su aroma; quisiera que parte de ese fuego divino que encierra el alma, transmitiéndose a mi pluma, cual chispa eléctrica, me hiciera estampar en el papel la fiel imagen de esa esencia abstracta del amor del espíritu, soplo purísimo del Universo; pero en la imposibilidad de hacerlo como lo deseo, habré de ceñirme a mi escaso conocimiento.

¡Amor del alma!

¿Quién es capaz de describirlo?

¿Quién podrá sentirlo y comprenderlo?

Existen tres clases de amor: divino, espiritual y material. El primero pertenece a la esencia infinita de cuanto bello y grande existe; el segundo es patrimonio de espíritus perfectos, que habiendo llegado a un estado superior de elevación, el amor es su base; de él se nutren, con él viven y amor difunden por doquiera; el tercero pertenece a lo terreno, y el hombre, usando de su libre albedrío, unas veces le convierte en cieno, y otras le transforma en ese amor semiespiritual que tanto nos eleva, pues aunque no llega al complemento de su pureza, tampoco le queda de material sino esa parte natural e indispensable en la tierra.

Así es que ese amor que llamamos puro en nuestro planeta, y del cual no podemos pasar, en atención a nuestro estado material, no es sino una chispa del amor espiritual, que adhiriéndose a la materia, nos purifica algún tanto.

Amor del alma es ese, no sé qué inexplicable que sentimos en nuestro ser, especie de fluido magnético que el espíritu transmite al cuerpo, y que separándonos de las pasiones vulgares, nos conduce a un amor grande, sublime e indefinido, del cual el espíritu libre se sirve a su placer; pero que una vez encerrado en la estrecha cárcel de su organismo, podemos decir en sentido figurado que es fuego entre cenizas; y si bien no deja de arder, jamás se convierte en llama, siendo por consiguiente su calor, tenue como el alentar de un niño, en comparación del que el espíritu pudiera difundir por sí solo.

He leído que el espíritu es foco de luz vivísima, y esta luz reflejo del amor. Y yo añadiré que el amor es el espejo del infinito, que muestra incesantemente a la humanidad, para que ésta se mire en él; es la armonía celeste; es la esencia de la vida; es la sonrisa de los cielos, que adormece en dulce calma, que extasía, que arrebata, y transportando al espíritu a etéreas regiones, le hace entrever por un momento una dicha ilimitada.

¡Oh, sí! El amor regenera al hombre en alto grado, y sin esa simpatía de los espíritus, sin ese cariño íntimo, no podríamos vivir en la tierra; sin embargo, hay seres que aman tanto y tanto... que a pesar de recibir mil desprecios del objeto amado, parece que su cariño crece más y más a cada momento.

Hace algún tiempo conocí a una simpática joven, la cual más bien se asemejaba a la estatua del dolor, que a un ser viviente: sus ojos, negros como la noche, parecían exhalar un gemido, y la sonrisa que se dibujaba en sus labios, estaba velada por esa profunda tristeza del alma que sin querer asoma al rostro; su trato, dulce y cariñoso, me hizo intimar con ella, y un día, paseando por el jardín de su casa y hablando de las luchas de la vida, aproveché la ocasión de poderla preguntar la causa de su abatimiento.

Laura, que era una sensitiva, al oír mi pregunta, me miró tristemente, y vertiendo dos lágrimas, que fueron a esconderse en su alboseno, quizá temerosas de que la brisa les robara su perfume, exclamó:

—¡Ay, Amalia, amiga mía! Para contar la causa de mi sufrimiento con todos sus detalles, era preciso también que pusiera de manifiesto el cinismo de un ser que, a pesar de todo, amo con toda el alma; basta saber que he amado cuanto se puede amar en la tierra; que cuanto más grande ha sido mi amor, mayor ha sido el desprecio que he recibido; y si me escucharas la historia triste de mi vida, ciertamente que odiarías al que tanto me ha hecho padecer; como yo no quiero que nadie le aborrezca, me callo y le amo en silencio.

¡Quedé admirada de aquel amor tan grande, tan sublime y tan heroico!

¡Callar las faltas de quien la hacía sufrir, para que nadie le aborreciera! ¡Oh! No pude menos que admirar a aquella alma tan buena y derramar lágrimas ante tanta nobleza, porque en un planeta de expiación, donde la perfección está muy lejos de nosotros, rara vez se encuentra un ser tan digno. Al separarme de Laura, llevé grabado en mi corazón el recuerdo de aquella mujer admirable.

Más tarde, supe por su misma familia que Laura era casada, y que su esposo, después de haberla demostrado un amor que no sentía, se unió a ella tan sólo por gozar de los inmensos bienes que poseía. Tres días después de celebrado el matrimonio, el esposo de Laura emprendió un largo viaje, que duró tres años; en todo este tiempo, aquella tierna sensitiva, que le había escrito casi diariamente vertiendo un raudal de sentimiento en sus cartas, tan sólo obtuvo dos contestaciones secas, concisas, que la hicieron más desgraciada que el silencio guardado hasta entonces.

Cuando Antonio regresó a su casa, Laura, sin recordarle su desvío, le recibió amante y cariñosa; pero él, menospreciando aquel amor tan puro, le correspondía con la mayor indiferencia; y he ahí el porqué Laura, envuelta en la llama de aquel amor sin límites, se iba agostando como las flores bajo el ardoroso sol del estío.

Al saber aquella triste historia, comprendí que el amor de mi amiga era la verdadera y pura esencia del alma; y si hasta entonces la había admirado como mujer, después la respeté por sus virtudes y por la elevación de su espíritu angelical; pues solo los ángeles son dignos de admiración.

Si toda la humanidad participase de ese amor, flores de virtud sembraríamos en nuestro viaje terrestre, y las zarzas del camino, las espinas del egoísmo no ensangrentarían jamás nuestros pasos; mas, como quiera que el orgullo es la clave de nuestras pasiones, en cuanto hacemos una acción mediana, ya nos parece que hemos obrado con suma perfección; siendo así que, de este modo, nuestro progreso no avanza, ni nos ponemos en condiciones de poseer el imponderable tesoro del amor. Unos quieren y otros aman; más de lo uno a lo otro hay una distancia inmensa. Se quiere la mayoría de veces por fuerza o por deber, y se ama espontáneamente y sin ningún interés, pues el cariño es fuego fatuo que no pasa de la tierra, y su fulgor ni deslumbra, ni quema; pero el amor del alma es un destello divino, hálito celeste, esencia universal se eleva por espontánea impulsión al infinito espacio como incienso perfumado de las buenas obras.

58
¡UNA MADRE!

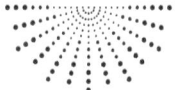

¡Qué dulce, qué hermoso título el de madre!... Me decía una señora, a la cual le dan tan bello nombre, a pesar de no pertenecer a ninguna congregación religiosa, ni haber faltado nunca a los deberes de toda mujer honrada. Margarita es madre... de los pobres, de los muchos desheredados que llegan a pedirle una limosna por amor de Dios y a contarle sus cuitas y penalidades.

—Sí, amiga mía —me decía Margarita—; ya sabes tú que mi destino ha sido bastante adverso; que las flores que yo he pisado se han convertido en cenizas; que las fuentes adonde he ido a calmar mi sed, se han agotado; que las almas buenas a quienes he pedido cariño, todas han sido ingratas para mí; pues bien, a pesar de tanta desventura, la felicidad me sonríe algunos momentos, cuando un desgraciado me dice:

—Yo vengo a contarle lo que me sucede, porque en usted veo ¡una madre!

—Hermoso título, amiga mía. Cuando ese nombre resuena en mis oídos, siento una emoción desconocida, inexplicable, sonrío y lloro al mismo tiempo y ni las coronas de los cesares, ni los laureles de la gloria, me harían más dichosa que esa palabra pronunciada por un desventurado.

—Ciertamente, ese título es el que más ennoblece a la mujer, débil arbusto que se convierte en árbol gigantesco, a cuya sombra reposa la humanidad.

—Para ser madre no se necesita tener hijos; son muchas las mujeres que tienen numerosa prole, y sin embargo, no merecen aquel nombre honrado. Son hembras fecundas, pero no madres.

—Tienes muchísima razón. No es madre la mujer que por no ajar su belleza no amamanta a su hijo, ni vela su sueño, ni espía su primera sonrisa, ni escucha con su deseo sus primeras palabras, ni sostiene sus débiles pasos, mostrándole el cielo y diciéndole cosas amorosas.

No es madre la mujer que encierra en los colegios a sus hijas para evitarse molestias y cuidados, y deja pasar los años de la infancia sin inculcar en sus tiernos corazones el sentimiento purísimo del amor universal.

No es madre la mujer que obliga a sus hijas a contraer matrimonio contra su voluntad, o las *entierra* en un convento porque su confesor así lo quiere...

No es madre la que sólo se ocupa en engalanar los cuerpos de sus hijas, sin cuidarse de engrandecer su alma, y las enseña a derrochar las economías del padre, y las acostumbra a mentir, diciendo que cuesta mil lo que vale quinientos.

—¡Qué bien conoces las miserias de muchas familias!

—Muchísimas lágrimas me ha costado adquirir tan triste experiencia, porque quiero mucho a las mujeres, y su inferioridad me hace daño. ¡Es tan hermosa la mujer cumpliendo con su sacerdocio maternal! Se disfruta de tan dulces, de tan inmensas satisfacciones en el ejercicio de los deberes familiares, que no hay pluma guiada por el pensamiento, que pueda describir fielmente esas sensaciones.

Puedo asegurarte que, en medio de mi desgracia, soy dichosa cuando puedo enjugar una lágrima y oigo a mujeres ancianas apellidándome su madre.

Ser útil a los que lloran... Consolar a los que sufren... Aconsejar a los atribulados... Convertirse por algunos segundos en agente de la Providencia... ¿dónde habrá mayor felicidad?

—Cierto: hacer el bien por el bien mismo, es el placer de los placeres, goce que muy pocos disfrutan en este mundo, donde cada dádiva encierra una mira interesada. Por esto, aunque mucho se haga, no produce el consuelo que debía producir.

Ya ves, cuántas asociaciones religiosas reparten socorros a domicilio; cuántas señoras van a visitar a los pobres; sin embargo, como únicamente dan el pan del cuerpo, no pueden sentir las inmensas satisfacciones del alma. No dan la limosna sino imponiendo a la conciencia ajena el ideal propio religioso; si el pobre no va a misa, si no se confiesa, se le abandona, se le desprecia y aun generalmente se le insulta. ¡Ah! Eso no es caridad; es burlarse de la miseria y del dolor, que debieran respetarse en todos los seres de la tierra.

—Así debía ser; y así será cuando la humanidad esté más adelantada por el desarrollo de la razón y el cultivo del sentimiento. Entonces se amará lo mismo al judío que al mahometano; de igual manera al católico que al librepensador. Más ¡ay! ¡Cuán lejano está todavía ese hermoso porvenir!

—No tanto como supones. Se comienza a leer, a reflexionar, a sentir, y el sentimiento, al desplegar sus hermosas alas, acoge bajo su sombra a muchos niños inocentes, a innumerables obreros sin trabajo, a muchísimas madres desfallecidas que no pueden alimentar a sus hijos, sin que se les pregunte por su credo religioso, ni se inquiera sino si son pobres de oficio o verdaderos mártires de la miseria.

—Más vale así, para beneficio de todos; porque la verdadera caridad, tanto provecho reporta al que recibe la dádiva, como al que la da. La sonrisa del pobre socorrido y la mirada compasiva del que extiende su mano tienen igual dulzura, revelan idéntica satisfacción. Lo sé por experiencia.

¡Qué ideas tan hermosas! ¡Qué sentimientos tan dulces!... La Naturaleza es tan pródiga, que a todas las mujeres, fecundas o estériles, les ha concedido el sentimiento necesario para convertirse en madres, amando a los que lloran, velando a los que sufren, siendo la paz y el consuelo de muchos afligidos. Te aseguro que estoy muy contenta de ser mujer, pues por serlo, ha resonado en mis oídos el dulcísimo nombre de madre, con el cual me creo recompensada de todas las penalidades que he sufrido.

La mujer que así me hablaba sólo es conocida de los pobres y de los infortunados. Su paso por la tierra no ha producido sensación alguna. No ha escrito ningún libro, no ha colaborado en ningún periódico ni ha visitado muchas bibliotecas; pero es un alma verdaderamente compasiva, que ha llorado mucho y conoce el valor inmenso de las lágrimas. Algunos infelices que ella ha consolado me han dicho con profunda gratitud:

—Cuando Margarita deje la tierra, los pobres no le levantarán un lujoso mausoleo, pero no faltarán seres agradecidos que con las blancas y sencillas flores de su nombre formen sobre su humilde tumba esta hermosa y conmovedora inscripción: « ¡ Aquí yace una madre! »

¡Dichosos los que al dejar este mundo viven en la memoria de los pobres!

59
EL RECUERDO (PENSAMIENTO)

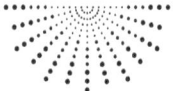

¡Oh! Recordar es vivir de nuevo las horas felices o placenteras de la existencia; es prolongar la dicha o el dolor; es atar al presente el pasado, que huye de nosotros cada vez más, con espantosa rapidez. El recuerdo es la ofrenda santa, purísima, que el corazón consagra a los seres; que amamos, cuando evocamos su imagen de la espesa niebla del pasado.

60
UNA FORTUNA BIEN ADMINISTRADA

Paseándome un día con dos amigas por la hermosa playa del Grao de Valencia, tuve ocasión de conocer a una respetable señora, que además de su trato fino y sumamente cariñoso, estaba dotada de ese talento natural que tanto embellece al que lo posee, pues donde reside éste puede decirse que existe un fecundo manantial de ideas que se agitan, crecen, se dilatan, y cuando las unas están próximas a desaparecer, otras vienen a substituirlas para dar más desarrollo y alimento a las inteligencias indigentes, que tanto abundan en todas partes. Así es que, cuando veo brillar en uno de mis semejantes la llama del saber, me aproximo a él cuanto me es posible para apreciarlo en todos sus detalles; y por eso, al encontrarme con doña Laura de C..., me así de su amistad como de una joya de inestimable precio.

Frisaba esta señora en los sesenta años: viuda de un comerciante, desde mucho tiempo residía en el Grao, en una bonita posesión, retirada del bullicio del mundo y sin más compañía que la de su vieja criada y dos hijos de ésta, de ambos sexos.

Una de las muchas tardes en que nos encontrábamos por la orilla del mar, fui invitada a pasar un rato en su quinta, lo que no rehusé, pues estaba ávida de conocer aquel paraíso, del cual doña Laura me había hecho una breve descripción.

Cuando hubimos llegado, recorrimos todas las habitaciones, admirando en ellas el buen gusto y sencillez con que estaban adornadas; después bajamos al jardín, y allí pudimos contemplar el trabajo artístico del hombre con el maravilloso de la Naturaleza: las flores más bellas y delicadas se alzaban gentiles y lozanas; caprichosos dibujos de verdura alfombraban aquel fértil suelo; árboles cargados de frutos, fuentes monumentales cubiertas de ramaje, poéticos cenadores y un precioso recinto para baños, completaban el vistoso paisaje de aquel cuadro encantador. Ya pensé haber visto todo cuanto encerraba la hermosa quinta, cuando su dueña, penetrando por un bosquecillo, me dijo:

—Ahora va usted a ver lo más útil de la casa.

—¿Y qué es ello, que tan oculto lo tiene usted? —la interrogué curiosamente.

—¡Aquí está!

Y empujando una puerta, nos dejó ver un bonito salón con seis camas a cada lado, extremadamente limpias; luego continuó diciendo:

—Aquí tengo un pequeño hospital para los pobres de levita, como suele decirse, para esa infinidad de familias de la clase media, que con la sonrisa en los labios se mueren de miseria, particularmente cuando les aqueja una enfermedad, por no tener valor para implorar la caridad pública. Estos seres son transportados aquí en un carruaje, sin ser vistos de nadie más de los que habitamos esta quinta y del médico encargado de hacer la visita. Yo procuro que sean asistidos lo mejor posible, a fin de que les sea más grata su estancia en esta casa; y si no acostumbro enseñar a nadie estas habitaciones, es por dos razones: la primera, porque no creo necesario pregonar en alta voz el bien que se hace a los demás; y la segunda, porque evito a mis enfermos esa exposición continua, que les haría contraer una enfermedad moral y rehusar para siempre una caridad que más sonroja que consuela, pues que sólo sirve para vanidad del que la ejecuta. Pero usted, amiga mía, ya sea por los bellos sentimientos que abriga, o bien porque en su rostro irradia siempre el más sincero afecto, ha simpatizado conmigo de un modo singular; y por lo mismo no tengo inconveniente en que visite a mis enfermos, segura de que no se sonrojarán al verla, y usted tendrá un placer en dirigirles algunas palabras de consuelo.

—¡Cuán buena es usted, señora! –Exclamé—: no puede usted figurarse lo mucho que le agradezco esta deferencia. Siempre me ha gustado rozarme con los pobres, porque entre los desgraciados es donde el alma aprende a moderar los impulsos de su orgullo y a sentir la necesidad de hacer el bien.

—Es cierto —replicó doña Laura—, entre los pobres se desarrolla el sentimiento, que es la esencia de la vida; y las lágrimas vertidas por el sufrimiento ajeno son el bautismo de nuestras faltas y el lenitivo de inmensos dolores. Pero ahora prosigamos nuestra interrumpida marcha. Este salón es el destinado a los hombres convalecientes, y a continuación se halla el de las mujeres; por eso tengo especial cuidado de que el jardín reúna todas las condiciones posibles para que, a medida que los enfermos recobran la salud, puedan disfrutar un poco de su bella perspectiva. En el primer piso están los enfermos más graves, y en el segundo las enfermas, como podrá ver usted después.

Efectivamente: todo estaba muy bien ordenado, con sencillez, buen gusto y esmeradamente limpio. Doña Laura, su criada Magdalena y los hijos de ésta, alternaban en las faenas de la casa, asistiendo a los enfermos con tierna solicitud; y únicamente cuando éstos eran muchos se aumentaba la servidumbre.

En aquellos días no había sino un anciano y dos señores de mediana edad, convalecientes, y dos niños de ocho a diez años, atacados de esa tisis producida por el hambre. Cuando pasamos por delante de ellos, me acerqué para verlos mejor e imprimí un beso en sus frentes: al ligero roce de mis labios, abrieron sus hermosos ojos, azules como el firmamento, y fijándolos en mí, me contemplaron por algunos segundos; yo también los contemplé a la vez, para leer en su melancólica mirada el dolor que ocultaban sus corazones en tan tierna edad, y sin saber por qué, les volví a besar, con los ojos llenos de lágrimas.

¡Eran tan simpáticos, tan penetrante su mirada, tan pura y dulce su sonrisa... que tenían para mí una atracción irresistible!

La dueña de la casa y mis amigas presenciaban la escena muda, cuando después de algunos momentos, la primera me dijo:

—Parece que la ha afectado a usted la vista de estos niños.

—Sí. Me da lástima verlos, a sus pocos años, sin una madre que les prodigue sus caricias, pues cuando están aquí, o no la tienen, o de lo contrario, será tan pobre, que carecerá de lo necesario para alimentarles. Además estos niños parecen extranjeros, y lejos de su patria, sin la caridad usted ¡quién sabe lo que sería de ellos a estas horas!...

—Sí, estos niños hace dos meses que llegaron a mi puerta, extenuados de hambre y de fatiga: me dijeron que estaban solos en el mundo, que habían pertenecido a una familia acomodada de Italia, y percances de la vida les habían sumido en la miseria, y que, habiéndole sucumbido sus padres al rigor de ésta, ellos pensaron implorar la caridad pública lejos de su país. Interesóme vivamente su relato y decidí protegeles en cuanto pudiera. Inmediatamente les di de comer, sin que apenas probasen bocado, pues la fiebre que les devoraba, producida por la debilidad, ofrecía serios temores. Híceles reconocer por el médico de casa, persona muy estudiosa e inteligente, el cual me dijo que estaban enfermos de mucha gravedad, puesto que el hambre había hecho estragos en su organismo; pero que observando estrictamente el régimen de curación que él se proponía, confiaba verlos buenos, aunque para ello tenía que pasarse algún tiempo. Y efectivamente, siguiendo el método del doctor, hoy se encuentran mucho mejor, y confío que pronto podrán levantarse. ¡Si viera usted qué cariñosos son!... No pasa, un día que no den las gracias a todos cuantos les rodean; cuando hablan, parecen dos pequeños filósofos: son mellizos, y desde que han venido al mundo, dicen que no se han separado ni un momento, ni aún para dormir, tanto, que la primera noche, al ver que les había preparado dos camitas, me pidieron con lágrimas les dejase una solamente, porque presentían una larga enfermedad y no podrían estar separados tanto tiempo; accedí a tan inocente petición, y desde entonces, no hay vez que les mire que no sonrían de gratitud, aunque haya sido en los momentos más críticos de su enfermedad. Parecen dos almas confundidas en una; sienten las mismas impresiones el uno que el otro; son igualmente agradecidos; tienen cierta delicadeza y finura para expresarse, que admira en su corta edad; no molestan a nadie; y en lo poco que hablan, ¡crea usted que podrían aprender más de cuatro ancianos!

—¡Quiera la suerte que se restablezcan, porque a la sombra de usted y con las buenas cualidades que reúnen, podrán ser útiles a la humanidad, pues el alma virtuosa es tierra fértil que cosecha buen fruto, y cuantos de él comen, sacian el hambre del cuerpo y del espíritu!

—¡Es verdad! Y pues somos tan afines en sentimientos, espero me favorecerá usted con su amable compañía mientras resida en esta ciudad, estrechando así más el lazo de nuestra amistad.

Dile las gracias y la promesa de ir todas las tardes mientras durase la temporada de baños. Con la continuidad del trato, acabé de convencerme de que doña Laura era una santa mujer. Todos cuantos la conocían la amaban y respetaban, por ser providencia de los necesitados.

La última tarde que estuve en la quinta, me dijo:

—Tengo que darle una buena noticia.

—¿Sí? Vamos a ver qué es ello.

—Los niños extranjeros, ha dicho el doctor que están fuera de peligro.
—¡Oh! ¡Cuánto me alegro! ¿Vamos, pues, a verlos?...

Y todos nos dirigimos a donde se hallaban, encontrándolos sentados en la cama. Sus rostros estaban más animados que el primer día que los vi; al reconocerme, se sonrieron graciosamente, y alargándome su mano, uno de ellos me dijo las siguientes frases en bastante buen español:

—¡Cuán bondadosa es usted, señora! Somos muy niños, es cierto, pero como nuestra buena madre, que era un ángel, siempre nos enseñó a ser agradecidos, jamás se borrará de nuestro pensamiento el beso que nos dio usted el otro día. ¡Oh!, y en doña Laura siempre veremos a una segunda madre; en el doctor, a un sabio, y en los demás a nuestros más queridos amigos.

—Soy del mismo parecer —dijo el otro hermano—, y si un día llegamos a ser algo, ya verán nuestros bienhechores cómo tenemos memoria.

— ¡Bien por los pequeños oradores! —exclamamos todos colmándolos de caricias.

Nos despedimos gratamente impresionados. Luego dimos una vuelta por el jardín, comentando la filosofía de los niños. Doña Laura me dijo que estaba satisfecha de haberlos recogido y salvado de la muerte, y estaba dispuesta a ampararlos hasta que fueran hombres y se ganaran la subsistencia.

Nos despedimos al fin como dos hermanas en creencias, pues supe también que doña Laura era espiritista, aunque lo disimulaba con cuidado, por tener parientes con altos cargos en la Iglesia católica, y no quería disgustos ni discusiones.

Algunos años después, supe que los dos huerfanitos, gracias a su bienhechora, seguían la carrera de la medicina, resueltos a emplear su saber en beneficio de los menesterosos.

¡Cuánto bien reporta una buena acción!

No seamos indiferentes con nadie; lloremos con los que lloran; imitemos a doña Laura en sus sentimientos generosos, y como ella, los que posean bienes materiales piensen en los infelices que no tienen ni una piedra donde reclinar la cabeza. Administremos nuestros bienes morales y materiales del modo más provechoso a nuestros semejantes.

61
LOS COLORES

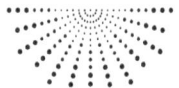

Hallándome una tarde en un hermoso jardín, me sorprendió con su agradable visita una joven ciega, de la cual ya me había ocupado en otros artículos, porque desde que la conocí me fué por extremo simpática: Milagros, que cuenta dieciséis primaveras. Su vida es ahora la misma que en años anteriores: vive en la sombra, escuchando los lamentos o las imprecaciones de su padre, que hace más de diez años que no puede moverse por sí solo y pasa el día sentado en una silla, y oyendo a la vez las amargas quejas de su madre, débil y enferma a fuerza de privaciones, de trabajos superiores en mucho a su endeble organismo, pareciendo poco menos que imposible, que pueda resistir tantos sufrimientos.

Sabido es que la miseria, en muchas ocasiones, hasta embrutece al individuo, porque éste no piensa más que en los medios de atender a las indispensables necesidades de la vida, y se estrecha el círculo de sus relaciones, pues todo el mundo, por regla general, huye de los pobres, cuyo trato entristece a los que tienen el corazón sensible, y aburre a los indiferentes, que no buscan en sus semejantes más que distracciones y pasatiempos. Así, Milagros vive dentro de una órbita tan pequeña, que llega a ser microscópica: la infeliz pasa el día oyendo quejas por un lado y maldiciones por otro, y llegada la noche, sale a cantar por las calles para ganar su sustento y ayudar a sus padres. Por esquinas, paseos y plazas, no aprenderá a filosofar, antes al contrario, oirá frases poco cultas y delicadas; que ya se sabe lo que pueden dar de sí los corrillos de transeúntes que rodean a los músicos callejeros. A cualquiera le parecería lo más natural que fuese

Milagros una vulgaridad completa, sin el más leve conocimiento de las cosas, reducido su espíritu al más triste quietismo, sin elevarse nunca a las regiones ideales de la fantasía; y sin embargo, no es así, como lo prueba sin la menor duda el diálogo que sostuvo conmigo, sentadas las dos en una escalinata de mármol blanco y rodeadas de hortensias en flor.

Milagros aspiró con delicia la brisa embalsamada por el perfume de las gardenias, brisa embriagadora que movía suavemente las hojas anchísimas de dos hermosos plátanos de Cuba, y exclamó sonriendo dulcemente:

—¡Ay! ¡Qué bien se está aquí!... Este jardín debe ser muy grande, ¿no es verdad?

—No sé de qué manera medirás tú las distancias: para ti quizá sea inmenso, cuando en realidad, es más bien pequeño. Lo único que tiene en su ventaja, es que está admirablemente cuidado, como que lo cultiva el mejor jardinero de Barcelona.

—Ya se conoce.

—¿Y en qué lo conoces tú?

—En que esas flores que he tocado están muy lozanas y las hojas verdes están muy fuertes y muy tersas... ¡Ah! Si yo pudiera, pasaría la vida en un jardín.

—Y eso que tú, a no ser en tu fantasía, no puedes ver la variedad de los colores de las innumerables florecillas que embellecen los jardines.

—¿Qué no puedo ver los colores? Vaya si los veo: sí, señora, los veo en mi pensamiento; o por mejor decir... los siento.

—Explícate, mujer, explícate.

—Usted se ríe, pero es la verdad. Voy por la calle con mi madre, y pasa junto a mí una señora vestida de negro, siento malestar; si me rodean unas cuantas, por ejemplo, una familia que lleva luto, aumenta mi angustia, y entonces digo a mi madre:

«—Aléjame de este sitio, que aquí hay muchas mujeres vestidas de negro.»

No es que las vea, claro está: ya ve usted que antes de cumplir dos años me saltaron los ojos pero no me engaño, conozco al vuelo dónde hay un vestido negro.

Yo creo que el color negro se asemeja al cautiverio que sufren los criminales y los inocentes calumniados (que hay muchos que pagan culpas ajenas): debe ser como el fondo de los precipicios; como las nubes antes de la tormenta; como los pesares y los obstáculos que encuentran los hombres en la miseria; como todo lo triste, como todo lo doloroso. Negro debe ser el remordimiento, ¿no es verdad? Negro debe ser el odio, negro el crimen. Por nada del mundo me pondría un vestido negro; en cambio, un vestido azul, ¡cuánto me gustaría!

—¿Cómo crees que es el color azul?

—¡Ah!... precioso. Dicen que azul es el cielo en un día de sol, y azul es el manto que le ponen a la Purísima, El color azul me parece a mí que debe asemejarse a la juventud, a la esperanza, a la felicidad; un color que sonríe. Figúraseme que si Dios usara túnica, tendría que ser azul; pero un azul claro, pálido, delicadísimo. Yo veo, yo siento ese color; pero no lo puedo describir.

—Y del color grana, ¿qué te parece?

—No me gusta. Para mí representa el calor, la violencia, la soberbia, el desenfreno de todas las pasiones, el orgullo, la vanidad. Ya dicen que los reyes llevan mantos de púrpura y duermen bajo pabellones de terciopelo color de grana y que los tronos están cubiertos de esa misma tela. No me gusta ese color: me ahoga, me fatiga; un lazo de cinta grana en el cuello creo que me asfixiaría.

—Y el color blanco, ¿qué impresión te produce?

—Una impresión agradabilísima: me parece que el color blanco es una llanura sin fin, hermosísima, sin escollos, sin tropiezos, tan anchurosa... tan dilatada... tan grandiosa como la libertad. En el color blanco adivino el símbolo de la paz, de la tranquilidad de los pueblos y del regocijo de la conciencia; si yo fuera rica, siempre iría vestida de blanco, y en mi cuarto todo sería blanco como la nieve, imagen de la pureza inmaculada.

—Y el azul, ¿dónde me lo dejas?

—El azul me gusta en un sentido y el blanco en otro. El azul me parece lo más bello; el blanco, lo más puro, lo más grande, lo más santo. Ya le dije que lo comparo con la libertad, que es lo más hermoso, lo más sagrado que hay en este mundo. Si todas las banderas que tremolan los hombres fueran blancas, no habría guerras, y sólo la paz, el trabajo y el orden reinarían en la tierra.

¡Sublime cieguecita! No pude menos que abrazarla y estampar un beso de amor en aquella frente donde brotaban tan hermosos pensamientos. Departimos largo rato sobre formas y colores, y me daba tan atinadas explicaciones, tan apropiados símbolos de las imágenes, como si realmente tuviera luz en los ojos y estuviera viendo objetos y cosas.

Cuando nos despedimos y la vi alejarse, caí en hondas reflexiones sobre la pobre cieguecita Milagros. ¿Qué habrá sido su espíritu en otras existencias? Su inteligencia precoz, su penetración profunda del sentido de los colores y de las formas, acusa un gran conocimiento que no se explica en una ciega de tan poca edad, y no obstante, habla con la seguridad y con la certeza de un sabio y de un filósofo consagrado al bien de la humanidad.

Vive Milagros en un ambiente de tristezas, de miserias y de pesadumbres. No se puede vivir peor, y sin embargo, su pensamiento se eleva por encima de todo cuanto la rodea y se abstrae en la contemplación de la naturaleza y mentalmente delira por el bienestar de todos los hombres, como si se olvidara de ella misma en un altruismo divino de humanitarismo excelso.

¡Qué mujer tan ilustrada sería si Milagros tuviera ojos con vista sana y pudiera leer libros! Analizaría la estructura de los cuerpos, la belleza de las formas; observaría el polen generador que encierra el corazón de una flor; la encantaría el verdor de las praderas, su multitud de flores de diversos matices, difundidos por la luz que irradia desde lo alto de los cielos, y alimenta aquellos colores con un soplo incorpóreo el astro rey desde los infinitos espacios...

Cada vez que hablo con Milagros siento que aletea cerca de mí un espíritu de grandes concepciones, un ser que lleva en sí mucha ciencia, muchas virtudes y sobre todo un inmenso amor por todo lo creado y por todas las criaturas...

62
LA MORTIFICACIÓN DE LA CARNE

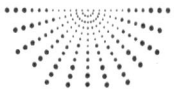

Estamos en Cuaresma, época de ayunos y mortificaciones para el cuerpo: no será, pues, inoportuno convertirnos por un momento en predicadores y decir nuestro pensamiento acerca de lo prescrito por la Iglesia en estos días.

Los hombres han abusado de todo, hasta de las cosas mejores. Los más claros talentos han servido para hacer el mal; las verdades más brillantes han sido explotadas por ambiciosos charlatanes; las máximas más puras se han visto tergiversadas, falsificadas, etc. No hay don concedido por la Naturaleza, tanto en el terreno moral como en el físico, del cual el hombre no haya hecho uso y abuso. Esto nos explicará la causa de las rigurosísimas doctrinas de los ascetas, teorías que reconocen su origen quizás en la India o en Egipto; pero en tiempos remotísimos, que se infiltraron en Grecia, luego en Roma entre los paganos, y vinieron por fin a parar al cristianismo.

Los judíos mismos, tan opuestos a todo lo que podía entorpecer el desarrollo de los sentidos y por consiguiente de la generación, no se libraron tampoco del ascetismo. Los esenios se mantenían en el celibato, vivían en comunidades religiosas muy parecidas a los conventos, y eran de costumbres austerísimas. Los fariseos también afectaban un celo exagerado en todos los preceptos religiosos, eran ortodoxos en toda la extensión de la palabra; y a pesar de estas virtudes aparentes, el pueblo, que conocía su sed de mando y su refinado egoísmo, los despreciaba.

Estas dos sectas no fueron numerosas y duraron poco; los que a todos excedieron fueron los cristianos. Después de los apóstoles y durante los tres primeros siglos del cristianismo, el ascetismo tomó un vuelo tan extraordinario como desgraciado en sus consecuencias. Se predicó que el mal moral era enteramente debido a la unión del alma con el cuerpo; desde entonces el objeto de la vida debía ser mortificar el cuerpo, imponiendo toda clase de privaciones a los sentidos, renunciando al matrimonio, a los lazos sagrados de la familia, a la sociedad entera, yendo a vivir en la soledad en medio de las fieras y estando, no hartos como ellas, sino padeciendo hambre y sed. No podemos leer, sin llenarnos de espanto, las horribles mutilaciones de los monjes de la Tebaida; los unos guardaban el silencio más absoluto; los otros atentaban a su virilidad; éstos iban desnudos; aquéllos dejaban crecer su barba y sus uñas sin limpiarse nunca. Y cuán estériles eran estos violentísimos esfuerzos, en el terreno moral, nos lo prueban las confesiones de San Jerónimo, el cual dice en uno de sus pasajes: « En el seno de los desiertos, en las inmensas soledades abrasadas por el sol, ¡cuántas veces he soñado las delicias de Roma! Sentado en el fondo de mi guarida, solo, porque mi alma estaba llena de amargura, flaco, desfigurado el rostro, negro como un etíope, mis miembros se disecaban bajo un saco repugnante. Cada día lágrimas y cada día gemidos. Clamaba al Señor, rogaba, lloraba. Y cuando luchando contra mí mismo, venía el sueño a sorprenderme; con el pensamiento me veía entre las danzas de las jóvenes romanas. El cuerpo abatido por la penitencia, mi corazón ardía en infames deseos. »

Si esto sucedía al buen Padre, lejos del mundo, ¿qué hubiera hecho en él? Probablemente hubiera sucumbido como sucumbían sus compañeros, que no ponían entre sus deseos y la sociedad la inmensidad del desierto; y que la derrota era segura, nos lo dicen las cartas de este mismo San Jerónimo, que a todo trance quería ir contra las leyes de la Naturaleza.

Desde el momento que los hombres aspiraban a una continencia absoluta, no podían las mujeres menos que imitarlos, y se consagraban a una virginidad perpetua; las costumbres de estos monjes y de estas vírgenes las refiere con sinceridad y dolor el santo antes mencionado. No las transcribimos por no ofender el pudor de nuestras amables lectoras; básteles saber que nuestras modernas sociedades, tan corrompidas, al decir de algunos, no pueden darnos una idea del escándalo de aquellos tiempos; la casada de hoy es mil veces más casta que las vírgenes de entonces.

¡Y aquellos monjes de la Tebaida, y otros, junto con aquellas mujeres que se martirizaban ellas mismas y alentaban a sus compañeros en su penitencia, se nos han dado como santos!... ¡Ah! ¡Cuánto abre los ojos la historia e ilustra sobre acontecimientos pasados!... No dudamos en proclamarla el estudio por excelencia.

Con el tiempo, aquellas horribles mutilaciones se dulcificaron: la Edad

Media nos da aún ejemplos de maceraciones despiadadas; pero los casos son más raros, quedando casi relegados a los conventos: la rolliza figura con que se nos aparecen los frailes de aquella época nos prueba que sabían muy bien templar la amargura de los votos. Por fin, las penitencias han ido desapareciendo de la cristiandad, y como restos de ello sólo quedan los ayunos.

Los mismos que abrazan las órdenes sacerdotales comprenden que la mortificación de la carne sólo tiende al embrutecimiento. Si por ideal tenemos en esta vida el desarrollo de nuestra inteligencia, la plenitud de nuestras facultades, mediante las cuales comprendemos mejor la creación y amamos más a nuestro prójimo, claro es que debemos cuidar de los órganos transmisores, que son nuestros sentidos: cuanto más perfeccionados estén, más rápidas, más seguras serán nuestras percepciones y mayor nuestra elevación moral e intelectual. Un cuerpo abatido, ya por la penitencia, ya por la enfermedad, debilita el espíritu y entorpece sus manifestaciones; es tanta la influencia de nuestro físico sobre nuestro moral, que difícilmente se perturba el orden del uno sin alterarse el otro; y, por otra parte, es tan íntima la relación entre el alma y la materia, que si la primera se encuentra afectada, la segunda se trastorna irremisiblemente, siendo estas entidades como los platos de una balanza, que no se puede tocar el uno sin imprimir movimiento al otro; en vano trataríais de equilibrarlos con pesos desiguales. Importa, pues, conservar el alma sana y el cuerpo sano: la observación de este precepto es, según el ilustre pedagogo Locke, la mayor felicidad.

Pasemos a los ayunos practicados hoy día, que, repetimos, no son ni sombra de los de tiempos pasados. ¿Es necesario el ayuno para la purificación del alma? Si esto fuera, fuerza nos sería creer que las manchas del espíritu pueden borrarse lavando la carne, y que mortificándola serán redimidos nuestros pecados. De manera que esta materia proclamada inerte, pasiva, ciego instrumento que obedece a la voluntad, es, en ciertos momentos, proclamada soberana del pensamiento. ¿Quién manda aquí, el espíritu o la materia, la voluntad o la fuerza? Ateniéndonos sobre este particular, únicamente al Evangelio, San Lucas nos refiere en el capítulo V, que los fariseos, aquellos fieles observadores de la ley, se escandalizaban de que los discípulos de Cristo no ayunaban, a lo cual les contestó el Maestro que no tenían necesidad de ayuno mientras él estuviera entre ellos; que días vendrían de ayuno, es decir, que alcanzarían tiempos de angustia y de persecución.

Si, pues, los apóstoles que seguían a Jesús paso a paso y calcaban sus acciones en la conducta pura del Maestro, no prescribieron el ayuno, ¿por qué, hombres que no conocieron al Redentor sino de oídas, se impusieron una cosa tan contraria a las leyes de la Naturaleza, como es el vivir en la soledad guardando la continencia y el silencio? Y en nuestros días, ¿a qué esos ayunos que pueden suprimirse mediante una indemnización en metálico? ¿Es verdad que se observan en los conventos? Y si así es, ¿qué bien reportan a la sociedad? Cuando los frailes y las monjas se han propinado algunos azotes en vez de sano alimento, ¿qué bien han hecho a la familia humana? ¡Ah, no!, no son los cristianos de hoy los modernos fakires de la India, que desgarran sus carnes y se mutilan sin compasión: ya no hay Quijote persuadido que, los azotes de alguien sacarán alguna alma en apuros, en este sentido nos hemos vuelto como Sancho Panza, el cual no creía que el cielo hubiese puesto tanta virtud en su persona, que por sí solo bastara para desencantar Dulcineas.

La mortificación de la carne es relegándose al olvido. El que pretenda, pues, ayunar, ayune de su orgullo, prescinda de su egoísmo, mortifique su amor propio, abata su desmedida ambición, olvide sus resentimientos, perdone las ofensas; en una palabra, ayune de todo lo malo y practique todo lo bueno: éste será el ayuno más lógico y natural. Pero pensar que es útil arruinar nuestra salud y abreviar nuestros días con el fin de ganar el cielo, es entender las cosas al revés.

Mens sana in corpore sano.

63
LA CIVILIZACIÓN MODERNA

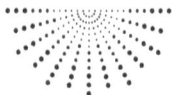

A cualquier carrera que nos dediquemos, no importa cuál sea nuestro sexo y la posición en que nos encontremos. El estudio de la historia es uno de los más necesarios en la vida humana: no solamente aprendemos en sus páginas las luchas de cada pueblo, sino también, la marcha progresiva de la razón, de la ciencia, de la filosofía, de la religión; en una palabra, de las ideas; pues que por ideas entendemos el trabajo del espíritu.

La historia es un compendio de la actividad humana; ella encierra, pues, el resumen de todos los conocimientos adquiridos hasta hoy, conocimientos dados a la luz del día, a costa de lágrimas y sangre, pero que han ido conquistando su puesto, a pesar de los abrojos y espinas que en su camino encontraban. Y este estudio tan serio como agradable, tan profundo como útil, nos da la certeza de la realización de esta aspiración constante de nuestro ser, de esa chispa que infunde en nuestro pecho regeneradora esperanza, nos impele hacia lo bueno, lo bello y lo verdadero, de esa encantadora palabra que llamamos progreso y que ejerce su benéfica influencia desde el átomo más insignificante, al sol más espléndido de la creación. Sin progreso, la inteligencia no concibe más que un Universo frío, yerto, sin movimiento alguno que lo anime, desempeñando a través de la eternidad un papel excesivamente monótono y pasivo.

¡Cuán anchuroso campo ofrece el estudio de la historia! A través de los «avatares» de la India (encarnaciones), los dioses egipcios, la magia caldea, los adoradores del fuego, la revelación mosaica, los oráculos de Delfos y el paganismo romano, hallamos la noción de un ser superior grabada en la conciencia de aquellas humanidades, que, incapaces de raciocinar aún, poseían por intuición la idea de un creador fuerte y todopoderoso. Luego hemos visto aquel germen de amor desarrollarse más amplia y claramente con el cristianismo, y trocarse más tarde de bueno en sublime, cuando el Espíritu de Verdad prometido por el Maestro, nos hizo comprender el porqué de nuestra adoración. Y al par que las religiones desaparecían para depurarse, sepultábanse bajo escombros la soberbia Babilonia y la opulenta Palmira; llorábamos bajo las ruinas de la Alhambra y de Toledo; y al ver tanta magnificencia desvanecida, tanta pompa anonadada, nos preguntamos como Volney: « ¿Qué se ha hecho de tanta grandeza y tanta gloria? »

Sólo la fe del progreso ha podido consolarnos, despertando en nosotros la esperanza de un renacimiento más brillante bajo el sol de una civilización más comprensiva, y así como hemos asistido a la resurrección de la ciencia religiosa india en Egipto, y hemos visto decaer el arte griego para ser trasladado a Roma, nos hemos convencido de que el progreso no podía entonces tener su residencia en un punto; era preciso ahogarlo para que su savia regeneradora se esparciese por los demás puntos de la tierra.

Hoy no se necesita comprimir el adelanto para propagarlo; la electricidad y el vapor se encargan de hacerlo muy pacíficamente; pero en los tiempos prehistóricos, ¿cómo era posible que una civilización derramase su benéfica influencia en lejanas comarcas, sino por las grandes inmigraciones de los que huían de un yugo opresor? Todo ha tenido su razón de ser; no ha nacido un sistema sino cuando era aplicable; no se ha desarrollado una idea sino cuando muchos venían preparados para comprenderla. Así, pues, aunque muchas cosas nos repugnen en la historia, digámonos que su motivo tenía para existir y que más tarde quizá nos daremos cuenta de ellas.

Tampoco alcanzamos a comprender lo infinitamente grande, hasta que el telescopio nos demostró que esas diminutas luces, adorno del rico manto celeste, eran refulgentes astros, cuya luz tardaba millones de siglos en llegar a nuestra retina, diamantinas constelaciones do se agitaban humanidades como la nuestra, en mayor o menor grado de Perfección, y comprobó más aún la habitabilidad de los mundos el descubrimiento de lo infinitamente pequeño. Cuando el microscopio nos enseñó miríadas de seres vivientes en una perla de rocío, agitándose en aquel archipiélago ilimitado para ellos, deducimos en consecuencia que la vida existía doquiera se hallase una molécula, que lo majestuoso se enlazaba con lo infinito y con lo ínfimo, que una ley de solidaridad concurría a la armonía universal, y que otra ley progresiva lo depuraba todo pasándolo por el tamiz de las transformaciones y de la eternidad.

Una de las ciencias más modernas, la geología, ha venido a apoyar esta tesis, auxiliándose de la mineralogía y de la paleontología. Cuvier, Quinmerman y otros, nos han hecho asistir a la creación de nuestro globo con sus borrascosos sacudimientos, sus espantosas inundaciones, sus negras tempestades; y al ver aquellas capas graníticas y calcáreas, aquellos monstruosos e informes lagartos, mastodontes y plesiosauros, aquella vegetación que sólo se puede admirar por su grandioso tamaño, y, en fin, aquel fósil que nos muestra el hombre primitivo, caminando como los cuadrúpedos, rugiendo como las fieras, hemos exclamado: ¡Cuánto progresa la creación!

Porque al comparar el tipo humano de hoy, no solamente con el tipo de la primera generación, repugnante por completo, sino con la belleza griega y romana, nos ha admirado la influencia que el desarrollo de la conciencia y de la razón tenía sobre el físico de las humanidades. La bella Elena, por quien ardió Troya; Andrómaca, la hermosa personificación de la piedad conyugal, serían en el siglo actual las más horribles fregonas que verse pudieran. Catón el Censor, César, el gran Pompeyo, que han legado su nombre a la posteridad como sacerdotes de la justicia, de la nobleza y de la bravura, no revelan inteligencia en su semblante, ni mucho menos dulzura. Hoy la bondad se expresa en los ojos; la frente ancha y perpendicular, asiento de las facultades intelectuales, respira grandeza de alma; denota el adelanto del espíritu, haciendo presentir un perfeccionamiento continuo.

No es posible describir aquí el adelanto que han sufrido las ciencias históricas, siquiera sean aquellas que más han moralizado. Nos hemos concretado a notar el progreso que existe en todo y por todo, a través de las épocas más desgraciadas y de los acontecimientos más deplorables.

Sería sumamente curioso comparar detalladamente nuestro siglo con los anteriores, para combatir a aquellos que sólo saben decir que éste es el siglo de la inmoralidad; en el plato de una balanza quizá pese más el bien que el mal; en cuanto a ilustración, sobrepujaría mucho a la ignorancia, y bien conocido es que la brutalidad, las maneras groseras, el entorpecimiento de la razón, son debidos a la falta de instrucción, mientras que un conveniente desarrollo de la inteligencia suaviza de un modo notable los usos y costumbres del hombre dándole una aspiración hacia lo bueno, empujándolo al descubrimiento de la verdad.

Somos de los que tenemos fe en el progreso de los que creemos verlo realizado en cada generación; estamos persuadidos de que la felicidad no consiente más que en la perfección, y cuando la noche nos envuelve con sus sombras misteriosas, cuando en esas horas de indefinible calma vemos pasar sobre nuestras cabezas centelleantes astros esmaltado con sus luces el azul de la bóveda celeste, irradiando como otros tantos focos de do viven seres queridos que partieron quizá de aquí para poblar regiones desconocidas en los inconmensurables espacios, sentimos nuestra alma inundada de amor, extasiándonos ante la incomparable belleza de esos cielos estelíferos, dejándonos llevar en alas de la imaginación por esa escala de Jacob que nos deja entrever felicidades no conocidas, pero presentidas, armonías concebidas y no explicadas, y ventura infinita, como infinito es el espacio e infinita la eternidad.

64
EL PADRE DE LAS ALMAS

Donde quiera que hallo una perla de inapreciable valor, me apresuro a ponerla de manifiesto para que todos, o cuantos quieran, admiren su belleza.

Hace algún tiempo que, siguiendo la costumbre de ir en verano a respirar las frescas y perfumadas brisas del campo, emprendí mi viaje hacia un pintoresco pueblo; una vez acomodada en el carruaje, eché una ojeada sobre los viajeros que me acompañaban, y después de saludar a todos con cariñoso afecto, entablé conversación con una simpática joven que llevaba un hermoso niño en sus brazos.

—¡Cómo duerme! —le dije.

—¡Ah!, sí, señora; tiene mucha bondad; cuando se despierta nunca llora, siempre sonríe... A menos que esté enfermo: entonces suele quejarse un poco. Pero, si está delante de su protector, por malito que se halle, siempre le sonríe como para darle gracias por los cuidados que le prodiga.

—¡Ah!... Pues, ¿qué?, ¿no tiene padre?

—No lo sabemos, señora; porque este niño, así como usted le ve, vive de milagro y por la caridad de un anciano sacerdote que se lo encontró un día en la puerta de la iglesia, medio moribundo.

—¡Pobrecito! –exclamé—. Y, ¿lo cría usted?

—Sí, señora; porque el Padre Antonio es muy pobre, y, como no podía mantener a la nodriza que lo criaba, y ésta no quería continuar, yo, que estaba criando a una niña casi de la misma edad, me presté a compartir el alimento de mi hija con el pobre desamparado; y crea usted que le quiero como a mis tres hijos, y mi marido, que es un ángel de bueno, se desvive por él, y siempre me dice que cuide mucho a este pobre niño, porque está solo en el mundo.

La anciana señora que me acompañaba y yo, escuchábamos con suma atención a aquella alma tan grande, tan noble, que con esa sencillez de las hijas del pueblo nos hacía el bosquejo de una bellísima obra, insignificante quizá para ella, pero de gran valor a los ojos del mundo altruista, y de sumo interés para mí; porque seres de esa especie, en la tierra son flores raras, que apenas se ven.

Yo le dije:

—No, no desampare usted a ese niño, que tanto usted como su esposo han hecho una buena acción sirviéndole de padres, y la suerte les protegerá.

—¡Oh!, verdaderamente alguien vela por nosotros, porque cuando yo tomé al niño, hacía un mes que mi marido, que es carpintero, no tenía trabajo, y ya se nos acababan los pocos ahorros que teníamos; mas a los pocos días encontró trabajo, mucho mejor pagado que antes; y desde entonces, no sólo no le ha faltado quehacer, sino que no puede dar abasto al que traen; pero casi todo esto se lo debemos al Padre Antonio, que es bonísimo.

—¿Es pariente de usted?

—No, señora: es el cura de nuestro pueblo. ¡Oh!, si usted le conociera, le gustaría hablar con él, porque no hay muchos sacerdotes como el Padre Antonio. En el pueblo le quieren en gran manera y le llaman todos el *Padre de Almas*.

—¡Bonito nombre si sabe cumplir con su deber!

—¡Que si sabe! ¡Pues ya lo creo! Mire usted si es bueno, que cuando algún niño del pueblo queda huérfano, se lo lleva a su casa, y le dice a su anciana madre, que ya es muy viejecita: «Madre, aquí le traigo otro hijito, para que la cuide.» Y su madre, que también es un alma de Dios, mira a su hijo sonriendo y acepta gustosa el presente que le ofrece. El huérfano ya no sale de allí hasta qué sabe leer y escribir y ganarse el sustento. Si es niña, la toma de la mano, recorre las casas pudientes e implora la caridad para ella, con tan buena suerte, que al ver dos ángeles, la una por sus pocos años y el otro por sus muchas virtudes, todos le dan algo; y no se cansa jamás. Un día aquí, otro allí, hasta que reúne lo necesario para ponerla en un colegio, de donde sale para tomar nuevo estado, y entonces se reproducen escenas como la siguiente: El padre Antonio ve entrar una señora en su casa, que le besa la mano y le dice: «¡Dios bendiga a usted y a toda su familia!». Él se la queda mirando y pensando que le ocurre alguna desgracia, y ya se prepara a ver en qué la podrá ser útil, cuando, después que la señora se explica, sabe que es la niña que él con tanto celo amparó en otro tiempo. Entonces el bueno del cura ríe y llora a la vez de alegría, goza de haber tenido acierto; y, después de aconsejar a la joven que sea excelente esposa y tierna madre, ella se va bendiciéndole y él se queda fortalecido para empezar otra buena obra; y al otro día da una merienda a los más pobres del pueblo para celebrar tan agradable noticia.

—¡Oh, qué bellos sentimientos tiene ese buen sacerdote! —Exclamé con los ojos humedecidos por el llanto —¡Bendito sea! ¡Con muchos seres así, no habría tanta ignorancia ni tanta miseria! ¡Mucho me alegraría conocerle!

—Pues mire usted, esto es muy sencillo; ya estamos muy cerquita del pueblo, donde la diligencia para dos horas, y tiene usted tiempo de verle; él es muy cariñoso; vive con su madre y una hermana, que son tan amables como él, y la recibirá a usted muy bien; y al mismo tiempo conocerá usted a mi marido.

—Entonces acepto gustosa su proposición.

Y efectivamente, al poco rato llegamos al punto indicado por la joven, y todos bajamos y entramos en aquel pequeño nido de poesía que, ya por la posición topográfica que tiene, ya por la belleza de sus campos, se asemeja a un oasis frondoso que convida a los viajeros a descansar bajo su bienhechora sombra.

Al llegar a la casa de la joven, que era de las primeras que se encontraban, salió su esposo con esa benevolencia hereditaria de los pueblos vírgenes e inseparable compañera de los hijos del trabajo; nos enseñó a sus dos hijos, el mayor de los cuales contaría seis años, y la pequeña, Rosa, compañera del huerfanito, que tendía sus manitas hacia el niño para acariciarle, mientras éste le sonreía dulcemente, quizá para demostrarle su gratitud: nada tan bello como ver aquel grupo de seres donde todos se afanaban por acariciar al niño huérfano. Por largo rato hubiera estado contemplando aquel poético cuadro de familia, animado por los vivos colores del amor, si no hubiese sido por la premura del tiempo y el deseo de conocer al buen sacerdote de aquel lugar.

Así fué que, después de descansar breves instantes, Carmen, la nodriza del huérfano, nos acompañó a ver al Padre Antonio.

Cuando llegamos, se hallaba en un pequeño huerto que rodea la casa, paseándose con su anciana madre, que por ser de una edad muy avanzada, necesitaba que su hijo le sirviera de báculo.

Al vernos, adelantó algunos pasos y nos saludó cortésmente, invitándonos a sentarnos debajo de un limonero, cuyas olorosas flores y la suave brisa que venía a acariciarnos, parecían modulaciones armónicas de la amorosa y sabia Naturaleza. Fijé una escrutadora mirada en el buen Padre, y si antes de conocerle me había sido simpático por sus obras, al verle no pude menos que sentir por él profundísimo respeto: en su noble aspecto se dibujaban la pureza y la bondad, y en sus ojos, un entendimiento claro. Su constante y dulce sonrisa parecía el imán de la virtud atrayendo hacia sí a cuantos se le acercaban.

Después de breve examen, le di a conocer el objeto de nuestra visita, como así mismo lo mucho que me placía el hallar un ser de tan nobles sentimientos, tan poco comunes en este pobre planeta. Oyóme benignamente, y alzando al cielo sus ojos, como pidiendo inspiración, se expresó en estos términos:

« —La tierra, amigas mías, es el campo de batalla donde el espíritu viene a luchar para aquilatar el temple de sus fuerzas, para que éstas no nos falten en los momentos más críticos de la vida, nos es necesario robustecernos con la práctica del bien: es preciso alentar a los enfermos del alma, auxiliar a los que padecen físicamente, cubrir la desnudez del mendigo, partir nuestro escaso alimento con el que nada tiene, e ir en busca de un fecundo manantial de agua viva para calmar la sed de multitud de seres que se abrasan. Hay necesidad de ir en busca del que sufre, y no esperar a que éste venga a buscarnos; es preciso multiplicarse para que el bien llegue a todas partes, pues todos son acreedores a él; no debemos limitarnos a un reducido círculo de amigos o conocidos, no: esto denota algo de esa ciega pasión del egoísmo a que nos conduce muchas veces el excesivo cariño; debemos socorrer al que primero llegue, sin distinción de ninguna clase, porque, ¿quién sabe si el extraño es más acreedor que el amigo?

»¡Oh, sí! Todo esto debe hacerse para que el espíritu se halle fortalecido y no desfallezca en lo más rudo del combate. Y no creáis, amigas mías, que al hacer esto se haga nada de más, pues sólo se cumple con un deber sagrado que todos debiéramos tener presente: deber de conciencia; deber que el espíritu en la tierra se compromete a cumplir con rigurosa exactitud.

»¡Oh! ¡El que llega a comprender al mundo en edad temprana, éste es el más sabio de la tierra, el verdadero filósofo y el gran matemático que ha sabido resolver uno de los problemas más difíciles! »

Aquí llegaba el respetable sacerdote en sus reflexiones filosóficas, cuando Carmen me avisó que había llegado la hora de partir. Me vi obligada a dejar aquel poético asilo donde todo sonreía, hasta el alma de sus moradores, y donde pasamos un rato deliciosísimo escuchando los saludables consejos de aquel verdadero Padre de almas, que con tanto acierto aliviaba los males físicos y morales.

Con la misma rapidez con que la corriente eléctrica va de polo a polo, simpaticé con aquellos seres tan nobles, y, al despedirme, unas lágrimas rodaron por mis mejillas, ¡lágrimas que quizás unieron a nuestras almas!

¡Dichoso tú, verdadero sacerdote, que supiste adivinar la grandeza de tu misión! ¡Feliz mil veces, porque fuiste el vate del Progreso, que con la lira del amor universal entonaste el cántico de las virtudes!

Amalia Domingo Soler

Copyright © 2024 by Alicia EDITIONS

Créditos: www.canva.com; Alicia EDITIONS;

Portada: The Disaffected Spirits; Johannes Josephus Aarts, 1898.

https://www.rijksmuseum.nl/en/collection/RP-P-OB-16.519

http://hdl.handle.net/10934/RM0001.COLLECT.199192

ISBN E-Book: 9782384553860

ISBN Paperback: 9782384553877

ISBN Hardcover: 9782384553884

Todos los derechos reservados.

Queda prohibida la reproducción total o parcial de este libro, en cualquier forma o por cualquier medio electrónico o mecánico, incluidos los sistemas de almacenamiento y recuperación de información, sin el permiso escrito del autor, excepto para el uso de breves citas en una reseña del libro.

DE LA MISMA AUTORA